A FALÊNCIA DA *RES PUBLICA*

GASTÃO REIS RODRIGUES PEREIRA

A FALÊNCIA DA *RES PUBLICA**

Do latim: coisa pública; interesse público; bem comum

Ensaios e artigos em busca do tempo perdido

Linotipo Digital

Copyright © Gastão Reis, 2017

EDITORES: *Laerte Lucas Zanetti e Luiz Márcio Scansani*

EDITOR ASSISTENTE: ANDRÉ ASSI BARRETO

COORDENAÇÃO DE PRODUÇÃO: *Laerte Lucas Zanetti*

PREPARAÇÃO DE TEXTOS: *Márcio Scansani*

REVISÃO DE PROVAS: *Moacyr Francisco e Márcio Scansani*

CAPA: *Caroline Rêgo*

FOTO DO AUTOR: *Diário de Petrópolis*

DIAGRAMAÇÃO E PROJETO GRÁFICO DO MIOLO: *Spress Diagramação & Design*

Dados Internacionais de Catalogação na Publicação (CIP)
(Câmara Brasileira do Livro, SP, Brasil)

Pereira Gastão Reis Rodrigues
  A falência da res publica : ensaios e artigos em busca do tempo perdido / Gastão Reis Rodrigues. — São Paulo : Linotipo Digital, 2017.

  Bibliografia
  ISBN 978-85-65854-15-3

  1. Artigos jornalísticos — Coletâneas 2. Empreendedorismo 3. Ciência política 4. Jornalismo 5. Política — História I. Título

17-03361   CDD-070.442

Índices para catálogo sistemático:
1. Artigos jornalísticos   070.442

Este livro segue as regras do Acordo Ortográfico da Língua Portuguesa, em vigor desde 01/01/2009.

Vedada a reprodução desta obra, por qualquer meio e sob qualquer forma, sem a autorização expressa e por escrito da editora.

2017

Todos os direitos desta edição reservados à

Linotipo Digital Editora e Livraria Ltda.

Rua Álvaro de Carvalho, 48 - Cj. 21

01050-070 - Centro - São Paulo, SP

www.linodigi.com.br - (11) 3256-5823

SUMÁRIO

PREFÁCIO _____ 17

POLÍTICA & INSTITUIÇÕES

A FALÊNCIA DA REPÚBLICA _____ 24
República sem compromisso com a res publica, vale dizer, com o interesse público

SEM BOTÃO DE EJEÇÃO _____ 35
O preço astronômico dos impasses político-institucionais no presidencialismo, ou a falta que nos faz o voto de desconfiança

A SUPREMA CORTE E O STF _____ 38
O bom senso da Suprema Corte e os contrassensos do STF

IDEB PERFEITAMENTE PREVISÍVEL _____ 41
Como fazer a coisa errada por mais de duas décadas

DEMOCRACIA *EX-ANTE* E *EX-POST* _____ 43
O cerne esquecido da democracia que funciona

FHC, LULA E O POVÃO _____ 46
O desastre precoce evitado pela herança bendita renegada

A TENTAÇÃO AUTORITÁRIA _____ 49
As recaídas autoritárias no Brasil e na América Latina

A UNIVERSIDADE PÚBLICA JÁ EXISTE _____ 52
Como gastar muito, mal e sem foco

A QUEBRA DA TRADIÇÃO _____ 55
Hannah Arendt e os descaminhos da História na tragédia humana

VOCÊ E O PRESIDENCIALISMO _____ 58
A responsabilidade do regime presidencialista por nosso atraso político e econômico

A VOZ DAS RUAS E O PT _____ 61
Como a mudança substantiva pode surgir de atos públicos pontuais e surpreender o andar de cima petista

RESPONSABILIZAR O PARLAMENTO _____ 63
A raposa que soube tomar conta do galinheiro e o nosso Congresso

FINANCIAMENTO DE CAMPANHAS POLÍTICAS _____ 65
Uma proposta para neutralizar o poder econômico nas eleições

O INGLÊS SABE O SEU LUGAR. E NÓS? _____ 67
A cidadania efetiva melhor preservada numa monarquia

POPPER E A REFORMA POLÍTICA _____ 69
A clarividência de Karl Popper para abreviar a vida inútil dos maus governos

STF ou MTF? _____ 71
A dificuldade de tomar decisões óbvias do STF para infelicidade geral da Nação

COMPLEXO DE VIRA-LATA E REPÚBLICA _____ 73
Nelson Rodrigues ao se referir ao complexo de vira-lata do brasileiro não se perguntou se foi sempre assim

OLHO NO PRÓPRIO UMBIGO E NO PAÍS _____ 76
A peculiaridade ímpar do monarca em cuja pessoa o interesse pessoal se funde com o público

TERMÔMETRO NO SUPERMERCADO _____ 78
  A inflação que bate mais forte em quem ganha menos

PLÁSTICA NO FRANKENSTEIN PARTIDÁRIO _____ 80
  Como entender errado a geleia partidária brasileira

CONCURSOS E DESEMPENHO _____ 83
  O acesso via concurso ao serviço público não é garantia de bom desempenho do funcionário ao longo de sua vida profissional

O PATRIMONIALISMO E O PT _____ 86
  A apropriação privada do que é público não é uma maldição permanente e pode ser revertida

RANÇO AUTORITÁRIO _____ 88
  Hora de jogar fora a cultura da carteirada e do mandonismo

QUEM MAMA NAS TETAS DE QUEM? _____ 90
  As tetas exauridas do setor privado pela sobrecarga tributária

CIDADANIA (AINDA) CAPENGA _____ 92
  Saudades da anticarteirada dada por Pedro II em seu cocheiro

O LADO (IN)ORGÂNICO DO PT _____ 94
  O canto fatal das sereias da voodoo economics

RESPONSABILIZAR NÃO É ODIAR O PT _____ 96
  A história de um partido que perdeu a linha, carretel e tudo o mais

O BALCONISTA QUE LULA NÃO ENGANOU _____ 98
  Nem sempre é fácil enganar pessoas simples. E lúcidas

ALTERNÂNCIA ENTRE ESQUERDA E DIREITA E AS RUAS _ 100
  Direita, volver! Esquerda, volver! – A marcha civilizada da alternância no Poder

VOTO DE DESCONFIANÇA DO PANELAÇO _____ 102
   Parlamentarismo caseiro ao som das panelas

REFORMA POLÍTICA BOICOTADA _____ 104
   Como fazer a coisa errada em matéria de reforma política

ARMADILHAS INSTITUCIONAIS IMOBILIZANTES _____ 106
   *Brasil estagnado na areia movediça da moldura político-
   -institucional disfuncional responsável por nossa marcha
   lenta*

PRESIDENCIALISMO E IMPUNIDADE _____ 109
   Maus regimes políticos na origem do atraso econômico

NO MUNDO DA LU(L)A _____ 111
   *Pensadores e livros que abriram as portas para revoluções
   sangrentas descartadas depois pela História*

A INVENÇÃO DO FILTRO ÀS AVESSAS _____ 113
   Como abrir espaço para o que há de pior na política nacional

ORGANIZAÇÕES CRIMINOSAS E POLÍTICA _____ 115
   *Cassar registros partidários é um instrumento legítimo para
   evitar o desvirtuamento e a morte das democracias*

O PENSAMENTO TORTO DA UNE _____ 117
   O movimento estudantil se acomodou e virou chapa branca

PODER SEM ILUSÕES _____ 119
   *Se a política corrompe, a politicagem mata os sonhos dos
   povos*

MAQUIAVELISMO CAPENGA NA REELEIÇÃO DE DILMA _ 121
   *O tropeço do maquiavélico João Santana nas próprias
   pernas*

O (DESA)FORO PRIVILEGIADO _____ 123
   Capacidade esgotada de levar desaforo para casa

LULA E O NOSSO SISTEMA POLÍTICO _____ 125
    Um arcabouço político-institucional feito para não funcionar

DUAS FALHAS GRITANTES DA LEI _____ 127
    Como montar a cena para pôr em marcha golpes militares

O CONGRESSO NÃO SAIU BEM NA FOTO _____ 129
    Precisamos nos reinventar com a máxima urgência

CRIME DE LESA PÁTRIA _____ 131
    E Dilma continua a se eximir de responsabilidades

INSTITUIÇÕES PELA METADE _____ 133
    A moldura institucional que ficou pelo meio do caminho

O PREÇO DA MEDIOCRIDADE _____ 135
    Insuficiência de espírito é como os franceses bem definem a mediocridade

VALORES REPUBLICANOS DE FACHADA _____ 137
    A Inglaterra, uma monarquia, é muito mais res publicana *do que o Brasil, que se diz uma república*

POSTES (APAGADOS) E MENTIRAS DO PT _____ 139
    A eleição de postes não podia mesmo dar em boa coisa...

HISTÓRIA

O PESADELO REPUBLICANO _____ 144
    Quando o Estado de Exceção se sobrepõe ao de Direito

O QUE EU NÃO APRENDI COM MARX _____ 149
    O risco de inventar novos mundos com pés de barro que a História põe abaixo

DESINFORMAÇÃO INACEITÁVEL _____ 151
    O dito engraçadinho, mas ordinário, que os fatos desmentem

O PASSADO É IMPREVISÍVEL _____ 154
    A importância da pesquisa histórica como fonte de narrativas alternativas para superar equívocos do passado

IUGOSLÁVIA, PT E BRASIL _____ 157
    Uma lição para não ser esquecida, em especial pela esquerda

TEMPO DE MUDANÇA _____ 159
    As peças que a História prega em quem supõe entender suas pretensas leis

QUE TAL RETORNAR AO FUTURO? _____ 161
    Correndo atrás do futuro tardio

ESCRAVIDÃO E RACISMO LÁ E CÁ _____ 163
    O status legal do negro nos EUA, no século XIX, era abjeto, enquanto no Brasil houve casos de direitos surpreendentes

OS MILITARES E A ESQUERDA _____ 165
    Quando o autoritarismo e a ideologia estatizante comandam o triste espetáculo

HERANÇAS AUTORITÁRIAS, NO PLURAL _____ 167
    Nossa herança autoritária não é apenas a lusitana

TERRORISMO, MUÇULMANOS E CRISTÃOS _____ 170
    O sangue dos mártires que regou o nascimento do cristianismo

ECONOMIA & INDÚSTRIA

FRANKENSTEINOMICS _____ 174
    A briga deformante das partes mal encaixadas da economia nacional

TEORIAS E O TESTE DO TEMPO 177
    A economia também obedece ao tempo como senhor da razão

OS DOIS BRASIS PELO AVESSO 180
    A estranha inversão de papeis entre agricultura e indústria no Patropi

INFLAÇÃO, PIB E CONVERSA FIADA 183
    A estranha especialidade nacional de perder (muito) tempo em matéria de economia

A JABUTICABA E A PERERECA 185
    O triunfo da asneira em economia e a preservação burra do meio-ambiente

A PTROBRÁS 187
    A defesa dos interesses do partido acima dos do País

O PAPA, OS POBRES E OS ECONOMISTAS 189
    O compartilhamento dos ganhos é desejável e possível

A MARCHA DA DESFAÇATEZ 192
    O assalto aos cofres das estatais e dos fundos de pensão, ou como seus defensores tinham vocação para coveiros

REPÚBLICOS, FREI VICENTE E ADAM SMITH 194
    Não somos assim tão diferentes de outros povos em matéria de olhar para o próprio umbigo

A JABUTICABA (AMARGA) DA INDÚSTRIA 197
    O desmonte acelerado da indústria nacional foi parido nas oficinas da política econômica equivocada do Patropi

O ENCOLHIMENTO (ASSUSTADOR) DA INDÚSTRIA 200
    Leis e medidas que fizeram murchar a indústria nacional

SÃO TOMÉ ÀS AVESSAS 203
    Quando ver e acreditar deixam de fazer sentido óbvio

DILMA, PRISIONEIRA DE DESAJUSTES 205
    Os efeitos deletérios da visão ideológica dos fatos

SONEGÔMETRO OU ENGANÔMETRO? 207
    A gula tributária sem limites do Estado brasileiro

POR QUE AS NAÇÕES FRACASSAM? 210
    O fracasso não está escrito nas estrelas. Ele é obra humana

RISCO DE MAIS DÉCADAS PERDIDAS 212
    A histórica marcha lenta do Patropi republicano

EMPREENDEDORISMO

FIDALGUIA E ESPÍRITO EMPREENDEDOR 218
    Fidalguia e espírito empreendedor têm ligação umbilical

ANALFABETISMO FUNCIONAL 221
    A incapacidade de entender o que foi lido e o custo social e econômico daí resultante

OS DOIS PILARES DA EDUCAÇÃO 224
    Indo além da educação meramente livresca

OÁSIS DA MATEMÁTICA 226
    Uma visão prática da matemática e seu impacto positivo na vida dos alunos

O ALFABETIZADO DISFUNCIONAL 228
    O iluminado em seu labirinto formal, ou como emperrar o desenvolvimento do País

CLIMA HOSTIL A QUEM FAZ ACONTECER 230
    Como amaldiçoar o Espírito Empreendedor

HORA DE PENSAR FORA DO QUADRADO 232
    Em busca da inovação, da competitividade e da produtividade

BREJO SANTO ILUMINADO 234
    Milagre na educação, em poucos anos, no interior do Ceará

PIOR TIPO DE ANALFABETISMO FUNCIONAL 236
    A vocação para assassinar a galinha dos ovos de ouro

PENSAR COM EFICÁCIA É PRECISO 238
    Não basta fazer certo, é preciso fazer a coisa certa

LIDERANÇA E COMPETÊNCIA 241
    Quem pensa que sabe tudo mata o espírito de equipe

O LONGO CICLO DA EDUCAÇÃO CAPENGA 243
    Menotti del Picchia e o povoador de cemitérios

PERSONALIDADES

PEDRO I, RETRATO DE CORPO INTEIRO 248
    A luta de boa-fé, mas difícil, pela limitação do poder real

ATUALIDADE DE PEDRO II 251
    A defesa do interesse público nas mãos de quem sempre velava por ele

A ALMA (ESPERTÍSSIMA) DE LULA 253
    Quando a esperteza fala mais alto do que a inteligência

CABEÇA DE JUDEU 255
    O aparente mistério das realizações dos judeus no mundo

A RAINHA E O PRESIDENTE _____ 257
Inclinar a cabeça diante da rainha é uma homenagem ao interesse público simbolicamente representado por ela

OBAMA E O BARÃO DE COTEGIPE _____ 259
Um barão mulato foi Primeiro-Ministro do Império entre 1885 e 1888, mais de um século antes de Obama ser presidente

O CUSTO DO INTELECTUAL _____ 262
Seria o português uma língua em que os floreios formais induzem à perda de substância?

INTELECTUAIS LÁ E CÁ _____ 265
A responsabilidade dos intelectuais ao defender visões de mundo que não se sustentam a longo prazo*

ROBERTO CIVITA E PEDRO II _____ 268
As afinidades de duas histórias de vida a favor do Brasil

ARISTÓTELES, MAQUIAVEL E A INTERNET _____ 270
Da visão idílica da política para a diabólica, e o papel da internet como mecanismo de transparência na aldeia global

MANDELA E SEU NÚMERO _____ 273
Parece até mistério da cabala revelado

A CARA DA DILMA _____ 275
O encantamento diante do desastre chamado Fidel Castro

DOM PEDRO GASTÃO, ISABEL E WILLIAM _____ 277
Uma escola cinco estrelas, o preconceito contra a princesa Isabel e a genuflexão elogiada do príncipe William

---

* No que se refere à expressão (*em* longo [ou médio, ou curto] prazo ou *a* longo prazo), o texto do autor emprega "a longo prazo", expressão tradicional entre economistas, que atende à Lei da Parcimônia (Navalha de Occam, cf. http://pessoas.hsw.uol.com.br/occams-razor.htm, acesso em 17/jan/2017), ao invés de "em longo prazo" recomendada pelas regras ortográficas, a qual, porém, no caso particular, faz parte do uso comum do idioma. (N. do E.)

O IMPROVÁVEL FHC _____ 279
    A "escola" de Estadistas da república é medíocre; já o balcão de negócios do congresso vai de vento em popa

REGINA DUARTE TINHA RAZÃO _____ 281
    Tão criticada e tão certa

LULICES E DILMICES _____ 283
    Desinformação, despreparo e asnices presidenciais

BISMARCK, PEDRO II E LULA _____ 285
    Os erros fatais do presidente que pensou que o Brasil começou com ele em 2003

INTELECTUAIS INORGÂNICOS _____ 288
    Os malfadados descaminhos dos intelectuais pátrios

MARX DE CABELO EM PÉ _____ 291
    A mais-valia extraída das empresas via impostos e dilapidada pelo governo

PEDRO II E GETÚLIO _____ 293
    A preservação da res publica *na monarquia parlamentar*

ISABEL, PRINCESA INESQUECÍVEL _____ 296
    Como restabelecer fatos históricos que tentaram apagar da memória nacional

PIXULECO E PINÓQUIA _____ 298
    O apelido com que Dilma não foi devidamente brindada

PEDRO II E O TESTE DO TEMPO _____ 300
    A atual cegueira político-institucional que não turvou a visão esclarecida de Pedro II

ROBERTO CAMPOS SABIA DAS COISAS _____ 303
    A lucidez e a visão de longo prazo que o País não soube aproveitar

O APAGÃO DO MULATO 305
  A celebração da miscigenação posta em xeque

O JARARACA, SUA CRIA E FREI MOSER 307
  A pior definição que alguém pode dar de si mesmo

ENÉAS E A FARSA LULESCA 309
  A antevisão da farsa que nos custou os olhos da cara

DIVERSOS

O CACOETE GRAMATICAL 314
  O conteúdo apanhando da forma gongórica sem substância

A RENÚNCIA DO PAPA E O FUTURO 317
  As turbulências na Igreja Católica e a confiança no timoneiro que é Cristo

RELER PARA ENTENDER 320
  O papel da releitura como mecanismo de entendimento em profundidade de um texto

PETER DRUCKER, UM ESCRITOR MUITO ESPECIAL 323
  A insolência educada de Peter Drucker é a inteligência posta em prática como a definiu Aristóteles

A ARGENTINA, O TANGO E O BRASIL 326
  Fora de ritmo, do tempo e do espaço econômico mundial

O *IMPEACHMENT* E OS ARTISTAS 328
  Uma visão muito equivocada do rumo dos acontecimentos

POSFÁCIO 331
  As lições de "The Crown" e do Marquês de Itanhaém

DEDICATÓRIA / AGRADECIMENTOS 339

PREFÁCIO
Gastão Reis Rodrigues Pereira

A luta pela implantação efetiva da *res publica* no Brasil não tem sido compreendida em seus devidos termos. Usamos, propositalmente, a forma latina – *res publica* – para pôr em relevo a questão do bem comum, da coisa pública ou do interesse público. E também para realçar a parte conceitual, e mostrar que tanto repúblicas quanto monarquias podem ter um compromisso visceral com a *res publica*. Ou não. Será que ainda teríamos dúvida quanto ao fato de a Inglaterra ser muito mais *res publicana* do que o Brasil, a despeito de ser uma monarquia?

O descaso secular com a educação pública de qualidade dá bem a medida de como o Brasil, apesar de se intitular uma república, está longe de realmente levar a sério a questão de ser *res publicano*, ou seja, de preservar o interesse público maior. Pior: de não ter sido capaz de treinar seu Povo a pensar sem amarras ideológicas e formalismos inúteis que, com frequência, nos levam a bater de frente com a realidade. E a ter que assumir custos monumentais por decisões equivocadas nas mais diversas áreas que afetam a vida nacional. Capengamos ainda quando se trata de acoplar à educação de qualidade a importância crucial de desenvolver o Espírito Empreendedor, assim em maiúsculas, em nossas escolas. Não apenas no sentido empresarial, mas em sentido amplo, que nos permita ser um País bem mais realizador do que temos sido ao longo de nossa História, em especial no período dito republicano, e nas diferentes esferas de atuação que compõem uma Nação capaz de oferecer oportunidades, valorizar o mérito e se desenvolver plenamente.

O exemplo a seguir resume bem o desvario. Numa manifestação de professores e professoras do ensino fundamental e médio, no Rio de Janeiro, uma delas empunhava um cartaz onde estava escrito *Abaixo a Meritocracia*. Caberiam como sinônimos desastrados outros cartazes como *Viva o Mau Aluno* ou *Viva a Vida Mansa*. O que mais espanta é que os colegas à sua volta pareciam estar de acordo. Impossível construir um grande País em que os mestres, fundamentais que são na formação dos alunos, pensem e ajam desse modo. O artigo "Pensar com eficácia é preciso", publicado no *Estadão* em 6/1/2016, incluso nesta coletânea, aborda essa questão em profundidade.

A boa notícia é que a trajetória temporal de um País sempre pode dar uma reviravolta em direção ao rumo certo perdido. O subtítulo deste livro deixa claro seu propósito. Cabe agora, como diria o esquartejador, expor suas partes.

Optamos por dividir os textos em tela por temas: "Política & Instituições"; "História"; "Economia & Indústria"; "Empreendedorismo"; "Personalidades" e "Diversos". Essa decisão foi tomada para facilitar a vida dos leitores, que passam a ter a opção de ler primeiro os assuntos que mais lhes interessem. Acrescentamos ainda frases-resumo que revelam o cerne de cada artigo. Recorrendo à matemática, diríamos que a ordem dos fatores não altera o produto. Ou seja, não há necessidade de ser lido obedecendo à ordem numérica das páginas.

Cabe, entretanto, abrir uma exceção para o ensaio que abre o livro, intitulado *A falência da república*, que merece ser lido antes dos demais. Ele foi publicado como artigo de capa do Caderno Especial dominical do *JB* (*Jornal do Brasil*) em 31/3/1991, época em que ainda havia a edição impressa, e que o jornal era leitura obrigatória sobre política. Passado um quarto de século, o que surpreende é continuar atualíssimo. Ele ilustra, de modo trágico, nossa capacidade de perder tempo histórico. As mazelas republicanas do Patropi, denunciadas naquele 31 de Março, no 26º ano do Golpe Militar de 1964, são ainda mais graves nos dias atuais do que naqueles tempos. Hoje, estamos diante de um quadro de corrupção sistêmica que tomou conta da máquina pública com a ascensão do PT ao poder. O artigo "Democracia *ex-ante* e *ex-post*", incluso nesta primeira seção "Política & Instituições", merece atenção especial.

Na seção seguinte, "História", o artigo publicado no jornal *O Globo*, em 12/2/2014, intitulado "Iugoslávia, PT e Brasil", ilustra um caso histórico interessantíssimo em que os trabalhadores, com a faca e o queijo nas mãos, conseguiram a proeza de obrar contra seus próprios interesses de longo prazo, ou seja, geração de empregos e aumentos reais de salário. Exatamente a mesma asneira que o PT, muitos anos depois, conseguiu fazer no Patropi. O artigo

"Escravidão e racismo lá e cá" ilustra um fato positivo da escravidão no Brasil ignorado pela historiografia oficial. E bem diferente do caso americano, quando levamos em conta o aparato legal discriminatório lá e cá. A piada russa sobre o comunismo e a nossa sobre a república pode ser degustada no artigo "Heranças autoritárias, no plural".

A seção "Economia & Indústria" traz seis dos onze artigos que publiquei no *Estadão* como colaborador regular. Os outros cinco estão em outras seções. Destacaríamos, nesta seção, os seguintes, cujos títulos falam por si: "Sonegômetro ou enganômetro?"; "A jabuticaba (amarga) da indústria"; "O encolhimento (assustador) da indústria"; "Risco de mais décadas perdidas"; e "Repúblicos, frei Vicente e Adam Smith". Quanto a este último, cabe esclarecer que ele desafia a sabedoria convencional. Não somos o único povo a contemplar apenas o próprio umbigo, ignorando em termos os preceitos de solidariedade face aos demais. O artigo *"Frankensteinomics"*, publicado no *JB*, ainda em sua edição impressa, aborda as partes mal encaixadas da economia nacional e disfunções daí advindas.

A seção "Empreendedorismo", tema sobre o qual escrevi durante anos a fio com livro já publicado por essa mesma Linotipo Digital*, traz artigos de amplo interesse para entendermos nossa histórica marcha lenta resultante de um processo educacional que não estimula a transformação do conhecimento em bens e serviços úteis à sociedade. O artigo "Fidalguia e Espírito Empreendedor" traz uma magistral citação do Pe. Antonio Vieira sobre o que é fidalguia. Surpreenda-se com a resposta. "Brejo Santo iluminado" é um artigo que ilustra um milagre educacional no interior do Nordeste em pouco mais de meia década. O enigma de quem fez curso superior e não consegue rimar lé com cré pode ser desbravado em "O alfabetizado disfuncional". Trata-se de uma variedade de indivíduos que Roberto Campos criticou acidamente pelos estragos que causou à economia do País.

"Personalidades" é uma seção que traz novidades como o cotejo entre as visões de mundo de duas grandes figuras de nossa História. O artigo publicado no *Estadão*, intitulado "Pedro II e Getúlio", faz uma avaliação dos efeitos de longo prazo da herança político-institucional de cada um deles. O mito getulista não se sustenta quando se pensa em países que funcionam a contento. O artigo "Intelectuais inorgânicos", publicado no *Estadão*, em 29/10/2014, dá

---

* *Revele-se Empreendedor – Os segredos de quem faz acontecer*, Linotipo Digital: São Paulo, 2012.

bem a medida do desvio de rota que tomou conta de boa parte da intelectualidade brasileira ao se deixar encantar pelo canto da sereia gramsciana. O artigo "Obama e o barão de Cotegipe" refresca nossa apagada memória nacional, relembrando o fato de o Brasil ter tido um primeiro-ministro mulato entre 1885 e 1888, mais de um século antes de Obama se eleger presidente dos EUA. E se declarar que não era nem preto nem branco, mas mulato, mandando às favas a tradição americana do pingo de sangue negro para rotular um ser humano como negro. O artigo "O improvável FHC" ilustra o papel do mero acaso de nosso sistema político, dito republicano, em produzir estadistas dignos do nome como FHC.

Finalmente, a seção "Diversos" inclui tudo aquilo que fugiu ao enquadramento anterior. Cabe mencionar, em especial, "O cacoete gramatical", publicado também no *JB* dos tempos da edição impressa. Ele nos fala das gramatiquices que nos impediram, e impedem, de aprender a pensar com clareza e objetividade, coisa de que se livrou o nosso Machado de Assis, hoje considerado por críticos internacionais um dos grandes escritores da humanidade, e não apenas o maior do Brasil. "A rainha e o presidente", publicado no mesmo jornal, nos revela uma faceta da monarquia inglesa que nos escapa.

Ao leitor e à leitora, os votos de que os artigos dessa coletânea os ajudem a entender melhor o Brasil e a reconhecer soluções institucionais plenamente atuais que já existiam e funcionavam bem em pleno século XIX. Ao debate!

Petrópolis, julho de 2016.

Cienījamie
SALDAS DZĪVES
Krustceles

POLÍTICA & INSTITUIÇÕES

A FALÊNCIA DA REPÚBLICA
Jornal do Brasil – 31 Março 1991

"Já lhe ocorreu que um País pode não dar certo?"
**Pergunta feita ao economista André Lara
Resende pelo colega argentino Roberto Frankel.**

A palavra república vem do latim, *res publica*. Ao pé da letra, significa coisa pública. Numa tradução mais substantiva, interesse público, ou ainda, bem comum. Talvez em função disto, sejamos levados a pensar na forma republicana de governo e na preservação do interesse público como expressões sinônimas. Esta é a primeira armadilha mental que temos que desarmar para analisar, sem preconceitos, a questão levantada pelo plebiscito de 1993 quanto à forma de governo: monarquia ou república. A segunda é fazer a defesa do regime republicano num plano puramente teórico e abstrato, deixando de levar em conta nossas tradições históricas e culturais. Sem essas precauções, a tendência é tomar como "óbvia" a opção a favor do regime republicano, reduzindo a questão a uma mera escolha entre parlamentarismo e presidencialismo, ou seja, ao sistema de governo.

> *República sem compromisso com a* res publica, *vale dizer com o interesse público.*

A pergunta dirigida a André Lara Resende traz à baila, em última instância, o problema da não-preservação do interesse público em determinados países. De forma semelhante, o plebiscito de 1993 nos abre uma oportunidade histórica de discutir e tomar uma atitude frente a esta questão não resolvida por nossa malfadada experiência republicana. Afinal, ostentarmos, após cem anos de República, a pior distribuição de renda do mundo é um fato-síntese mais do que representativo desse descaso pelo bem comum. A estagnação da renda real *per capita* na década passada é outro indicador, mais recente, mas não menos constrangedor, do mesmo fenômeno. Mas – brasileiro, profissão:

esperança – não nos conformamos em não dar certo. Daí a perplexidade de Lara Resende ao pensar que esse possa ser o caso.

Quando um País reescreve sua Constituição pela sétima vez – e com ampla participação popular – para chegar à conclusão, não muitos meses depois, que pontos fundamentais da Carta permanecem insatisfatórios, ele deveria se perguntar o que está acontecendo e indagar, no mínimo, se em algum período de seu passado as instituições vigentes foram capazes de preservar o interesse público. E examinar, em caso afirmativo, quais fatores teriam permitido que tal coisa acontecesse. Podemos, com essa finalidade, distinguir dois grandes períodos de nossa História, marcados por profunda diferença no trato da *res publica*: a monarquia e a república.

Existem hoje sólidos estudos que comprovam ter sido nossa fase monárquica independente o período em que atingimos o mais elevado índice de moralidade pública que o País conheceu. Atribuir todos os méritos à figura de D. Pedro II é contar somente parte da história. É fazer tábua rasa dos sábios dispositivos de nossa Carta Imperial, uma engenhosa combinação de hábitos e costumes prevalecentes com os novos valores que sacudiam a Europa no início do século passado. Ela, que no julgamento abalizado e insuspeito de Afonso Arinos, foi a melhor Constituição que o País já teve. Mas, afinal, o que a torna tão especial?

A maneira mais reveladora de perceber a profundidade da obra de engenharia institucional produzida pelos autores do texto é analisá-lo à luz de *A sociedade aberta e seus inimigos*, de Karl Popper. Mas não só isso. É fundamental levar em conta também o peso do direito baseado nos costumes. Em especial aquele estabelecido pelo compromisso solene de um príncipe (D. Pedro I) de aceitar o princípio da limitação do poder real – que frutificou e se ampliou em seus sucessores. Posto isso, é relativamente fácil compreender por que o Brasil foi institucionalmente um País bem resolvido no século XIX, mas não no século XX.

A "teoria" popperiana da democracia substitui a questão platônica do "Quem deve governar?" por outra muito mais prática e objetiva: "Como o Estado deve ser constituído para que os maus governantes possam ser destituídos sem derramamento de sangue, sem violência?" Esta formulação torna mais fácil dar uma resposta definitiva à insatisfação dos povos, em diferentes épocas e lugares, com os maus governantes. Liquida, de saída, com respostas românticas do tipo: os melhores, os operários, os filósofos etc. E sabiamente reconhece que maus governos podem ser engendrados por qualquer classe social. Em todos os tempos e povos, o ponto fundamental é que durem pouco.

Assim, dispor de instrumentos legais para destituí-los, eximindo a sociedade de arcar com os imensos custos – sociais, políticos, econômicos e mesmo culturais – de mantê-los, deveria ser, segundo Popper, um imperativo do interesse público. Ele faz ainda uma crítica à representação proporcional, apontando o voto distrital, em um sistema bipartidário, como sendo o melhor arranjo institucional para que a sociedade possa responsabilizar e punir os maus políticos e suas políticas equivocadas. Os distritos eleitorais obrigariam os deputados a prestar contas mensalmente a seus eleitores de suas atividades no Congresso. Ainda que não nos pareça imprescindível, a existência de apenas dois partidos os levaria a um processo contínuo de autocrítica, pois não haveria como transferir responsabilidades a terceiros. Um arcabouço institucional desse tipo forneceria os incentivos corretos para a preservação do interesse público, ou seja, para que um país desse certo.

Como se encaixariam os dispositivos da Carta Imperial e a organização político-partidária do Império na moldura descrita acima? Bastante bem. Algumas pinceladas comporão o quadro.

O dispositivo mais importante, que respondia a questão maior levantada por Popper, era o que facultava ao imperador, ouvido no Conselho de Estado, dissolver a Câmara dos Deputados, convocando imediatamente novas eleições. Este dispositivo funcionou a contento na prática, livrando o Brasil de impasses institucionais propícios ao surgimento dos regimes de força, já tão comuns na América Hispânica do século XIX. Críticas que veem nessa prerrogativa, derivada do Poder Moderador, uma concentração desmedida de poder nas mãos do imperador, ignoram o papel insubstituível dos costumes no processo de consolidação de hábitos democráticos e responsáveis de exercício do Poder. Este foi indiscutivelmente o grande mérito de Pedro II: estimular e normalmente acatar decisões amplamente debatidas pelos órgãos de representação do Poder. Ao mesmo tempo, desfrutava constitucionalmente de uma posição que o colocava acima das paixões partidárias. Fazia questão de obedecer ao que ele denominava "opinião nacional", que não era necessariamente a opinião apregoada como pública, mas aquela que refletia os interesses de longo prazo do País.

> ## PODER MODERADOR
>
> Nossa monarquia foi a única no mundo a ter a figura do "Poder Moderador", exercido, obviamente, pelo monarca. Apesar de haver o legislativo, o judiciário e o executivo (exercido pelo gabinete ministerial), o Poder Moderador se sobrepunha a todos eles. Podia convocar e prorrogar a Assembleia Geral, sancionar seus decretos e resoluções; nomear e demitir livremente os ministros de Estado; dissolver, quando quisesse, a Câmara dos Deputados, convocando outra; escolher os senadores (vitalícios); aprovar ou não as resoluções dos Conselhos Provinciais, suspender magistrados, perdoar ou moderar penas impostas pelos juízes e tribunais; e, finalmente, conceder anistia (Ney Reis, editor do *Jornal do Brasil*)

Essa didática da negociação, orientada pela bússola do interesse público, permitiu ao Brasil, durante o século XIX, avançar consideravelmente em matéria de costumes políticos. Ela foi tão importante quanto ter uma constituição escrita. Alegar que se tratava de via de mão única, em que o imperador magnanimamente atendia aos reclamos de seus súditos sem contraposições populares, é ignorar que já houve em nossa História não apenas o dia do Fico, mas também o dia do Vai-te Embora, quando D. Pedro I foi praticamente obrigado a abdicar. Afirmar, por outro lado, que D. Pedro II se substituía à opinião pública, que não teria voz, para fazer valer o interesse público, diz muito pouco a respeito dos hábitos e costumes da época, pois encobre tanto a qualidade da nossa vida parlamentar quanto a vitalidade da nossa imprensa na segunda metade do século XIX. A primeira, confirmada por visitantes estrangeiros ilustres que assistiram a sessões do Parlamento do Império. A segunda, reconhecida abertamente pelo historiador marxista - e portanto, insuspeito -, Leoncio Basbaun. A república é que nunca nos proporcionou meio século seguido de liberdade de imprensa, como houve sob o segundo reinado. Ademais, ao realizar a defesa intransigente do bem comum, Pedro II nada mais fazia do que obedecer, em sua essência, à vontade popular.

Mesmo as críticas feitas ao fato de os membros do Conselho de Estado serem nomeados pelo imperador esquecem que os permanentes eram vitalícios, o que lhes conferia independência de julgamento face ao próprio monarca. Não era só isso. A Constituição os responsabilizava pelos conselhos dados ao imperador que não fossem fiéis ao espírito de defesa do bem comum. Mais importante ainda: na prática, os conselheiros tinham de fato voz ativa nesse processo, em última instância, consensual. O próprio líder da oposição era membro do Conselho de Estado*, dando às decisões tomadas um caráter mais amplo, não apenas partidário, em que havia espaço para que governo e oposição não perdessem de vista o interesse público.

Quanto à existência de certo artificialismo na mecânica de troca de gabinetes, em que o imperador normalmente solicitava ao líder da oposição para formar novo governo, não devemos esquecer que acabou gerando equilíbrio. Mesmo que os procedimentos adotados não garantissem integralmente a lisura das eleições, o caminho para a democracia real estava sendo trilhado. De um lado, pela frequência com que eram realizadas, aspecto este pouco lembrado em nossos manuais de História. De outro, pela alternância no Poder dos dois partidos então existentes: o Liberal e o Conservador. Tanto isso foi fato que, ao final do Império, cada partido ficou cerca de 50% do tempo total no Poder. Até mesmo a exigência, que se fazia naquela época, de um certo nível de renda anual para que o eleitor pudesse se qualificar como tal, ainda que limitasse a participação eleitoral, teve o mérito de dificultar a compra de votos. Houve ainda, desde 1861, uma Comissão Permanente de Poderes encarregada de verificar a lisura do pleito, o que deixa clara a preocupação de aperfeiçoar o sistema eleitoral, que registrou progressos significativos ao longo do Império. A república, por sua vez, só cuidou de implantar a Justiça Eleitoral em 1934, às vésperas do Estado Novo...

Durante nosso período monárquico independente, a cobrança de responsabilidade às classes dirigentes não se restringia apenas ao legislativo, que podia ser dissolvido, tendo os dois partidos então existentes, de enfrentar novas eleições. Estendia-se ao Executivo que, na pessoa do Presidente do Conselho de Ministros, tinha de prestar contas regulares de seus atos ao Congresso e ao imperador. Ia, na verdade, mais além, englobando o Judiciário, cujos juízes, em casos de extrema gravidade, podiam ser suspensos de suas funções pelo imperador e remetidos a julgamento na forma da Lei. É importante ter em mente que essas

---

* Esclarecimento de meu equívoco na época: o líder da oposição não era membro do Conselho de Estado.

prerrogativas do imperador não eram pessoais, mas sempre exercidas no âmbito do Conselho de Estado, vale dizer, refletiam as posições do Conselho e não meramente as do imperador. Este último seria melhor caracterizado como uma espécie de "*ombudsman*", um fiscal da opinião pública junto ao Governo. Havia, portanto, fiscalização permanente do Poder em todas as suas esferas.

Cem anos depois, continuamos órfãos nas mãos de maus governantes, sem ter como fiscalizá-los e puni-los por seus desmandos. Somos apenas chamados a pagar a conta. Haja vista episódios atuais como salários de deputados no mesmo patamar e às vezes acima de seus congêneres americanos, cuja renda *per capita* é oito vezes maior do que a nossa, ou, o caso, até hoje sem punição, dos quatro juízes que se concederam liminares mútuas para que pudessem movimentar seus recursos retidos pelo Plano Collor.

Como vemos, o arcabouço político-institucional do Império soube antecipar-se às preocupações de Karl Popper, realizando obra digna de justa admiração ainda hoje. Na verdade, foi além. Buscou fundar nos costumes a prática da fiscalização permanente dos atos dos governantes pelos governados. A cristalização desse processo foi interrompida pela proclamação da República, um retrocesso institucional, na medida em que nunca dispôs de instrumentos eficazes de fiscalização daqueles que detêm o Poder. Ao longo do nosso século XIX, os direitos individuais de cidadania foram protegidos e paulatinamente ampliados sem chegar ao prodígio, como ocorre nos dias atuais, de quase obstruir na prática os mecanismos de punição estabelecidos pelas sociedades democráticas para fazer prevalecer o interesse público coletivo sobre os corporativistas.

PROSPERIDADE REAL

O cientista político José Murilo de Carvalho declarou certa vez em entrevista ao *Jornal do Brasil* que a volta à monarquia com uma hipotética vitória do plebiscito de 1993 "não se trata de uma possibilidade real", mas defende o *lado bom* daquele sistema. "Os países mais modernos do planeta, hoje, são monarquias, a Suécia, a Holanda, a Bélgica, o Japão. São países modernos e profundamente democráticos". E são mais ricos: Holanda, Japão, Dinamarca e Noruega, todos monárquicos, têm uma média de renda anual *per capita* de US$ 18,515 mil dólares

> (dados de 1988) superior à média de US$ 16,927 mil dólares de EUA, Itália, França e Alemanha, todos republicanos. Isso sem falar no fator estabilizador que é a existência do monarca. Um bom exemplo é o da votação da lei do aborto na Bélgica no ano passado. Católico devoto, o rei Alberto Balduino abdicou por um dia, o dia da votação, e nada aconteceu a não ser a vitória do *sim*. (N. R.)

A essa altura, o leitor deve estar se perguntando se não seria possível fazer algo semelhante sob a forma republicana de governo. Em princípio, sim. Na prática, não.

A República no Brasil nasceu fazendo tábua rasa desses valores permanentes, sempre presentes nas experiências genuinamente democráticas. Nasceu fechando o Congresso, censurando a imprensa e, pior, restabelecendo um velho mau hábito, o de conspirar. Aquela terrível prática de buscar criar condições para vir a tomar decisões à revelia da comunidade. Não espanta, pois, que ditaduras e conspirações andem sempre juntas. Conspiradores podem até ser profissionais do ramo, mas a cultura da conspiração é e será sempre amadora. A razão é simples: como nas ditaduras, os interessados não são consultados, tendo que engolir fatos consumados. Mais cedo ou mais tarde, entretanto, a comunidade afetada acaba regurgitando o que lhe foi imposto à força.

O que ocorre na União Soviética ilustra, independentemente do adjetivo do dia, a sina das ditaduras. Quando "dão certo" a curto prazo, não o dão em médio, mas se derem, certamente não funcionarão a longo prazo. A República brasileira foi um produto da cultura amadora da conspiração, vale dizer, da visão ditatorial positivista misturada aos traços autoritários de nossa formação histórica. Jogou para o alto uma tradição liberal e de negociação, que marcou o Império, para cair nos braços do arbítrio. O peso da participação militar, que praticamente prescindiu da elite civil e – pior – do próprio povo, reforçou em muito o caráter autoritário do movimento. Diferentemente do Império, em que as eleições eram frequentes (em média, uma a cada dois anos) e que chegou a ter como eleitores cerca de 10% de uma população de 14 milhões de almas, a República, de saída e por quatro décadas, se esmerou nas eleições a bico de pena. Atas escritas na véspera das eleições, dispensando a apuração dos votos, tornaram possível o sistema de "contagem" de votos mais rápido de que se tem notícia na História: os vencedores já eram conhecidos na véspera!

Foram tais práticas de desrespeito à vontade popular que prepararam o caminho para o novo regime inaugurado em 1930. Já que o povo há muito não opinava e os instrumentos de defesa do interesse público tinham enferrujado, a ascensão de um ditador ao Poder era quase uma decorrência lógica. Assim foi até 1945, período em que atingimos nosso mais baixo índice de cidadania: a imagem melancólica de um povo entregue à vontade de um só homem. A restauração democrática de 1946 infelizmente refletiu, mais do que seria desejável, um movimento que veio de fora para dentro: a derrota do fascismo. E tanto isto foi fato que, não muito depois, em 1964, os militares se instalaram fisicamente no Poder até 1985. Durou vinte e um anos o novo período ditatorial. Terminou sepultando a pretensão quase secular de nossos militares em nos dizer como deveríamos ser como povo.

A progressiva exclusão do povo da arena política é, pois, obra da república. Coube a ela patrocinar um lento, mas visível, retrocesso institucional. Não se trata de saudosismo, mas de reconhecer que os valores que nortearam as instituições e costumes políticos de nosso século XIX – liberdade de imprensa, expressão e pensamento, alternância dos partidos no Poder, primado do Poder Civil, probidade na defesa do interesse público e cobrança de responsabilidade às classes dirigentes – tinham características permanentes, que os tornam atuais ainda hoje.

Em nosso caso específico, os argumentos contra a volta a um regime parlamentarista monárquico não se sustentam. Tempo, tradição e liquidação da tutela militar resumem a constelação de fatores que desaconselha votar pela manutenção do regime republicano em 1993, até mesmo naqueles casos em que esta fosse a preferência inicial do eleitor. Afinal, mais importante do que a forma de governo de um País, é saber qual delas tem reais possibilidades de funcionar na prática. Já vimos que, no passado, nossas instituições monárquicas deram conta do recado. Vejamos, agora, por que têm futuro.

Todos nós brasileiros temos hoje clara consciência do grau de abastardamento a que chegaram nossos costumes políticos. São os próprios políticos que o admitem. O fator tempo assume, assim, importância vital. Mantida a República, a regeneração desses costumes, além de duvidosa, tomaria tempo excessivo. O grau de neutralidade de um presidente da República seria certamente muito inferior ao de um monarca, que poderia se dar ao luxo de ter compromisso apenas com a defesa do interesse público, sem se envolver em lutas partidárias. Esse papel um rei ou imperador pode exercer de imediato, na medida em que seus interesses privados se confundem com o interesse público. Mas décadas seriam necessárias até que nossos viciados costumes políticos permitissem desempenho semelhante de um presidente da República num sistema parlamentarista republicano.

Colocados frente à opção Monarquia ou República, existem aqueles que contra-argumentam com nossa suposta falta de tradição monárquica. Restar-nos-ia apenas a tradição republicana e, portanto, a República, que poderia ser presidencialista ou parlamentarista. Passam por cima, com a tranquilidade que só o esquecimento permite, dos quatro séculos durante os quais este País foi uma monarquia. Não temos, sim, é tradição republicana, que mal completou um século de existência. A presença de reis, príncipes e princesas no inconsciente coletivo e nas festas populares não deveria ser vista pura e simplesmente como algum tipo de sublimação, mas também como o reflexo de preferências recônditas da alma popular brasileira. José Murilo de Carvalho deixa isto muito claro em *A formação das almas – O imaginário da República*: a incapacidade revelada pelo novo regime de conquistar a alma popular. Ademais, haveria algo mais ridículo do que menosprezar o povo inglês por suas preferências monárquicas? Ou mais insensato do que ignorar que essas mesmas preferências de vários povos europeus e do próprio povo japonês são plenamente compatíveis com as exigências do mundo moderno, a tal ponto que, dentre os 25 países mais ricos e democráticos do mundo, 18 são monarquias?

No Brasil, diga-se de passagem, nunca faltou à Monarquia entusiástico apoio popular, até mesmo em levantes regionais, com exceção de uns poucos, justamente aqueles em que o cheiro da caudilhagem era mais forte... O júbilo popular esteve presente à Aclamação de D. Pedro II, mesmo tendo ocorrido pouco depois do episódio traumático da abdicação de D. Pedro I.

Quanto à tutela militar, liquidá-la interessa, em primeiro lugar, ao povo brasileiro, mas também aos nossos militares, por mais estranha que possa parecer esta última afirmação à primeira vista. Hoje, nós e eles sabemos que resultou em muito arbítrio atribuir-lhes a função espúria de Poder Moderador. Na verdade, a proclamação da república nasceu de dois equívocos fatais com os quais qualquer povo que aspire à plena cidadania não pode transigir. O primeiro deles foi a petulância e indisciplina de um marechal do Império ao pôr abaixo pela força um governo eleito. O segundo foi o de implantar um novo regime passando por cima da vontade popular, indubitavelmente monarquista na época. O gesto do marechal Deodoro e de meia-dúzia de militares exaltados abriu espaço a duas constantes perniciosas de nossa vida republicana: o golpismo e a tendência a tutelar a vontade popular. Esta última a tal ponto que até "revoluções" foram feitas antes que o povo a fizesse...

O drama histórico do golpismo é que ele atua contra os militares enquanto instituição. Na qualidade de golpistas, são e serão sempre militares de segunda grandeza, incapazes de conquistar o respeito de todos aqueles que prezam sua cidadania. Pior: chamam sobre si a responsabilidade pelos atos cometidos sem ter o respaldo de um governo legitimamente constituído. Paralelamente à solidez das instituições, esta parece ser uma das razões mais importantes pelas quais os militares americanos fogem do golpismo como o diabo da cruz. Um exemplo ilustrativo diz tudo: como eximir de responsabilidade a elite civil americana pela guerra do Vietnã? A instituição militar como tal foi preservada no sentido de ter se mantido fiel à disciplina, à obediência às ordens recebidas de governantes legitimamente eleitos. A estes cabe, em última instância, a responsabilidade histórica pelos erros cometidos. A longo prazo, o golpismo cobra dos militares um preço muito elevado: põe em risco a própria instituição militar ao desvirtuá-la e abastardá-la. A tendência a tutelar a vontade popular, por sua vez, provocou a progressiva eliminação do espaço reservado à defesa do interesse público, com as consequências que hoje todos nós sentimos na própria pele.

FARDA CONTRA A COROA

Os militares derrubaram os dois imperadores que o País teve. D. Pedro I foi obrigado a abdicar em favor do filho, ainda menor, porque lhe faltou- o apoio dos quartéis, em 7 de abril de 1831. Seu filho, D. Pedro II, foi destronado pela Proclamação da República, golpe desferido em 15 de novembro de 1889 pelo séquito do marechal Deodoro.

Nesse meio tempo, outro militar teve papel singular no Império: Caxias, que ajudou a Tríplice Aliança a vencer a Guerra do Paraguai, nos anos 1860, foi ministro da Guerra em 1862 e em 20 de outubro de 1870 foi nomeado "conselheiro de Estado extraordinário", persuadindo o imperador praticamente à força. Morreu em 1877, como o "pacificador". (N. R.)

A opção a favor do parlamentarismo monárquico, com voto distrital puro ou mesmo misto, nos livraria do vício republicano brasileiro de fugir aos mecanismos efetivos de cobrança de responsabilidade às classes dirigentes. A crise brasileira não será resolvida apenas fazendo do Congresso Nacional o fórum dos grandes debates e decisões nacionais. É fundamental que os representantes do povo ali presentes passem a prestar contas regulares de suas posições em plenário aos seus distritos eleitorais. E que enfrentem novas eleições quando o respaldo popular não for nítido. Pois restaurar o crédito público no Brasil de hoje não é meramente um problema econômico-financeiro. É muito mais amplo. Sem resgatá-lo em suas dimensões política, social e cultural, continuaremos à deriva, sem acertar.*

---

* As notas escritas pelo editor do JB na época foram mantidas em respeito ao texto original, o que não significa que o autor concorde integralmente com o conteúdo de cada uma delas.

SEM BOTÃO DE EJEÇÃO
Jornal do Brasil – 28 Setembro 2005

Se eu lhe propusesse, caro leitor, fazer uma pesquisa em qualquer esquina do Brasil sobre a dissolução do atual Congresso, com convocação imediata de eleições gerais, é certo que 11 entre 10 entrevistados diriam um sonoro SIM! Infelizmente, isso não é possível pelas regras constitucionais vigentes. Temos um governo (e um Congresso) com prazo de validade vencido, mas que vai continuar porque o mandato ainda não acabou.

Para piorar ainda mais as coisas, descobrimos que nos deixamos enganar por essa fúria apuradora de responsabilidades, que lhe parece óbvia, mas não é. Calma!

O preço astronômico dos impasses político-institucionais no presidencialismo, ou a falta que nos faz o voto de desconfiança

Não estou defendendo a impunidade geral; muito pelo contrário. Afirmar que o Brasil já adquiriu suficiente solidez institucional para resistir a crises é uma meia verdade. Seria preciso acrescentar: a passos de cágado. Estou dizendo que nos esquecemos de estabelecer regras capazes de dar soluções rápidas às crises. Governo deveria ser uma questão de confiança. Em qualquer país que disponha de salvaguardas para os momentos de crise, o governo (ou o gabinete) já teria caído por não obter o voto de confiança do Parlamento. Ou o presidente, respaldado pela constituição e na qualidade de chefe de Estado – e não de Governo –, já teria dissolvido o Congresso e convocado eleições gerais diante da atual situação.

"Sonho parlamentarista", diria você. Diante do pesadelo presidencialista, esse sonho merece ser investigado muito mais a fundo.

Antes de mais nada, impõe-se sair da atual agenda negativa e montar uma agenda positiva para o futuro. Remexer e sentir o mau cheiro não resolve.

Obviamente, a proposta parlamentarista teria que contemplar as devidas salvaguardas como a possibilidade constitucional de dissolver o Congresso, a fidelidade partidária, o voto distrital misto, a cláusula de barreira, o voto facultativo e outros requisitos que obrigassem o político a servir ao partido e ao País em vez de se servir deles, como constatamos, atônitos, a cada denúncia confirmada. Predomina o umbigo de cada um em vez do interesse público a que é preciso devolver a majestade perdida. Sem uma visão de longo prazo, a permanecerem as atuais regras eleitorais e partidárias, um novo governo nunca terá sustentação parlamentar para implementar o seu programa de governo. Normalmente, a cada novo presidente eleito, ele consegue, no máximo, eleger cerca de 20% dos deputados federais e senadores de seu próprio partido, tendo que compor com partidos cujos programas são diferentes do dele, que recebeu as bênçãos da aprovação popular. A vontade popular acaba desfigurada em função de uma perversa legislação partidário-eleitoral centrada em interesses que não são os do País. Mais grave ainda: que incentiva a procriação desses seres *umbigoides* tão maléficos ao País e à nossa autoestima.

Um defensor do presidencialismo diria que não temos tradição parlamentarista. Somente nossa amnésia histórica nos leva a esquecer que este País, durante quatro séculos, teve uma prática parlamentarista que nasceu nas câmaras municipais cujos presidentes eram os prefeitos de nossas cidades. O Brasil foi também uma exceção, na América Latina, já em seu período independente. Tivemos, durante o meio século do Segundo Reinado, um regime parlamentarista, que funcionou bastante bem, ainda que não fosse puro para o bem do País, à época. Quanto à pureza do parlamentarismo, cabe aqui o alerta do historiador José Murilo de Carvalho sobre a função do Poder Moderador de então. Se coubesse ao chefe da maioria organizar o novo ministério a partir de eleições feitas por ele, teríamos permitido que um grupo ou partido se perpetuasse no Poder com as sequelas de revoltas e golpes de Estado, já tão comuns na América espanhola, e tão temidos e desprezados, com razão, pelos políticos do Império. A alternância dos partidos no Poder, ainda que obtida pela interferência do Poder Moderador exercido por Pedro II, era fator indispensável ao nosso amadurecimento político, preparando o caminho para a plenitude democrática.

Claro que, hoje, a concepção do Poder Moderador, mesmo num contexto republicano não ideal, teria que ser repensada, mas jamais dispensada. A sanidade institucional de que o País tanto necessita recomendaria a todos nós beber dessa fonte que nos propiciou ser uma exceção invejada pelos demais países latino-americanos no século XIX. O Brasil não foi sempre o que é hoje. Fica o desafio de usarmos a imaginação para recolocar o País na rota desejada por todos nós. É o botão de ejeção das crises...

A SUPREMA CORTE E O STF
Jornal do Brasil - 4 Abril 2006

Tenho viva lembrança de um filme em que se relatava a mecânica interna que levou a Suprema Corte dos EUA a uma decisão unânime em favor da integração racial nas escolas americanas e ao abandono da antiga doutrina de "iguais mas separados", que dava respaldo secular à manutenção do racismo nas escolas e em locais públicos do País. O resultado não foi, de saída, 9 a 0 a favor da integração. Foi um processo muito difícil. Começou com um sofrível 5 a 4, que não veio a público na época. Saltou aos olhos dos membros da Corte a fragilidade de uma decisão, que sabiam histórica, com tais números marcados pela falta de firmeza daqueles homens a quem cabia decisão tão importante. Após muita discussão interna entre os juízes, em que foram feitas defesas habilidosas do princípio "iguais mas separados", o placar evoluiu para um resultado mais aceitável: 8 a 1. Aparentemente, o juiz renitente estava sinceramente convencido da sólida base jurídica do seu voto contra. Os demais não aceitaram suas ponderações e partiram para a luta até convencê-lo a mudar de voto e chegar à unanimidade de 9 a 0, que baniu o racismo das escolas americanas.

O bom senso da Suprema Corte e os contrassensos do STF

Não foi esse o caso do presidente Collor, julgado pelo Supremo Tribunal Federal (STF), que saiu inocentado por um maroto 4 a 3. Acompanhamos indignados pela TV a leitura dos votos dos ministros. Todos sofremos com o espesso *juridiquês*, que nos deixava quase sem saber o que, afinal, estavam querendo dizer os nossos preclaros ministros. Pior ainda foi o resultado da votação [após a renúncia dele], que acabou livrando Collor da merecida punição [legal].

A ausência de bom senso foi a marca registrada de todo o episódio. Primeiramente, nossos ministros aparentemente não fizeram uma contagem prévia dos votos antes de vir a público. Em segundo lugar, os ministros que o inocentaram não calçaram as sandálias da humildade para debater, prévia e internamente, a posição dos ministros que se sentiram munidos de evidências e provas documentais para a condenação do réu. Finalmente, preferiram afrontar a opinião pública nacional e votar de acordo com seu foro íntimo. Valeram-se de tecnicalidades jurídicas, na linha daquelas que permitiram a um conhecido banqueiro brasileiro se beneficiar de um *habeas corpus*, que funcionou a favor da impunidade, dando-lhe a chance [de escapar] da justiça. O óbvio ululante da possibilidade real – e ocorrida – da fuga para o exterior também não pesou na decisão estapafúrdia do ministro do STF.

Alguns poderiam argumentar que nossos procedimentos e tradições jurídicas são diferentes dos vigentes nos EUA. Em recente entrevista, K. A. Appiah, filósofo americano, filho de inglesa com africano, argumenta, com razão, que é absurdo preservar tradições que são prejudiciais ao próprio povo que as criou, como a castração feminina em certos países africanos, por exemplo. No nosso caso, o STF deu um basta à prática do nepotismo, uma perniciosa tradição nossa, e tomou a decisão correta de proibi-lo de uma vez por todas. A repercussão junto à opinião pública dessa decisão do STF, há muito postergada, foi extremamente positiva.

Em meio à comemoração, fomos informados de mais uma daquelas terríveis decisões de um ministro do nosso STF. Refiro-me à solicitação feita pela Presidência da República, e atendida pelo ministro, para dar uma liminar calando a boca do caseiro em suas denúncias contra o então ministro da Fazenda Antonio Palocci. Nos EUA, é bem conhecida a severidade da punição aos casos de obstrução da Justiça. O *nonsense* do nosso caso é que foi um ministro do próprio STF que tentou obstruí-la. Ou ao menos foi essa a percepção com que todos nós acompanhamos o triste episódio. Se o caseiro estivesse mentindo ou sendo subornado, isso deveria ser apurado depois. Um cala-boca desse tipo, vindo do STF, tem um efeito devastador.

As denúncias comprovadas de corrupção envolvendo dois poderes da República não podem contaminar o Judiciário, que precisa ser preservado para dar guarida às nossas cambaleantes instituições "republicanas". A velha máxima de que "decisão do supremo não se discute, cumpre-se" precisa ter substância. Em especial, quando fazem a imagem do STF beijar a lona. A reconstrução moral do País exige um exame prévio de decisões impensadas antes que venham a público para liquidar com nossa já sofrida auto-estima.

IDEB PERFEITAMENTE PREVISÍVEL
Jornal do Brasil - 20 Maio 2007

Eu me lembro bem, cerca de 20 anos atrás, quando se adotou no estado do Rio de Janeiro a fatídica aprovação automática nas escolas públicas para "resolver" o problema do acúmulo de repetentes nos primeiros anos do ensino fundamental. Procurei saber se era aquilo mesmo, pois me recusava a crer que tamanho despropósito pudesse ser a nova "pedagogia" nacional. Era. Pouco depois, dentre as várias loucuras perpetradas pela Constituição de 1988, generalizou-se a estabilidade do funcionário público, desaparecendo a distinção entre funções de Estado e aquelas de ordem administrativa.

Como fazer a coisa errada por mais de duas décadas

Falhas conceituais são fatais. Conceitos corretos nos permitem detectar regularidades nos eventos com que nos deparamos, inclusive os sentimentos e influências que estão por trás deles. Tomemos o caso da aprovação automática. A partir do momento em que o aluno percebe que será aprovado independentemente de tirar boas ou más notas, ele acaba fazendo uma opção, mesmo que inconsciente, pela Lei do Menor Esforço. Na imensa maioria dos casos, é certa a queda do padrão de qualidade de seu desempenho ao longo do tempo. Juntemos a isso a estabilidade generalizada do professor das escolas públicas, concedida pouco depois de ser aprovado em concurso. Novamente, a despeito das boas intenções iniciais dos mestres, a mensagem que vai sendo absorvida é a seguinte: seu emprego está garantido, pouco importando seu bom ou mau desempenho como professor. Some-se a isso o baixo salário recebido e está montado o cenário para a falta de compromisso com a pontualidade, a freqüência regular às aulas e a consequente queda de qualidade do ensino ministrado.

Seria inimaginável que o Índice de Desenvolvimento da Educação Básica (Ideb) revelasse um quadro animador da educação pública no ensino fundamental e médio. Variando de 0 (zero) a 10 (pontuação máxima), o Ideb é um indicador da qualidade educacional que combina informações de desempenho em matemática e português em exames padronizados (Prova Brasil ou Saeb) com outras relativas ao rendimento escolar, ou seja, aprovação. Um Ideb de 6 nos colocaria no mesmo padrão dos países desenvolvidos. Pois bem, em qualquer nível (1ª a 4ª série / 5ª a 8ª série / ensino médio), a nota média das escolas públicas brasileiras gira em torno de 3,5, ou seja, pouco acima da metade daquela atingida pelos países mais avançados.

Trata-se de uma situação dramática em termos da qualidade de nossa educação pública. Nada, entretanto, que devesse nos surpreender, dado o sistema de incentivos às avessas em vigor há cerca de duas décadas. Ao dar os incentivos errados, só poderíamos colher os resultados decepcionantes que aí estão. Dificilmente um país já foi tão "competente" em desmontar sua educação pública. O caso do Rio de Janeiro é emblemático. Até o início dos anos 60, teve talvez o melhor ensino público do País e hoje se posiciona, dentre os demais Estados brasileiros, em 15º e 13º lugares, respectivamente no ensino médio (nota 2,8) e no fundamental de 5ª a 8ª série (nota 3,2), segundo os dados do Ideb.

Merece registro o fato de a nota obtida pelo ensino particular se situar muito próxima de 6 e a do ensino público federal superar ligeiramente essa mesma nota. Em outras palavras: nesses casos não estamos fazendo feio em relação ao padrão de países desenvolvidos. A explicação é simples. Em ambos os casos, no federal e no particular, não existe aprovação automática. Os alunos são devidamente cobrados. No ensino particular, o professor não tem estabilidade. No público federal, a melhor remuneração (e tradição de um Colégio Pedro II, por exemplo) aparentemente compensa os efeitos negativos da estabilidade.

Eu e meu pai fomos professores. Dei aula no ensino superior e ele, no ensino médio. Conheço bem o drama dos professores. Tenho por eles profundo respeito que lhes falta hoje até da parte dos próprios estudantes, em especial nas escolas públicas. Mas seria compactuar com a falta de disciplina dos alunos e com a acomodação dos professores deixar de apontar os efeitos deletérios dos fatores acima mencionados. Feitas as correções de rumo, chegaremos lá.

DEMOCRACIA *EX-ANTE* E *EX-POST*
Diário de Petrópolis – 12 Setembro 2010
Diretório Monárquico do Brasil – 25 Outubro 2010

Antes de mais nada, uma explicação. O uso dos termos latinos *ex-ante* e *ex-post* não se prende a nenhum tipo de saudosismo. Na verdade, foram as melhores palavras que encontrei para definir com rigor os problemas da teoria e da prática democráticas em nosso País. Estes termos têm largo uso em economia. *Ex-ante* (antes do evento, em latim) tem a ver com nossas expectativas diante de um evento futuro ou aquilo que ocorre antes de um determinado ato. Já *ex-post* (após um dado evento) está ligado ao fato consumado, aos resultados efetivos a que chegamos. Existem várias definições de democracia. Ao pé da letra, esta palavra é composta de duas outras de origem grega: *demos*, que quer dizer povo, e *kratia*, que significa força, poder.

> O cerne esquecido da democracia que funciona

Poder do povo ou governo do povo. Abraão Lincoln lapidou essa conceituação clássica ao definir democracia como o "governo do povo, pelo povo e para o povo". Podemos aproveitar o poder de síntese de Lincoln para definir democracia *ex-ante* e democracia *ex-post*. No conceito *ex-ante*, ela significa o governo do povo pelo povo, ou seja, a soberania é do povo que exerce o Poder por meio de seus representantes eleitos. A democracia *ex-post* tem a ver com o governo para o povo, ou seja, em benefício efetivo da população.

Com base nessas duas conceituações, podemos afirmar que o Brasil tem hoje uma democracia *ex-ante* bastante avançada e uma democracia *ex-post* que deixa muito a desejar, sofrível mesmo. Nós fazemos uma certa confusão em relação a esses dois conceitos. Uma coisa é dispor de um sistema político aberto, com muitos partidos, em que os cidadãos têm acesso aos cargos eletivos com facilidade. Um País com 28 partidos certamente oferece amplas possibilidades para tal. Até aqui estamos no reino da democracia *ex-ante*.

Outra coisa, muito diferente, é saber se, uma vez eleitos, os políticos e a estrutura político-administrativa do País respondem à altura aos anseios populares em termos de preservação do interesse público. A resposta a essa segunda questão vem sendo reafirmada, de forma muito negativa, pela população brasileira que, em reiteradas pesquisas, avalia o desempenho dos políticos e de nossas práticas político-partidárias da pior maneira possível.

Normalmente, 80% da população cravam entre o ruim e o péssimo quando solicitada a se manifestar. Por quê? Eis a questão.

Curiosamente, no seio de nossa pobre evolução institucional, tivemos no passado, em especial sob o Segundo Reinado, uma boa democracia *ex-post*, em que Pedro II, via Poder Moderador, dispunha de instrumentos efetivos para preservar o interesse público, e uma democracia *ex-ante* que deixava a desejar pela forma manipulada com que eram realizadas as eleições, fato este reconhecido pelo próprio monarca. Daí sua visão de futuro que o levava a chamar ora o líder de um, ora do outro partido, para que os liberais e os conservadores se alternassem no Poder. Ele sabia que a alternância dos partidos no Poder era peça fundamental na construção de uma democracia sólida ao longo do tempo.

A despeito dos avanços, a república no Brasil (e dos supostos valores republicanos alardeados) não conseguiu fazer com que a população percebesse a política e os políticos como instrumentos fidedignos de preservação de seus interesses. Três são as razões que explicam nosso desalento em matéria político-institucional, não obstante os avanços nos planos social e econômico.

A primeira delas tem a ver com o número excessivo de partidos com representação no congresso nacional. Qualquer melindre pessoal faz com que o político mude de partido. Ele dispõe de 27 alternativas, responsáveis em boa medida pelo fato de os políticos não servirem aos partidos, mas, sim, deles se servirem. Fidelidade partidária sem cláusula de barreira é como corda sem caçamba. Simplesmente não funciona. Ressalve-se que o Brasil poderia continuar a ter muitos partidos, mas relativamente poucos com representação.

A segunda razão é nossa concepção equivocada de democracia que vê no voto obrigatório algo imprescindível ao processo de participação popular. O voto facultativo tem o mérito da qualidade. Quem vota sem ser obrigado pensa melhor no voto que vai pôr na urna. Quem comparece à seção eleitoral por pura obrigação, votando mal informado, prestaria um favor à cidadania se não votasse. Merece registro uma observação de ordem estatística. Somando-se os votos de quem falta com os brancos e nulos, o percentual efetivo de votantes em nossas eleições fica entre 60 e 65% do eleitorado total. Se o voto fosse facultativo, votariam entre 50 e 60% dos eleitores, ou seja, praticamente o mesmo número. Mais ainda: a teoria da amostragem nos garante que uma amostra de 50 ou 60% do eleitorado é mais que suficiente para se manter o resultado final. Em outras palavras: aumentar o número de votantes de 50 para 60 ou mesmo 100% muito dificilmente mudaria o resultado de um pleito.

O terceiro ponto se refere à ausência do voto distrital ou do voto distrital misto. O efeito devastador dessa deficiência é que tendemos a votar mal informados e, ainda, com isso, permitimos que o poder econômico fale alto demais nas disputas eleitorais. É óbvio que um candidato a vereador (ou a deputado estadual ou federal), ao ter que centrar sua campanha em um ou poucos bairros de sua cidade, ou seja, no seu distrito eleitoral, ele pode fazê-lo quase que a pé. Melhor ainda: ele vai prestar conta de seus atos aos eleitores de seu distrito, permitindo a estes últimos acompanhar facilmente seu desempenho e votar realmente com conhecimento de causa na próxima eleição.

Finalmente, e o mais trágico, é que a atual legislação eleitoral e partidária impede a formação de partidos sólidos e coesos e perpetua manutenção de uma visão extremamente negativa por parte da população em relação à política e aos políticos. Sem que voltemos, por meio de uma profunda reforma político-institucional e partidária, a ver nossos representantes nos poderes executivos e legislativos (municipal, estadual e federal) novamente com respeito, vamos criar sérios problemas emmédio e longo prazos para dar continuidade aos avanços sociais e econômicos obtidos, pois a reestruturação político-institucional é fundamental para garantir sua sustentabilidade, como comprovam pesquisas e estudos muito bem fundamentados. A longo prazo, boa economia depende de boa política.

FHC, LULA E O POVÃO
Tribuna de Petrópolis – 30 Abril 2011

FHC, em artigo publicado na revista *Interesse Nacional*, faz uma reflexão abalizada sobre o estupor da oposição brasileira diante da terceira vitória petista na disputa presidencial. Não é texto para ser lido à *vol d'oiseau*. É denso e propositivo quanto aos rumos a seguir pela oposição, se quiser chegar lá em 2014. Como é usual, houve uma tentativa de simplificar o que foi dito na base de "FHC é contra o povão e a favor da elite". O próprio Lula chegou mesmo a afirmar que era lamentável estudar tanto para acabar ficando contra o povão. Coisa típica de quem, por estudar tão pouco, pensa que o Brasil começou com ele em 2003. Essa falta de estudo também explica por que a política externa de Lula foi tão pífia, justamente quando resolveu alçar voo solo, deixando de lado a cartilha de FHC que sempre seguiu à risca, sem jamais reconhecer, para obter sucesso e popularidade.

O desastre precoce evitado pela herança bendita renegada

Esperteza, mais que inteligência, é a marca registrada de Lula. Há que se reconhecer, entretanto, que ele foi duas vezes maior que o PT para, alçado ao Poder, não implementar uma política econômica "original" já tantas vezes tentada pelas esquerdas latino-americanas com resultados desastrosos, a velha *voodoo economics* cansada de guerras perdidas. Espertamente, ele soube construir sobre as sólidas bases estabelecidas nos oito anos de FHC. Conseguiu se fazer passar como inventor da roda. Em boa medida, pela incapacidade de a oposição bater duro no triste episódio do mensalão, agora reconhecido como fato jurídico punível pela nossa tardia justiça, e também por ter sido incapaz de trombetear suas conquistas, apropriadas indebitamente pelo PT sob o comando de seu marqueteiro-mor.

Um breve retrospecto deixará clara a falta de visão do PT. Em 2003, uma pergunta feita ao Deputado João Paulo, então recém-eleito presidente da Câmara Federal, sobre o porquê de o PT ter votado sistematicamente contra as reformas tributária e previdenciária, foi respondida na base de que, na época, "não estávamos disputando as reformas, mas o Poder". Quer dizer: o País que aguardasse, pois os interesses do PT vinham em primeiro lugar. Apesar de ter compartilhado dessa visão estreita por muitos anos, Lula se deu conta, por volta de 2002/2003, que iria dar com os burros n'água se seguisse nessa direção.

Bom lembrar que, enquanto estava na oposição, Lula e o PT foram contra o Plano Real, contra a Lei de Responsabilidade Fiscal, contra as privatizações, enfim, contra tudo que colocou o País novamente nos eixos. Quando ele, mais que os quadros do PT, viu que a coisa funcionou, foi rápido e rasteiro em tirar uma fotocópia da política econômica tucana e mantê-la no mesmo rumo, assim, com aquela sem cerimônia de quem simula marotamente ter inventado a pólvora. Não é preciso relembrar os inúmeros benefícios que o Plano Real trouxe ao País, mas merecem registro em separado os temas da privatização e o binômio elite-povão.

Quanto às privatizações, é preciso não ter uma visão ingênua. O ex-presidente da Embraer Maurício Botelho, em palestra na Firjan, afirmou que sem o capital estatal a empresa jamais teria sido constituída, mas, se não tivesse sido privatizada depois, não teria obtido o êxito fenomenal posterior, hoje reconhecido internacionalmente. O mesmo fenômeno se deu com a Vale do Rio Doce. Os últimos 10 anos sob o comando de Roger Agnelli foram excepcionais a ponto de sua gestão ser comparada à de Jack Welch na GE. O governo nunca coletou tributos em valores tão expressivos. Muito, muito acima do que a Vale repassava em dividendos no passado quando era estatal. O triste prêmio que Agnelli recebeu foi seu afastamento, coisa que Lula ensaiou, mas não concretizou. Teria sido o *alter ego* de FHC a lhe recomendar bom senso?

Vamos agora à questão de quem é contra o povão. Qualquer análise desapaixonada do período FHC não poderá deixar de reconhecer o quanto o povão se beneficiou do fim da inflação. O famoso e cruel imposto inflacionário incidia brutalmente sobre quem menos podia pagar, sem falar na cavalar concentração de renda que ensejou e que era tão nefasta ao povão. A Lei de Responsabilidade Fiscal, ao colocar ordem na casa, também fez com que houvesse critério no uso do dinheiro público, coisa que beneficia diretamente o povão. As privatizações, cujos êxitos são palpáveis, permitiu ao povão, por exemplo, ter acesso a celular e a telefones fixos, coisa que as antigas teles estaduais nos cobravam antecipadamente em 24 parcelas com direito a mais 12 meses de atraso até que o bendito telefone fosse instalado em nossa residência. Pergunta: como rotular FHC de ser contra o povão se seu governo foi o que propiciou o início de todos esses benefícios para os excluídos? Já imaginou, caro leitor, o pesadelo que teria sido um governo Lula eleito em sua primeira ou segunda tentativa de chegar ao Poder com aquela plataforma do PT contra tudo que FHC implantou? Quem teria sido, de fato, o antipovão?

Finalmente, uma palavra sobre elite. O drama histórico da república no Brasil, contrariamente ao que se deu sob Pedro II, é que ela não conseguiu montar uma estrutura de Poder que permitisse a quem tem compromisso com o interesse público chegar ao governo e utilizá-lo em benefício de todos. Elite, em nossa república sem *res publica*, virou sinônimo de grupo de aproveitadores. Infelizmente, para o bem ou para o mal, elite é sempre copiada. Os companheiros do PT também copiaram o mau exemplo e se locupletaram no mensalão e no aparelhamento do Estado, a chamada "partidocracia". Lula continua copiando FHC ao convocar seus camaradas a dar atenção ao peso eleitoral da nova classe média, exatamente o que propõe FHC como plataforma da oposição em seu artigo. De mais a mais, o termo povão traduz algo de desconfortável. É como se houvesse dois povos no País: a turma do andar de cima e a do andar de baixo. Ao eliminarmos essa triste discriminação, passaremos a nos referir a nós mesmos como povo, sem diminutivos ou aumentativos. Em reunião sobre a melhor estratégia para defender o parlamentarismo monárquico no plebiscito de 1993, um príncipe brasileiro me chamou a atenção quando usei o termo povão por lhe parecer desrespeitoso. Insistiu para que usássemos a palavra povo. Pensando bem, ele tinha, e tem, razão. Na verdade, estamos deixando de ser povão para ser povo.

A TENTAÇÃO AUTORITÁRIA
Diário de Petrópolis – 21 Julho 2012
Tribuna de Petrópolis – 22 Julho 2012

A construção da democracia e sua preservação é um processo bem mais complicado e difícil do que possa parecer à primeira vista. Tomemos o caso brasileiro. Num seminário sobre nossa temática político-institucional realizado pouco antes do plebiscito de 1993, no Hotel Glória, no Rio de Janeiro, um amigo me confidenciava à boca pequena: a sociedade da época em que viveu Dom Pedro I era mais autoritária do que ele. Vale completar: aqui e em Portugal. Ao abdicar do trono brasileiro e partir para a luta contra seu irmão absolutista Dom Miguel, que usurpara o trono de sua sobrinha, Pedro I encontrou um ambiente nada simpático à sua justa Causa. O povo português nutria fortes simpatias por Dom Miguel e sua postura autoritária.

As recaídas autoritárias no Brasil e na América Latina

Não cabe aqui descrever a brilhante campanha em que Pedro I saiu vitorioso contra obstáculos que inicialmente pareciam intransponíveis. Essa luta épica foi para que Portugal tivesse uma constituição democrática que limitava o poder real. Morreu exaurido pela luta logo após ver sua filha brasileira, D. Maria II, subir ao trono português dando vivas à nova constituição, que deu a Portugal um longo período pacífico. Coisa muito parecida ao que aconteceu no Brasil sob o Segundo Reinado de Pedro II, filho que deixou em terras brasileiras com apenas cinco anos de idade.

Não cabe aqui ver na figura de Pedro I o democrata perfeito, mas registrar o seu mérito ímpar de quem foi criado numa tradição absolutista e soube dar o passo certo em direção à democracia. Ser criado numa tradição democrática e ser democrata é fácil, difícil é optar pela democracia partindo de um berço absolutista. Foi exatamente isso que ele fez a ponto de ser conhecido na Europa de seu tempo como um doidivanas liberal.

Infelizmente, lá e cá, meio século de práticas democráticas, em que a liberdade de imprensa, pensamento e expressão vigorou não foi suficiente para consolidar a democracia. No Brasil, no final do século XIX, nossa intelectualidade e os militares se deixaram encantar pelo canto da sereia do positivismo comtiano. Segundo essa doutrina, assim como não havia liberdade em física e química (hoje visto de outra forma), não deveria havê-la em política. Nesta esfera, era preciso implantar uma ditadura científica. Certamente não se trata de uma visão de mundo democrática. Ela teve importante papel na proclamação da república e nas práticas ditatoriais que lhe seguiram por um longo período. De 1930 a 1945, nova recaída autoritária com a ditadura de Getúlio Vargas, positivista convicto.

Na década de 1930, é ouvido novo canto da serpente autoritária na obra de Caio Prado Júnior, que, após uma viagem à falecida URSS – União das Repúblicas Socialistas Soviéticas, se encantou com aquele "novo" mundo comunista. Desiludido com a ditadura varguista, resolve optar por outro tipo de ditadura, a do proletariado. Foi seguido por muitos intelectuais que passaram a ver no marxismo a saída para nossos dilemas políticos, sociais e econômicos. As ciências sociais brasileiras, em meados do século XX, e até quase o seu final, foram tomadas por esse tipo de abordagem que só recentemente começa a retroceder, quase duas décadas depois do fim da URSS e da virada da China em direção a uma economia de mercado. Deixou uma herança de equívocos fatais semelhante à da intelectualidade francesa em seu caso de amor com o comunismo no pós-guerra.

Merece registro nossa última ditadura, de 1964 a 1985, em que os militares tiveram papel de protagonistas. Um golpe, que se pretendia de curta duração, perdurou por 21 anos. Cerca de 75 anos após proclamarem a república, cedem, mais uma vez, à tentação autoritária. Os pendores de salvadores da pátria misturados ao exercício espúrio de um suposto Poder Moderador se dão as mãos para mais um longo período de arbítrio.

Pesquisa relativamente recente feita no Brasil e no resto da América Latina não retratou um entusiasmo popular maciço pela democracia, persistindo boa dose de tolerância em relação a práticas autoritárias. Pelo jeito, os pesquisados estavam dando um tiro nos próprios pés ao não se darem conta de que decisões tomadas à revelia do principal interessado, o povo, acabam dando em besteira a médio e longo prazos. Se golpes de Estado, intervenções militares e práticas ditatoriais resolvessem alguma coisa, a América Latina seria Primeiro Mundo desde o século XIX.

Em nossos dias, ainda temos que nos deparar com propostas do tipo "controle social dos meios de comunicação", apenas um palavrório enganoso para ceder à tentação autoritária do tipo o-governo-sabe-o-que-é-melhor-para--você. A despeito da secular perda de tempo, felizmente, o Brasil atual parece ter adquirido certa musculatura para resistir a essas recaídas autoritárias. Caetano Veloso afirmou recentemente que foi um luxo ter tido FHC e Lula como presidentes. Luxo maior foi ter tido meio século de governo civilizado sob Pedro II, cujos padrões de homens públicos de qualidade foram atirados ao lixo por mais de um século. Maior luxo ainda será retomar essa mentalidade de genuíno respeito ao interesse público com intelectuais, pensadores e homens públicos dignos de respeito e à prova de modismos que a História simplesmente descartou. A saída passa pelo estudo aprofundado de nossas instituições políticas do século XIX, em especial pelo Poder Moderador nas mãos de quem deve exercê-lo, legitimamente, para o bem comum.

A UNIVERSIDADE PÚBLICA JÁ EXISTE
Diário de Petrópolis – 20 Abril 2013
Tribuna de Petrópolis – 21 Abril 2013

Membro do conselho universitário da nossa UCP - Universidade Católica de Petrópolis, tive a oportunidade de ser informado, em reunião recente, sobre a existência, nessa instituição, de quase 2000 bolsistas. São dois grupos de 500, que ingressaram em cursos superiores de tecnologia (tecnólogos), pagos pelo Estado; o município, por sua vez, tem contribuído com 100 a 200 bolsas por ano, com cerca de 700 beneficiados, alguns já formados, e mais 250 bolsistas integrais da própria UCP. O que nos interessa saber é se esse modelo de gestão atende aos anseios da população em relação ao da universidade pública tradicional.

Como gastar muito, mal e sem foco

Numa entrevista dada pelo atual prefeito ao *Programa X da Questão*, do qual faço parte regularmente, ele me perguntou, no final, sobre minha posição de defesa do atual modelo por lhe parecer importante trazer para Petrópolis a universidade pública. Infelizmente, não houve tempo para dar uma resposta mais elaborada já que o programa estava em seus últimos minutos. Aproveito este artigo para responder sobre assunto tão relevante. (Ainda que não tão relevante quanto dispormos de um ensino fundamental de qualidade capaz de alfabetizar funcionalmente os alunos, vale dizer, gente que sabe ler, escrever, interpretar um texto e fazer conta, ou seja, gente que aprendeu a pensar e pode se tornar um autodidata. Gente que tem régua e compasso próprios, como diria Gilberto Gil. Pesquisas internacionais exaustivas comprovam que a taxa social de retorno do ensino fundamental é maior que a do curso superior.)

A vantagem do sistema de bolsas é que podemos adotar critérios como a qualificação do pleiteante e a impossibilidade de arcar com os custos de sua educação superior. Podemos ter foco, beneficiando a quem merece e não tem condições de pagar. Na universidade pública, o filho de quem pode pagar também poderá ter acesso a curso superior via vestibular, um fato, aliás, muito comum (e injusto) nas atuais universidades públicas brasileiras, ou seja, gente que pode pagar e não contribui nem mesmo com parte do custo para a sociedade de sua educação superior.

Vamos agora aos custos em si. Devemos ter claro que ensino público tem custo, pago por todos nós. Não existe almoço grátis, alguém sempre paga a conta, como afirmava o famoso economista Milton Friedman. O que mais choca é o verdadeiro disparate entre os custos por aluno no ensino superior público e no privado: custa-nos cerca de CINCO vezes mais. Mas sejamos condescendentes, e nos lembremos que a universidade pública ainda oferece, na média, qualidade superior, com exceções obviamente, àquela do ensino superior privado. Digamos que fosse razoável – não é! – aceitar o fato que o custo fosse o dobro em função da qualidade. Ainda assim, restaria o fato tremendamente incômodo dos 3/5 a mais cobrados pelo ensino superior público de todos nós!

A boa teoria econômica nos informa que custos muito elevados revelam baixa produtividade, ou seja, a ineficiência brutal do setor público em matéria de educação superior. Cobra muito além do razoável de todos nós, e nos entrega resultados pífios. O México, por exemplo, forma 110 mil engenheiros por ano, com cerca de metade de nossa população, e nós, apenas 40 mil! De cada 100 brasileiros que entram num curso de engenharia, apenas 20 a 25 se formam. Poderiam ser 80, se estes cursos nas universidades públicas tivessem um mínimo de eficiência.

Nosso saudoso bispo Dom Filippo Santoro levou um grupo de pessoas de Petrópolis a uma cidade italiana onde os pais recebiam um valor mensal que lhes permitia escolher em que escola privada de qualidade iriam matricular seus filhos. Segundo ele, o modelo funcionava bem com custos muito menores para os cofres públicos. Em termos práticos, não precisamos ir do 8 ao 80, mergulhando de cabeça numa solução única. Fazer uma experiência precursora, entretanto, seria aconselhável tanto em termos de qualidade quanto de redução de custo por aluno para o município. E ainda serviria depois como referencial para melhorar o sistema público de ensino no Brasil, que deveria ser tão bom ou melhor que o privado por ser um poderoso instrumento de redistribuição mais igualitária e permanente de renda.

Petrópolis é uma cidade pioneira em muita coisa. Esta tradição precisa ser mantida, não apenas em nosso benefício, mas também para o avanço do País como um todo. Infelizmente, somos craques em adotar soluções que se revelam, a longo prazo, equivocadas, como foi o caso da aprovação automática em nossas escolas públicas, felizmente já revertida, não obstante os 20 anos ou mais perdidos nesse descaminho...

Restam ainda duas questões importantes: a da pesquisa (científica e aplicada) e a da educação de qualidade em nosso ensino fundamental e médio. A primeira, muito centrada na universidade pública, pode ser estimulada através de contratos, com metas e monitoramento, com instituições privadas, certamente a custo bem menor para o uso do nosso dinheiro de contribuintes. E ainda nos livrar de longas greves sem custo (para os grevistas, obviamente), mas pagas com o nosso dinheiro nas universidades públicas. Na sociedade moderna, em que conhecimento virou o motor do progresso, este é um passo fundamental para superar nosso atraso relativo. A segunda, a educação de qualidade no ensino fundamental e médio, pelo fato de abrir as portas a quem quiser ir adiante em sua formação, em especial em cursos que atendam ao requisito da empregabilidade e da geração de renda para a pessoa e para a sociedade. Essas reflexões buscam defender o interesse público sem cair na armadilha do "mais governo é sempre melhor". Se existem falhas de mercado, as falhas de governo são mais frequentes e piores, como qualquer brasileiro sente diariamente na pele.

Em Petrópolis, a universidade pública já tem mais que um embrião. Cabe a nós, de modo inteligente, aprofundar o modelo de gestão que já existe e tem qualidade. Ou, se for o caso de trazê-la para cá, saber usar de inteligência para não chover no molhado, preenchendo lacunas, ou atendendo a requisitos que nos permitam trazer dinheiro federal para o município, já que de cada 100 reais de todos os tributos arrecadados em Petrópolis (municipais, estaduais e federais), a cidade só fica com 15.

A QUEBRA DA TRADIÇÃO
Diário de Petrópolis – 4 Maio 2013
Tribuna de Petrópolis – 5 Maio 2013

Existem tradições e tradições. Há aquelas que a vassoura do tempo faz bem em varrê-las, e outras que nos deveriam ser caras porque abandoná-las é caminhar para o pior dos mundos. A famigerada PEC 33 (Proposta de Emenda Constitucional nº 33), que submeteria decisões do STF – Supremo Tribunal Federal ao Congresso, aprovada por unanimidade – (!?) – na Comissão de Constituição e Justiça – CCJ, dá bem a medida do absurdo perpetrado. Trata-se de uma iniciativa que jamais deveria ter ocorrido por afrontar a independência entre os poderes. Desatinos semelhantes já foram cometidos na Venezuela, Bolívia e Argentina, países em relação aos quais devemos manter saudável distância para não fazer parte desse terrível bloco da marcha da insensatez.

Hannah Arendt e os descaminhos da História na tragédia humana

Parece-me que o melhor modo de entender a questão de fundo envolvida nesse processo é a tese desenvolvida por Hannah Arendt em seu brilhante livro *A Promessa da Política*. Ali, ela nos fala da ilustre tradição de liberdade política, nascida com Platão e Aristóteles, de respeito ao outro como *homo politicus*. Ela nos chama a atenção para a praça pública grega, berço da democracia ocidental, em que as diferentes opiniões eram livremente debatidas, e onde as decisões eram tomadas pelo voto igualitário dos cidadãos livres. Também nos relembra da postura do Império Romano, a despeito da força das armas, em relação aos povos conquistados. A *Pax Romana* conseguia abrir espaço para uma convivência pacífica em que a eliminação física dos povos sob o domínio de Roma nunca se constituiu num objetivo sistemático do Império, salvo em alguns casos excepcionais como o de Cartago.

Pois bem, essa ilustre tradição da vida política ocidental perdurou por dois mil anos até que pensadores como Hegel e Marx abriram as portas, no plano filosófico, para as trágicas experiências totalitárias que se materializaram com o nazismo e o comunismo. Em última instância, o que aconteceu é que suprimiram, na prática, o espaço de manifestação do outro, aquele que discorda de nós. A verdade passa a ser a verdade da classe social dominante, ideia queridinha de Gramsci, teórico marxista italiano, que, antes dele, já vinha provocando estragos monumentais não apenas na vida política, mas também na economia dos povos que se viram submetidos à visão de mundo e às práticas abjetas do totalitarismo.

Curiosamente, as vozes que se opunham aos desatinos daí resultantes eram simplesmente sufocadas (e descartadas) com o argumento de que não passavam de espasmos do pensamento reacionário de direita. Raymond Aron, autor, em 1957, de *O ópio dos intelectuais*, foi vilipendiado na França como vendilhão do templo proletário, se é que se podemos usar esses dois termos juntos em tempos de ateísmo rompante. No final da década de 1960, na faculdade de economia da UFRJ, muito influenciada pela ideologia de esquerda, ao tomar contato com as ideias de von Mises e com a obra de Friedrich Hayek, em especial, *O Caminho da Servidão*, eu mesmo tive a reação típica de ver em ambos desprezo pela realidade concreta daqueles tempos. Ou seja, como concordar com eles sobre a impossibilidade de o planejamento central funcionar se a URSS – União das Repúblicas Socialistas Soviéticas - estava lá impávida e muito bem, obrigada? Na época, nem eu, nem a torcida do Flamengo, tínhamos consciência da solidez intelectual de ambos que sabiam que o gigante tinha pés de barro. E que ícones como Hegel, Marx e Lênin, que se supunham donos da verdade, simplesmente tinham aberto os portões do inferno, mas prometendo a seus "fiéis" a entrada no "paraíso" comunista.

A despeito de vivermos em tempos turbulentos, felizmente eles são outros. As pessoas não acreditam mais nessas soluções mirabolantes. Mas o que mais preocupa em nosso Brasil são as várias tentativas de chocar o ovo da serpente. Cá para nós, são de nos deixar de cabelo em pé projetos como os de censura à imprensa, com o rótulo de propaganda enganosa de controle social dos meios de comunicação; o de cerceamento do Ministério Público, para impedi-lo de tomar a iniciativa de abrir processos contra os desmandos dos poderosos do dia; e este último, já mencionado, de submissão do STF aos desmandos de um

Congresso que o deputado Miro Teixeira avaliou afirmando que pior que ele só um Congresso fechado. As lágrimas de esguicho do saudoso Nelson Rodrigues já não dão conta do recado. É coisa para lágrimas com o jorro virulento das mangueiras do corpo de bombeiros.

Nem Ulysses Guimarães, que profetizou corretamente que o congresso seguinte seria pior do que anterior, poderia imaginar que chegaríamos a esse ponto. Parece (ou será?) coisa de gente que é analfabeta em matéria constitucional. É simplesmente inaceitável que nossos deputados e senadores desconheçam princípios constitucionais básicos que juraram defender quando tomaram posse. No fundo, é a famosa tentação autoritária, a antessala da ditadura e do totalitarismo, no caso extremo.

Não precisamos nos irmanar a essa triste vocação da América Latina para repetir experiências fracassadas: as famosas "soluções" de pernas curtas, mentirosas, sem consistência de longo prazo. Nesses últimos 10 anos, o PT esqueceu que para elevar consistentemente o padrão de consumo de quem estava excluído era preciso investir, coisa que o PAC – Programa de Aceleração do Crescimento (1 e 2) nunca conseguiu levar a bom termo, realizando pouco mais que 1/3 do programado. E, na ânsia de manter o Poder a qualquer preço, está se dando ao triste papel de chocar o ovo da serpente, que todos sabemos no que vai dar. É mais que hora de estarmos atentos ao alerta de Hannah Arendt quanto à quebra da tradição democrática que precisa ser mantida sob pena de repetir a dose brutal de infortúnios já conhecida de milhões de pessoas no mundo ao longo do século XX e no atual.

VOCÊ E O PRESIDENCIALISMO
Diário de Petrópolis – 11 Maio 2013
Tribuna de Petrópolis – 12 Maio 2013
Gazeta Imperial – 20 Junho 2013

"Eu com isso?", poderia me perguntar você, caro leitor, em relação ao presidencialismo. E eu respondo: muito, muito mais do que possa imaginar à primeira vista. Não vou me prender a tecnicalidades para não tornar este artigo maçante e fugir à essência do que precisa ser dito: a enormidade dos desacertos e infortúnios que ele trouxe para a vida política do País, em especial a queda brutal da qualidade do homem público, do político brasileiro.

A responsabilidade do regime presidencialista por nosso atraso político e econômico

Presidencialismo é um sistema de governo onde se põe poder demais nas mãos de uma só pessoa, do presidente. No caso brasileiro, no arbítrio do presidente. Parlamentarismo é também um sistema de governo com a diferença marcante de que o Poder é exercido de modo colegiado. Este último nos remete à praça grega onde os cidadãos livres tomavam suas decisões sobre a *pólis*, a cidade, democraticamente. Em poucas palavras: poder sob permanente controle dos governados. Este ponto é fundamental para entender que quando nos afastamos desse modelo, a tendência a longo prazo é criar um fosso entre governantes e governados. Os acontecimentos recentes ocorridos no congresso nacional, sem descartar os de nossa História política republicana mais remota, dão bem a medida da profundidade que esse fosso pode atingir.

Muitos são os vícios do presidencialismo. O primeiro deles é que o sistema permite que a confiança do distinto público no homem público não seja mais a pedra fundamental da vida pública. Os exemplos abundam. O mais flagrante deles é nosso velho conhecido. Qualquer político pego com a boca na botija se defende afirmando que não se provou nada em justiça contra ele. E lá ficamos nós como plateia muda aguardando anos a fio pela decisão da justiça enquanto os Malufs da vida continuam se servindo da botija, ou seja, do nosso dinheiro. O mensalão é emblemático. A queda de alguns não levou de roldão o chefão da quadrilha, até agora incólume porque não sabia de nada, como ele diz e ninguém acredita. Num regime parlamentarista, a conversa é outra. Um político cai por simples perda de confiança popular ou do próprio Parlamento nele. Não temos que provar nada em Juízo. O segundo vício, no caso brasileiro, é a castração do parlamento como fórum de debates capaz de discutir e propor iniciativas de leis que, com frequência indevida, partem do executivo, ou seja, do presidente da república. A isso se chamou de presidencialismo de coalizão para viabilizar a governabilidade, sempre muito aquém do que gostaríamos. A rigor, melhor seria rotular a coisa de legislativo presidencialista em reconhecimento a quem dá as cartas.

O terceiro vício, em função da omissão do nosso parlamento, é que o orçamento federal é indicativo e não impositivo. Em português claro: o que é aprovado por nossos representantes não é necessariamente o que vai acontecer. Diferentemente do jogo do bicho, o escrito não vale. Ou pode não valer, pois o presidente dispõe de um instrumento, o contingenciamento de verbas, em que sua canetada fala mais alto. Os representantes do povo, os deputados, têm que ficar mendigando favores ao dito cujo para fazer valer os compromissos assumidos com seus eleitores. Algo do tipo o povo na fila de espera para ter vez, quando tem. Antes que você contra-argumente querendo saber como fazer isso com a falta de representatividade (e seriedade) de nossos representantes no congresso, é importante deixar claro que a adoção de um governo parlamentar pressupõe uma profunda reforma político-eleitoral-partidária capaz de pôr ordem na casa, com incentivos corretos ao surgimento de lideranças políticas de qualidade. Uma espécie de Plano Real na política.

O quarto vício não é tão óbvio, mas faz um estrago monumental no nosso dia a dia. Num regime parlamentar, o chefe do executivo, o primeiro-ministro, tem que prestar contas de seus atos de governo semanalmente ao Parlamento, ou seja, aos representantes do povo. Essa é uma prática de controle do Poder da melhor qualidade a que nossos presidentes não estão obrigados a fazer regularmente, por obra e desgraça do regime presidencialista. Na verdade, fogem até das perguntas dos jornalistas como o diabo cruz, como se fossem impertinências desrespeitosas ao grão-senhor presidente.

O quinto vício é uma decorrência do anterior. Justamente por não fazerem um acompanhamento sistemático do dia a dia dos atos de governo, nossos supostos representantes no congresso se dedicam a um furor legislativo contraproducente: excesso de leis, inclusive para tentar disciplinar leis anteriores que não funcionam. Existem aquelas natimortas por baterem de frente com as leis objetivas do mercado (caso clássico de tentar tabelar preços, lição que a Argentina reluta em aprender), e ainda as que, por incompetência, são inexequíveis na prática (a reformulação da lei sobre empregados domésticos é um triste exemplo dessa variedade para não mencionar o ECA – Estatuto da Criança e do Adolescente no que tange à responsabilidade criminal de menores).

Poderia continuar a listar os efeitos devastadores que o famigerado presidencialismo provocou ao longo de nossa História republicana. O estrago maior foi jogar por terra uma tradição de cunho parlamentarista de quatro séculos de nossa História. Os prefeitos de nossas cidades eram os presidentes das câmaras municipais. No caso de Petrópolis, assim o era, curiosamente, até 1915, 25 anos após a proclamação da república presidencialista. Já deu para perceber, caro leitor, que os estragos do presidencialismo são muito concretos e, em boa parte, explicam nosso lento processo de desenvolvimento. E a razão é muito simples: quem paga a conta não é ouvido e está longe de ter poder de veto sobre os desatinos. Um milhão e meio de assinaturas pedindo a cabeça do atual presidente do senado, ao cair no vazio, retrata bem nossa condição de povo reduzido ao *jus sperniandi*, ou seja, ao triste "direito" de espernear. E haja pernas para espernear...

A VOZ DAS RUAS E O PT
DIÁRIO DE PETRÓPOLIS – 22 JUNHO 2013
TRIBUNA DE PETRÓPOLIS – 23 JUNHO 2013

Se eu lhe dissesse que o bater de asas de uma borboleta no mar do Japão causou um maremoto no golfo do México, provavelmente, poderia lhe parecer um exagero. Poderia. Na verdade, a teoria da complexidade, em termos simples, nos alerta para o fato de que causas aparentemente insignificantes podem ter efeitos monumentais. Bem diferente da mecânica clássica newtoniana onde o efeito é proporcional à maior ou menor violência do tranco inicial. Malcolm Gladwell, em seu livro *O ponto da virada*, nos mostra o caminho das pedras já a partir de seu subtítulo: *Como pequenas coisas podem fazer uma grande diferença*. Ele dá como exemplos episódios da História, de mais de um País, de como situações iniciais que pareciam inofensivas se desdobraram em fatos históricos da maior relevância. Um deles se refere a Paul Revere, herói da independência americana, alertando seus compatriotas de que os ingleses estavam vindo, dando-lhes tempo de se organizarem para a defesa.

Como a mudança substantiva pode surgir de atos públicos pontuais e surpreender o andar de cima petista

Algo semelhante tomou conta das ruas de nossas cidades. Uma manifestação contra o aumento das passagens de ônibus na capital de São Paulo, que parecia de cunho local, foi-se espalhando, assumindo um caráter de insatisfação geral com nossas práticas nada republicanas a despeito dos decantados valores republicanos de faz de conta. Como sabemos, nossos (?) representantes não se curvam diante do interesse público, mas tão só para contemplar o próprio umbigo e, logo ali ao lado, um pouco mais abaixo, o bolso.

As frases expostas nas faixas de protesto demonstram seu caráter bem mais amplo e cívico, e que tomou conta das ruas. Muitas delas afirmam isso com todas as letras. Alguns exemplos contundentes: "Salário dos políticos R$ 26 mil, salário mínimo R$ 687" / "Estádios prontos, falta o País" / "Escola pública padrão FIFA" / "Não ao conformismo" / "Paz sem voz não é paz, é medo" / "A meta (da inflação) é 4,5%, banda é o cacete" / "Sexo é amor, sacanagem é R$ 2,95". Esta última bem no alvo do estopim que deu início ao extravasamento da insatisfação generalizada com o que vem acontecendo, onde o fosso entre representantes e representados nunca foi tão profundo. Os atos de governo, ou seja, a gestão do País, não são acompanhados por nossos políticos. Simplesmente assinam embaixo dos atos do executivo...

Merecem registro à parte duas outras frases: "Acabou o circo" e a mais séria de todas em minha avaliação: "A ditadura perfeita terá as aparências da democracia". É aqui que entra o PT.

A despeito de os manifestantes reiterarem o caráter espontâneo da tomada das ruas, recusando a participação de partidos políticos e outras organizações formais, não podemos ignorar quem foi o pai da criança que veio à luz nos últimos 10 anos. Ele tem nome e se chama PT. A sociedade brasileira finalmente se deu conta do populismo crescente, insustentável a longo prazo, pois o marido traído é sempre o povo. A afirmação da presidente Dilma dizendo que se orgulhava dos manifestantes parece coisa de presidente de outro País sobre os acontecimentos no Brasil. Pelo jeito, ela pensa que está no palanque, coisa muito ao gosto do Lula, comandando a massa. O equívoco é fatal. O que se vê hoje nas ruas é coisa de Povo, não massa, que sabe o que quer.

A prova cabal dessa insatisfação geral com os rumos do País está numa das faixas: "Não são apenas 20 centavos", aumento que os governantes já revogaram. Bom que se lembrem que há muito mais a ser feito em seguida, em especial nas áreas de educação, saúde e transporte decentes. Não se trata aqui de fazer a apologia do parto sangrento da História, da violência, pois sabemos no que deu na ex-União Soviética e na China, onde trucidaram milhões, para depois voltar à economia de mercado. Devemos nos orgulhar de ser um povo capaz de ir às ruas pacificamente para exigir nossos direitos sem deixar de cumprir com nossos deveres. Um povo que era recebido aos sábados por Dom Pedro II para ser ouvido e que sabia que ele cobrava providências de seus ministros.

RESPONSABILIZAR O PARLAMENTO
Diário de Petrópolis – 29 Junho 2013

Tribuna de Petrópolis – 30 Junho 2013

Chamar a raposa para tomar conta do galinheiro parece um insano contrassenso. Nem sempre. Um dos casos mais famosos foi o de Joseph Kennedy, o patriarca do clã dos Kennedy. Após a crise de 1929, em que a bolsa de Nova York desabou, os americanos se deram conta de que o mercado nem sempre resolve tudo. Decidiram, então, estabelecer regras para seu adequado funcionamento até então entregue tão somente aos humores do próprio mercado. Foi aí que resolveram convocar para a delicada tarefa quem conhecia todos os truques, aceitáveis e nada aceitáveis, para tirar proveito da bolsa comandada pela lei da selva. Joseph Kennedy fez um belo trabalho de regulamentação, pois conhecia em detalhes as mutretas e se dispôs a pôr um ponto final em práticas que se revelaram prejudiciais a todos ao ultrapassarem quaisquer limites.

A raposa que soube tomar conta do galinheiro e o nosso Congresso

Este introito coloca na berlinda o nosso falimentar Parlamento. A triste profecia de Ulisses Guimarães de que o seguinte seria pior que o anterior parece que atingiu uma plenitude sombria. O deputado Miro Teixeira jogou a pá de cal: pior que este congresso só um congresso fechado. É tanta raposa espertíssima que elas acabam comendo a própria cauda. Os interesses corporativos levaram nossos políticos a esquecer o compromisso que deveriam ter com aqueles que representam, ou seja, o povo. As manifestações oriundas de um aumento de 20 centavos no transporte público em São Paulo se transformaram, como no cartaz, na *indigNação* – ampla, geral e irrestrita – de milhões de Brasileiros e Brasileiras, também em merecidas letras maiúsculas.

A perplexidade geral, inclusive de analistas políticos, deixa claro o elemento surpresa de todo o processo desencadeado, em especial pela seriedade com que os manifestantes puseram o dedo em nossas feridas mais gritantes: transporte, educação e saúde. Mas não ficaram por aí. O repúdio à corrupção, aos políticos e aos partidos também foram alvos muito visados. Que fazer?

Um modo inteligente de dar respostas operacionais passa por nossa capacidade de fazer as perguntas corretas. A primeira delas é indagar por que o País investiu tão pouco em transporte, educação e saúde nos últimos dez anos. Seria falta de planejamento? Na verdade, faltou gestão, evidente na condução da política econômica. Governo que até planeja, mas não executa. Os Programas de Aceleração de Crescimento - PACs1 e 2 nunca conseguiram executar muito além de 1/3 do planejado. A rigor eles se transformaram em programas de desaceleração do crescimento. A cobrança das ruas é por investimentos vitais que a incompetência e a roubalheira não deixaram acontecer.

No plano político-institucional, que lição tirar do repúdio à presença de políticos e partidos nas manifestações? Trata-se de clamor popular por uma reforma política em profundidade, que abra espaço para a elevação substancial da qualidade do homem público e dos partidos políticos. Precisamos, com urgência, de um Parlamento capaz de monitorar os atos de governo ao invés de parir leis e mais leis. Um Parlamento que escrutine o Poder Executivo ao invés de cumprir ordens baseadas em barganhas políticas em que o povo fica de fora.

Precisamos, isso sim, de parlamentarismo, caro leitor. "Mas com os deputados que temos?", perguntaria você, perplexo. No fundo, é uma questão de alinhar incentivos corretos aos resultados pretendidos. Precisamos para ontem da reforma política. Manter a atual legislação político-partidário-eleitoral é a garantia de continuar ladeira abaixo. Dar responsabilidades ao jovem que perdeu o rumo faz com que ele ache seu caminho. No caso do nosso Parlamento, a situação é muito parecida. Para tanto, a melhor proposta seria permitir, adequando a legislação, os candidatos independentes. O eleitor teria a opção de, criteriosamente, escolher gente séria capaz de mudar a cara de nosso Parlamento. Parlamentares que nos respeitem, submetidos a mecanismos de controle efetivos como exige a voz do povo nas ruas.

FINANCIAMENTO DE CAMPANHAS POLÍTICAS
Diário de Petrópolis – 13 Julho 2013
Tribuna de Petrópolis – 14 Julho 2013

O peso do poder econômico nas campanhas políticas causa um amplo desconforto. Exceto, obviamente, para quem tem muita bala na agulha. Para os demais, a imensa maioria, fica a certeza incômoda de que leva quem tem mais dinheiro e não quem está realmente afinado com o interesse público. Trata-se de uma antiga sinuca de bico em que as soluções propostas não agradam a gregos e troianos. Neste caso, há que haver um mínimo de acordo entre esses velhos inimigos. Haveria uma saída aceitável? Ousaria afirmar que sim, com algumas ressalvas. Dentre elas, a imperiosa necessidade de regular por lei os critérios de escolha de candidatos pelos partidos, para acabar com a máxima de "no Brasil, partido tem dono (ou donos)"; a adoção da cláusula de barreira, como acontece nas democracias europeias, para dar um mínimo de representatividade aos partidos; e ainda a inclusão do voto distrital, também comum nas grandes democracias e entre nós no século XIX, para eliminar o atual fosso entre representantes e representados, induzindo vereadores e deputados a prestar contas regulares de seus atos a seus distritos eleitorais. Ninguém mais vai-se esquecer em que deputado votou, como já acontece hoje em que todos se lembram de seus votos para prefeito, governador e presidente da república, cargos que já se beneficiam do voto distrital.

Uma proposta para neutralizar o poder econômico nas eleições

Antes de abordar, no plano conceitual, a proposta de neutralizar ao máximo a poderosa voz do dinheiro nas eleições, é importante ter claro algumas condições para o seu sucesso. A primeira delas seria limitar a um certo valor as doações de campanha para partidos e candidatos. A segunda encamparia a tese de impedir doações por pessoas jurídicas, restringindo-se as contribuições àquelas dadas por pessoas físicas. A terceira diz respeito a multas pesadas a quem infringisse tais dispositivos legais. A quarta respeitaria o princípio de que o eleitor brasileiro não pode ser obrigado a financiar partidos com os quais não tem nenhuma afinidade ideológica, como ocorre hoje, em que o fundo partidário, alimentado com dinheiro público, fornece uma verba anual a qualquer novo partido, ainda que não tenha sequer um único membro eleito.

Sem sobrecarregar o contribuinte brasileiro em um tostão a mais, ou seja, sem aumento da carga tributária, deveria ser permitido ao cidadão indicar um certo percentual do valor de seu imposto de renda a pagar, que não ultrapassasse o valor máximo permitido individualmente, ao partido de sua preferência. Quase consigo ouvir sua voz, caro leitor, me perguntando sobre os milhões de brasileiros que estão isentos do imposto de renda: como eles se manifestariam nesse processo em que estamos facultando ao eleitor um voto monetário? Aqui é a hora de dar um basta à hipocrisia governamental que cobra, de quem ganha até dois salários mínimos, cerca de 50 centavos de impostos em cada real gasto por pessoas situadas nesta faixa de renda, como comprovado por pesquisa realizada por um órgão do próprio governo federal, o IPEA – Instituto de Pesquisa Econômica Aplicada.

A quem não precisa declarar imposto de renda, deveria ser facultado destinar alguns centavos daqueles 50 que o governo lhe toma sorrateiramente em cada real que gasta ao partido político de sua preferência por meio de algum imposto pago regularmente como, por exemplo, seu carnê ou desconto para o INSS. Esta proposta objetiva contrabalançar o peso dos votos monetários de poucos com o voto monetário de muitos de modo a neutralizar significativamente não só o poder econômico nas eleições como o dos caciques na escolha dos candidatos de cada partido. Claro que seu detalhamento técnico teria que ser cuidadosamente estudado para torná-la operacionalmente factível. Ao dar aos votos um uma espécie de poder econômico equalizado, esta proposta teria o mérito de tornar possível um pacto de cidadania efetiva entre representantes e representados na defesa de Sua Majestade o Interesse Público.

O INGLÊS SABE O SEU LUGAR. E NÓS?
Diário de Petrópolis – 10 Agosto 2013
Tribuna de Petrópolis – 11 Agosto 2013

Dois meses antes do nascimento do primogênito do príncipe William e de sua esposa Kate, comemorado depois com mais circunstância do que pompa – e muita alegria – pelo povo inglês, eu ainda me lembro de uma repórter afirmando na TV que o inglês sabia o seu lugar. Para ela, a Inglaterra era um País com rígida separação entre classes sociais, com a turma do andar de baixo consciente de seu lugar na hierarquia social. Os ingleses teriam uma espécie de cidadania em tom menor, já que são súditos de S.M. a rainha Elizabeth II.

A cidadania efetiva melhor preservada numa monarquia

Só mesmo muito desconhecimento da História da Inglaterra pode levar uma jornalista a fazer um julgamento tão superficial daquele País. Já em 1215, foi assinada a Carta Magna, que limitou o poder real do soberano. Foi a origem do moderno constitucionalismo. O rei também estava submetido à Lei. Claro que muita água rolou sob essa ponte que unia o povo a seu soberano em bases legais e mutuamente respeitosas. Séculos antes dos demais países, o rei inglês deixou de ter o privilégio de gastar o dinheiro público sem a aprovação do Parlamento, em especial em guerras. A Câmara dos Comuns, onde a nobreza não tinha assento, era a instituição por meio da qual o povo inglês tomava decisões sobre seu dinheiro arrecadado via impostos.

A revolta das colônias inglesas no Novo Mundo, que levou à independência dos EUA, foi motivada pela cobrança de tributos sem a devida anuência dos tributados. Foi o famoso "*No taxation without representation*", ou seja, sem representação não há tributação. Essa absoluta clareza dos colonos ingleses na América de então sobre seus direitos de cidadania não surgiu da noite para o dia. Foi algo que veio com seus antepassados como parte de uma tradição arraigada, cultivada na própria Inglaterra, de que dinheiro público não é coisa que o governo possa dispor a seu bel-prazer. Era coisa tão séria que foram à guerra por ela e que os separou da Inglaterra em 1776.

Quanto ao inglês saber o seu lugar, ele tem disso total clareza ao exigir prestação de contas semanais de atos de governo de seus primeiros-ministros no Parlamento. O famoso gabinete-sombra da Oposição designa um deputado para acompanhar cada pasta ministerial. Cobram boa gestão da coisa pública de seu governo ao invés de aprovarem leis e mais leis que não funcionam. Além disso, o primeiro-ministro também tem audiências semanais com o chefe de Estado, rei ou rainha, a quem são obrigados a fornecer todas as informações solicitadas. O monarca inglês é uma pessoa que não depende de políticos, partidos ou grupos econômicos para ocupar sua posição, pois é pago pelo povo para defender o interesse público com uma dose de isenção que um chefe de Estado eleito jamais teria. De fato, o inglês sabe o seu lugar: ele se recusa a ser feito de bobo, exercendo rigorosa fiscalização de seus governos.

E nós, será que sabemos qual é o nosso lugar? Até muito recentemente, não. Nosso dinheiro arrecadado via impostos está longe de ser devidamente aplicado em benefício de toda a população. As últimas manifestações populares refletiram a brutal dose de insatisfação com a gestão do País. A população deixou claro que quer transporte, educação e saúde de qualidade. Subitamente, nos cansamos de aceitar o lugar de meros espectadores diante da festa macabra paga com dinheiro público. O povo, pelo jeito, está cansado de ser o bobo dessa estranha corte "republicana".

Talvez a repórter mal informada devesse antes ter contemplado o próprio umbigo brasileiro para constatar que quem sai muito mal nessa foto chamada exercício efetivo da cidadania somos nós. Precisamos, com urgência, assumir, cada vez mais, nosso lugar de protagonistas antes de criticar outros povos que já dominam essa arte séculos antes de nós.

POPPER E A REFORMA POLÍTICA
Diário de Petrópolis – 14 Setembro 2013
Tribuna de Petrópolis – 15 Setembro 2013

Karl Popper foi, e continua sendo, um filósofo famoso, que se tornou conhecido como autor do clássico *A Sociedade Aberta e seus Inimigos*. Sua defesa da democracia o levou a enfrentar com êxito a visão distorcida de outros gigantes da filosofia como Platão e Hegel. O primeiro por ter feito a pergunta equivocada de "quem deve governar?" Seriam os filósofos, os aristocratas, os empresários ou os operários? Os reis-filósofos, devidamente preparados, eram os de sua preferência. O segundo pelo seu historicismo, ou seja, pela crença de que, assim como existem leis científicas, haveria também leis regendo a História, passíveis de serem conhecidas, e com poder de predição capaz de nos permitir planejar e antever o futuro. O pecado mortal comum a ambos foi adotar como critério de moralidade o interesse do Estado, e não o dos indivíduos que o compõem. Stálin e Hitler certamente se identificaram com essa visão e em nome dela mataram milhões. Enfrentar o paredão de fuzilamento era o destino de quem discordasse deles. O poder emanando do cano do fuzil.

A clarividência de Karl Popper para abreviar a vida inútil dos maus governos

A perspicácia de Popper o levou a formular a pergunta certa, que Platão ignorou ao tratar da política, ou seja, como organizar as instituições políticas de modo que os maus governantes (os incompetentes) possam ser impedidos de fazer estragos monumentais? Indo direto na veia: o fundamental é que maus governos durem pouco. Claro está que o primeiro requisito para tal é a confiança dos representados em seus representantes. Com ela, a "festa" do desgoverno estaria com os dias contados. O segundo, que operacionaliza o primeiro, é o governo parlamentar (parlamentarismo), que torna possível o voto de desconfiança no governo, destituindo o gabinete (ministério). No Brasil, deixamos de atender a esses dois requisitos desde 1889, com a chegada da república presidencialista, que permite o absurdo de governos fracassados, como o atual da presidente Dilma, continuarem porque o mandato fixo só termina em 31/12/2014. Até lá, os estragos vão continuar.

Mas como falar em parlamentarismo, diria você, caro leitor, num País que tem um congresso como o nosso? Um congresso que, a cada legislatura, confirma a previsão de Ulysses Guimarães de que o seguinte seria pior que o anterior. Aqui entra a contribuição que Karl Popper, devidamente adaptado, pode dar à nossa reforma política, em especial ao que se refere à reforma de nossa legislação partidária e eleitoral. A pergunta que ele faria não seria simplesmente que partido deveria governar ou qual seria a legislação eleitoral ideal: ele proporia a questão de como fazer para que partidos e a legislação eleitoral deixassem de causar tantos prejuízos ao interesse público, como vem acontecendo em nosso País.

Torna-se evidente a essa altura do campeonato que nossa legislação partidário-eleitoral não alinha incentivos aos resultados pretendidos, dando razão a Ulysses Guimarães. Do jeito que está montada, ela induz o político a se servir do partido ao invés de servi-lo. A democracia interna dos partidos, por omissão da lei, permite o fenômeno do partido ter dono. A derrubada pelo STF da cláusula de barreira, a corda que faltou à caçamba da correta fidelidade partidária, agravou o problema. Pior, a destinação de verba pública para novos partidos de representatividade quase nula montou uma linha de produção de agremiações partidárias comprometidas com interesses pessoais e de grupos.

A ausência do voto distrital impede que o eleitor acompanhe o desempenho de seu representante nos legislativos municipal, estadual e federal e nem mais se lembrar em quem votou, coisa que não acontece com prefeitos, governadores e presidente, onde vigora o voto distrital, e todos se lembram em quem votaram. Popper certamente subscreveria estas propostas, pois elas abririam caminho para a implantação de um parlamentarismo decente, capaz de restabelecer a confiança como pedra angular de nossa vida política.

STF ou MTF?
DIÁRIO DE PETRÓPOLIS – 21 SETEMBRO 2013
TRIBUNA DE PETRÓPOLIS – 22 SETEMBRO 2013

Três ou quatro décadas atrás, o famoso, íntegro e competente advogado Sobral Pinto, referindo-se, indignado, a um novo membro que passou a integrar o Supremo Tribunal Federal – STF, a mais alta Corte do País, afirmou que um tribunal que tinha entre seus membros aquela figura não merecia ser chamado de Supremo. A designação adequada seria Mínimo Tribunal Federal, daí a sigla MTF do título. Essa passagem da vida de Sobral Pinto me veio à mente ao acompanhar pela TV o triste espetáculo dos votos de número significativo de ministros favoráveis aos embargos infringentes no julgamento do mensalão. Trocado em miúdos, mesmo, é como se o tribunal voltasse atrás e reconhecesse seu erro no julgamento de processos que levaram sete (!) anos para chegar lá e muitos meses para serem julgados. O voto de Minerva do ministro Celso de Mello, para desempatar o vergonhoso 5 a 5 de 12/09/2013, foi tudo aquilo que a Nação Brasileira, obviamente, não esperava dele. Acabou aceitando os embargos infringentes, uma legítima jabuticaba, pois o Brasil é o único País a contemplar essa figura jurídica num tribunal de última alçada como o STF. De mais a mais, o STF – Superior Tribunal de Justiça, cuja função é zelar pela uniformidade de interpretação da legislação federal brasileira em todo o País, não lhes dá guarida em suas decisões.

> *A dificuldade de tomar decisões óbvias do STF para infelicidade geral da Nação*

Antes, era voz corrente, e concordante, que decisão do STF não se discute, cumpre-se. Já faz tempo, infelizmente, que deixou de ser o caso. O mundo da comunicação instantânea colocou os ministros sob os holofotes. E a Nação não gostou nada de ver na telinha a dificuldade de determinados ministros em justificar seus votos tendenciosos durante o julgamento do mensalão. De toda forma, a condenação da imensa maioria daqueles sugestivos 40, a nos lembrar de Ali Babá, redimiu o País ao condenar a turma do andar de cima, coisa muito diferente do que manda a triste tradição republicana brasileira de livrar a cara dos poderosos. O STF tinha plena consciência de sua cumplicidade, de mais de 40 anos, segundo levantamento feito pelo jornal *O Globo*, nesse processo em que a impunidade comanda o espetáculo. A firme atuação do ministro Joaquim Barbosa e da maioria dos ministros do STF renovou as esperanças da sociedade brasileira de que algo estava mudando para melhor no Brasil. Em especial quando se leva em conta o desempenho pífio (e corrupto) do Executivo e do Congresso na gestão dos recursos públicos.

Se quisermos ir além da tradicional e popular teoria da conspiração, em que tudo se explica via roubalheira, nos deparamos com o que poderíamos chamar de um estranho fenômeno do alfabetizado disfuncional para dar conta do que aconteceu no STF nessas últimas semanas. O analfabeto funcional junta palavras, mas não entende o conteúdo da mensagem que elas transmitem. É incapaz de ler um manual de instruções e segui-las de modo eficaz e correto. Já o alfabetizado disfuncional consegue dar sentido ao que lê, mas de modo completamente distinto dos comuns dos mortais. Sua inteligência superior está acima do entendimento do cidadão bem informado e muito acima do que se ousava rotular de massa ignara. Ele consegue chegar a conclusões que jogam na lata do lixo o que é o óbvio ululante para os demais.

Foi um fenômeno desse tipo que tomou conta de boa parte dos ministros do STF na aceitação dos embargos infringentes. Incrível que seus ministros não se deem conta do estrago feito na recomposição da própria imagem do Tribunal que vinha tomando novo formato. Nossa terrível (e disfuncional) tradição formalista está em plena forma, mandando às favas questões de mérito. A forma nocauteando o conteúdo. Triste País em que supostos direitos pesam mais do que a óbvia Justiça a ser feita. Não bastam as decepções para a sociedade brasileira com o Executivo Federal e o Congresso Nacional; agora, até mesmo o Poder Judiciário resolveu fazer parte dos podres poderes republicanos. Será que o STF está a caminho de se tornar o MTF?

COMPLEXO DE VIRA-LATA E REPÚBLICA
Diário de Petrópolis – 19 Outubro 2013
Tribuna de Petrópolis – 20 Outubro 2013

Tive a oportunidade de prefaciar o livro *O Imperador no Exílio**, do Conde de Affonso Celso, relançado, em 17/10/2013, na Academia Brasileira de Letras, no Rio de Janeiro. No evento, após ler o prefácio, no tempo em que me foi dado falar ao público, me veio à mente o complexo de vira-lata do nosso Nelson Rodrigues. Segundo ele, a psique do brasileiro, nossa alma, era tomada por um sentimento de inferioridade. Teria sido sempre assim? A resposta, para nossa satisfação, é um sonoro NÃO!

Nelson Rodrigues, ao se referir ao complexo de vira-lata do brasileiro, não se perguntou se foi sempre assim

Para entender o que houve e o que levou o mestre da língua pátria a um veredito tão acachapante sobre nós, temos que voltar no tempo para ter a exata dimensão do que aconteceu com a alma nacional após a proclamação da república em 1889. Se houve uma coisa em que a república no Brasil teve pleno sucesso, por mais de 100 anos, foi o de ter patrocinado, de caso pensado, o apagão da memória nacional, em especial do século XIX. Eu mesmo só me dei conta disso aos 40 anos de idade quando comecei a estudar a fundo o referido século. Felizmente, após a publicação dos livros *1808*, *1822* e *1889*, de Laurentino Gomes, o grande público começou a se dar conta dessa história mal contada. O próprio autor, em entrevista, ao jornal *O Globo*, se refere ao que identificou como uma república mal-amada, tamanhos foram os desacertos

---
* Publicado pela Linotipo Digital em 2013.

em seu nascedouro com efeitos perniciosos duradouros que impediram o novo regime de acertar o passo até hoje.

Segundo o Prof. Carlos Lessa, profundo conhecedor de nossa História, o brasileiro manteve elevada sua autoestima ao longo do século XIX tamanha era a respeitabilidade, interna e externa, do Estado imperial brasileiro. Ainda que fôssemos um País em formação, com as deficiências naturais desse estágio, a verdade é que Pedro II deu atenção máxima à consolidação de nossas instituições, a saber: liberdade de imprensa, de expressão, de pensamento e de iniciativa individual; defesa intransigente do interesse público; atenção permanente à qualidade da educação; alternância dos partidos no Poder via Poder Moderador; primado do Poder Civil, com civis ocupando rotineiramente as pastas militares; controle externo do Judiciário; estabilidade da moeda e cobrança de responsabilidade às classes dirigentes. Pouco, ou quase nada, dessa base indispensável à construção de uma grande Nação sobreviveu com a chegada extemporânea da república.

É provável que estejamos cara a cara com um fenômeno semelhante ao que levou à derrocada da antiga URSS diante da total incompetência de o dito sistema fazer o País funcionar, abrindo as portas para o retorno a uma economia de mercado. No nosso caso, o regime presidencialista republicano revela sua incompetência secular em cumprir sua obrigação primeira de preservar a *res publica*, ou seja, o interesse público. Já é mais que hora de nos livrarmos de preconceitos simplistas que enxergam no regime republicano o único capaz de preservar o interesse público, como se a Inglaterra, por ser uma monarquia, fosse menos *res publicana* do que o Brasil (torto) atual.

Cabe aqui relembrar, como primeiro passo (certo), o alerta de Pedro II ao jovem Affonso Celso: "*Desarraigar de sua mente a funesta tendência para o sentimento de subalternidade pátria*". Aconselha-o a ter orgulho de ser Brasileiro, pois é com esse sentimento que "*as nacionalidades superam crises mortais. Aviltam-se sem ele*". A inspiração para escrever seu outro livro *Por que me ufano do meu País* veio daí. Parece mesmo que Pedro II, como bom Brasileiro, está se dirigindo a nós, hoje, nos dando um puxão de orelha diante da falência múltipla dos poderes executivo, legislativo e mesmo judiciário.

No fundo, estamos diante da possibilidade de retomar as rédeas de nosso destino como País, que se achou e se perdeu, e que pode se reencontrar ao pôr em prática uma moldura político-institucional capaz de nos devolver o orgulho de ser Brasileiro. E de nos livrar, de uma vez por todas, do complexo de vira-lata pela via de um regime parlamentar que cobre regularmente do Poder os atos de governo. Ou seja, mais, e melhor, gestão da coisa pública e menos leis que não pegam. Só assim supriremos nossa carência secular de *res publica*, aliás, plenamente compatível com nossa tradição monárquica.

OLHO NO PRÓPRIO UMBIGO E NO PAÍS
Diário de Petrópolis – 9 Novembro 2013
Tribuna de Petrópolis – 10 Novembro 2013

Após ler o título, caro leitor, você deve estar se perguntando se dá para fazer as duas coisas ao mesmo tempo. No Brasil, nossa malfadada experiência "republicana" nos ensinou que a turma que cuida do próprio umbigo não está nem aí para os interesses do País com um todo. Pior: essa triste tradição costuma utilizar os recursos públicos em benefício pessoal. Em linguagem simples, acabamos de definir patrimonialismo, ou seja, aquele tipo de Estado que mistura os limites do que é público com o que é privado. Os livros de História brasileira nos informam que esse é um vício nacional que vem da colonização portuguesa, resistindo até hoje. Poucos esclarecem que esse também foi um vício dos demais reinos europeus, e das classes dirigentes de outros continentes, por muito tempo. E pouquíssimos nos falam de que o patrimonialismo toma força com a conquista de Roma pelos povos germânicos, o que não deixa de ser surpreendente quando nos lembramos de Max Weber, o sociólogo alemão que tanto enfatizou a ética protestante do trabalho e a necessidade de separar o público do privado em benefício do bem comum.

A peculiaridade ímpar do monarca em cuja pessoa o interesse pessoal se funde com o público

A questão maior é saber se se trata de uma espécie de fatalidade de nossa formação cultural ou se pode ser revertida. Um pouco de História pode ajudar a esclarecer esse tema que sempre nos incomoda muito. Na tradição republicana romana, e mesmo depois com o Império, essa distinção, com altos e baixos, ainda era feita. O esfacelamento do Império Romano pelos povos germânicos abre as portas, como vimos, para o patrimonialismo. As muitas guerras entre senhores feudais, e mesmo entre reinos europeus formados posteriormente, confirmam essa tradição de usar recursos de todos para atender objetivos de apenas uma pessoa, o rei ou imperador, ou de um pequeno grupo. Como se vê, não se trata de uma peculiaridade da colonização portuguesa. O que se pode arguir legitimamente é o fato de determinados países terem se livrado dessa confusão do privado com o público bem mais rapidamente do que outros. A Inglaterra é única nesse aspecto, pois resolveu a questão muito antes dos demais países do mundo, inclusive os europeus.

Dada a persistência do patrimonialismo em nosso País, cabe investigar se foi sempre assim ou se já tivemos em nossa História algum período diferente. Mais ainda: se houve exceção, como foi feita essa química?

O caso do II Reinado no Brasil, sob Pedro II, tem muito a nos ensinar, embora suas lições não tenham merecido a devida atenção de nossos historiadores e intelectuais, com as raras e honrosas exceções de sempre. A primorosa educação que foi dada a Pedro II apostava no seguinte princípio: os interesses pessoais do Príncipe, devidamente instruído, podem se confundir com o interesse público. O monarca europeu que afirmou ser sua função maior defender o povo dos políticos captou bem o espírito da coisa. Ao ocupar sua posição de chefe de Estado por razões de sucessão dinástica sem dever favores a grupos econômicos ou partidos políticos, ele tem condições de perceber os anseios da população de modo muito mais isento e efetivo.

Já que nossa tradição é patrimonialista, é fundamental que quem esteja no topo da pirâmide do Poder perceba o seu interesse pessoal como idêntico ao interesse público. Um monarca não pode se dar ao luxo (burro) de pensar apenas na próxima eleição, mas sobretudo na próxima geração, já que está fora de cogitação deixar uma herança maldita para seu próprio filho. Teria essa lógica cristalina prevalecido ao longo do II Reinado no Brasil? A resposta é afirmativa por duas razões. No orçamento do Império, a dotação da Casa Imperial sob Pedro II, ao longo de quase cinco décadas, caiu de 5% (ou 3,5%, segundo outros autores) para cerca de 0,5% do total. A outra razão, certamente embalada pelo exemplo de Pedro II, era a obsessão dos deputados de então com a elaboração da peça orçamentária e com a fiscalização da aplicação dos recursos públicos. Mesmo que se argumente que foi um período de exceção, não há como negar que o patrimonialismo estava em cheque. Pena que estejamos tão distantes dessas boas práticas nesses mais de 120 anos de República. No fundo, o olho do rei no próprio umbigo olha também pelo País.

TERMÔMETRO NO SUPERMERCADO
Diário de Petrópolis – 23 Novembro 2013
Tribuna de Petrópolis – 24 Novembro 2013

Presenciei uma cena, na fila do caixa do supermercado, sintomática da percepção das pessoas sobre o que está ocorrendo com os preços no País. Era véspera do feriado de 15 de novembro, uma data que, cada vez mais, passa em brancas nuvens. Certamente por não haver grande coisa a ser comemorada em relação ao desempenho do regime republicano no Brasil. Os dois amigos, pessoas simples e trabalhadoras, após se cumprimentarem, entabularam um diálogo sobre o aumento dos preços que vinham sentindo nos próprios bolsos. Um deles foi curto e grosso, sem dúvida se referindo ao governo Dilma e a seu ministro da Fazenda: "Estão dizendo que a inflação está sob controle. Eu queria saber em que supermercado estão fazendo compras para ir lá também". O outro concordou com a cabeça e um sorriso sem graça. Na verdade, um triste retrato, já de quase três anos, dos desmandos na política econômica vigente. Os desatinos mereceram mesmo um relatório de 17 páginas publicado recentemente pela revista *The Economist*, cuja capa era o Cristo Redentor como se fosse um foguete desgovernado indo a pique a todo vapor.

> *A inflação que bate mais forte em quem ganha menos*

O episódio me fez lembrar um clássico americano da propaganda eleitoral americana quando Ronald Reagan disputou a Casa Branca contra Jimmy Carter. Eu estudava na Universidade da Pensilvânia na época, e tive a oportunidade de ver o quadro na TV americana. Aparecia o então candidato Reagan, num primeiro plano, segurando um carrinho de supermercado, cheio até em cima de compras. Era o que o eleitor podia comprar com 100 dólares no início do governo Jimmy Carter. Em seguida, surgia novamente Reagan, mostrando um segundo carrinho esvaziado de um terço das compras que o eleitor poderia fazer com exatos 100 dólares naquele final de governo quatro anos depois. Obviamente o vilão da história, como aqui, era a inflação, que realmente foi muito alta no governo Jimmy Carter para padrões americanos. Como todos sabemos, Reagan venceu a eleição e ainda se reelegeu depois.

As razões que levaram ao surto inflacionário ao longo do governo Jimmy Carter foram diferentes das que nos atormentaram ao longo dos últimos três anos. Ele teve que conviver com um período de forte recessão, de crise energética e sérios conflitos externos, embora tivesse tomado iniciativas na direção correta como no caso da desregulamentação das indústrias de aviação e de cerveja, ambas no intuito de elevar a produtividade e a competitividade de ambas. A elevação das taxas de inflação veio de fora para dentro, pelo lado da oferta, e não via consumo (demanda). Não foram, como aqui, equívocos na condução da política econômica. Merece registro o fato de ter-se redimido, após deixar o cargo, por uma série de iniciativas humanitárias e sua luta pela paz.

Retomando agora nossa conversa sobre inflação elevada que dói no bolso do cidadão comum lá no supermercado, é importante bater na tecla de que resultou da condução errática, pontual e ideológica da política econômica. E que, há mais de dois anos, economistas competentes já vinham alertando o atual governo federal sobre os descaminhos que estavam sendo trilhados. Curiosamente, as recomendações no sentido corrigir os desvios de rota foram tomadas como oposição de cunho político. O que se viu foi um aprofundamento de iniciativas e medidas que tornaram a situação ainda pior. Tudo leva a crer que estamos caminhando para um quadro de agravamento da crise econômica, com mais inflação, que deverá se intensificar no ano eleitoral de 2014.

Nem sempre, para o cidadão comum, é fácil perceber os efeitos deletérios de longo prazo das políticas governamentais desnorteadas. Para quem entende do riscado, estava claro que haveria uma retomada da inflação mais à frente. E não deu outra. Lamentável é a vocação não só do Brasil como de outros países latino-americanos para adotar políticas econômicas fadadas ao insucesso. Ao invés de consolidar as conquistas passadas, o governo, por ranço ideológico da pior espécie, mostra imensa dificuldade em ver o óbvio. Depois da famosa década perdida de 1980, estamos caminhando para mais quatro anos perdidos, que poderão nos custar outros quatro para corrigir os desvios de rota. O sinal amarelo nos supermercados está indo para o vermelho.

PLÁSTICA NO FRANKENSTEIN PARTIDÁRIO
Diário de Petrópolis – 21 Dezembro 2013
Tribuna de Petrópolis – 22 Dezembro 2013

Muito já se discutiu sobre a estrutura político-partidária brasileira e suas disfunções. Merval Pereira nos informa sobre um livro recém-lançado, ainda em inglês, intitulado *"Making Brazil work – Checking the president in a multiparty system"* (*"Fazendo o Brasil funcionar – Monitorando o presidente em um sistema multipartidário"*). A obra é da lavra do Prof. Marcus André Melo, de Ciência Política, da Universidade Federal de Pernambuco, e do Prof. Carlos Pereira, de Políticas Públicas, da Fundação Getúlio Vargas, no Rio de Janeiro. Os autores defendem a fragmentação partidária como sendo um sistema inclusivo e democrático, tese que bate de frente com a visão amplamente compartilhada de que existe um fosso crescente, nada democrático, entre representantes e representados no Brasil pela ausência, entre outras, do voto distrital (ou distrital misto) e da cláusula de barreira, derrubada pelo STF.

Como entender errado a geleia partidária brasileira

Ainda não tive a oportunidade de ler o trabalho na íntegra, valendo-me do relato, em dois artigos, de Merval Pereira, em *O Globo*, de 7 e 8/12. Permito-me, entretanto, levantar uma questão de fundo, que me parece pertinente, sobre os desarranjos fatais de um espectro partidário muito fragmentado.

É fato público e notório que no período FHC foi possível governar com uma base partidária de cerca de quatro partidos, que pulou para oito no governo Lula, estando na faixa de uma dúzia no atual (des)governo Dilma. Neste aspecto, vale lembrar que partidos devem ter programas e votar de acordo com eles para não serem apenas um ajuntamento de interesses escusos de grupos nada representativos do interesse público. Como decorrência, surge a questão pertinente de quantas posições político-ideológicas legítimas é possível ter num dado espectro partidário. Pode-se imaginar que, além do clássico esquerda/centro-esquerda/centro/centro-direita/direita, possa existir outras gradações, mas não muitas mais. Ter uma dúzia de partidos na base do atual governo, ou 32 legendas partidárias, com tendência a se multiplicar como no nosso caso, definitivamente, não configura uma situação de posicionamentos político-ideológicos realmente defensáveis. Nossas atuais agremiações políticas até passariam no teste de ter programas, mas não no de votarem de acordo com eles, como sabemos todos.

Argumentar, como fazem os autores, que essa fragmentação é a tendência do presidencialismo no mundo todo não leva em conta o fato concreto de que países bem resolvidos do ponto de vista político-institucional são exceções no mundo. Tanto o são que poucos conseguem ter instituições capazes de dar corpo ao sonho de seus povos em matéria de desenvolvimento e bem-estar social. Ou seja, sua estrutura de incentivos para atingir seus objetivos sociais e econômicos deixa muito a desejar.

Aparentemente, os autores constroem sua linha de argumentação tomando a derrubada da cláusula de barreira e a ausência do voto distrital como fatos definitivos na vida político-institucional do País. Já que é assim, a fragmentação partidária acabou revelando facetas insuspeitas positivas como um sistema de cobranças junto ao presidente muito efetivo, capaz de impedir os excessos da caneta presidencial tão comuns no presidencialismo *à la* brasileira. Nem mesmo Pedro II, munido do Poder Moderador, dispôs de tais poderes. Haja vista, todo o processo de leis abolicionistas passadas no Parlamento do Império, que não ocorreram na base de uma canetada imperial.

Enfocar a questão dessa maneira me traz à mente o longo período inflacionário de que o povo brasileiro foi vítima, vendo na correção monetária a solução para os terríveis problemas que enfrentávamos naquela longa noite escura. Ou esquecer os 70 anos que a ex-URSS viveu sob o comunismo, cujo sistema político-institucional acabou implodindo tamanha era sua fragilidade intrínseca. Uma coisa é certa: o Brasil está em marcha lenta e, pior, perde posição relativa tanto no contexto latino-americano como no dos BRICS.

Isto também vale para o caso da educação de qualidade, uma tragédia nacional, que certamente reflete a falta de rumo de nossa fragmentação partidária. Se é funcional, por que estamos ficando para trás? A plástica proposta pelos autores não vai mudar a cara (horrorosa) do Frankenstein partidário brasileiro.

CONCURSOS E DESEMPENHO
Diário de Petrópolis – 4 Janeiro 2014
Tribuna de Petrópolis – 5 Janeiro 2014

Quem folheia um jornal hoje, muito provavelmente, vai bater numa página sobre concursos públicos de todo tipo. E também vai constatar que o padrão de remuneração é, em geral, bom, quando não é muito bom. Na média, a remuneração oferecida ultrapassa significativamente à da iniciativa privada. Foi, de fato, uma longa luta para que cargos públicos fossem disputados por mérito e conhecimento e não na base do pistolão. Sem dúvida, houve um avanço indiscutível em seu preenchimento

O acesso via concurso ao serviço público não é garantia de bom desempenho do funcionário ao longo de sua vida profissional

com muita gente orgulhosa de ter chegado lá por esforço próprio. Lembraria, em termos, o legendário "*self-made man*" ("homem feito por si mesmo") tão endeusado pela cultura americana. Não obstante, o público em geral, nos três níveis – federal, estadual e municipal – não dá indicações de estar realmente satisfeito com o atendimento recebido pelo setor público. O que, afinal, deu errado no que parecia tão correto?

A resposta não é um daqueles mistérios que só os deuses conhecem. Em última instância, tem a ver com a falta de alinhamento entre incentivos concedidos e resultados pretendidos. Velho vício nosso que fez, por exemplo, estragos monumentais na qualidade da educação pública ao se adotar a aprovação automática por mais de duas décadas. "Apenas" uma geração perdida...

A mecânica do baixo desempenho do setor público em geral pode ser mudada para alto desempenho se tivermos a coragem de colocar o dedo na ferida, tomando as devidas providências. Ao invés de partir para algum tipo de elaboração teórica, parece-me melhor ilustrar com exemplos práticos, bastante representativos dos desvios de conduta, que explicam o estranho fenômeno: gente competente, concursada, que acaba deixando muito a desejar com o passar do tempo. O primeiro foi o caso de um amigo desencantado com o órgão público federal onde trabalha. Segundo ele, poder-se-ia fazer o dobro e se fica pela metade. O outro me foi relatado por um empresário sobre um amigo dele que participou de um concurso dificílimo, cujo cargo acenava com remuneração estratosférica. Aprovado, foi trabalhar entusiasmado chegando pontualmente na repartição às 9 horas da manhã. Após uma semana nesse ritmo, seu chefe veio saber por que estava chegando tão cedo, que o horário ali era por volta das 11 horas da manhã. Um ano depois, o esforçado concursado ligava para o meu amigo, na quinta-feira à tarde, convidando-o para ir a Búzios fazer pesca submarina. Meu amigo empresário gentilmente lhe disse que só poderia ir no sábado, pois quinta e sexta eram dias de labuta. O terceiro comprova que não houve extrapolação indevida. Basta ler a matéria publicada em *O Globo*, de 31/12/203, intitulada "Ganho alto, produção baixa", sobre os salários dos desembargadores dos Tribunais de Justiça dos estados. A maioria recebeu acima do teto constitucional com produtividade constrangedora.

É evidente que não existem mecanismos de avaliação de desempenho para valer nas situações ilustradas acima. No primeiro caso, a coisa é pró-forma: os próprios funcionários se avaliavam na base da ação entre amigos. Nos outros dois, nem isso havia. A zona de conforto reinava dominante, sem compromisso com a produtividade. É imperiosa a necessidade de uma auditoria externa, não-contaminada pelo patrimonialismo velho de guerra de ver no público espaço para apropriação de benesses pessoais. A estabilidade não pode dar respaldo ao baixo desempenho. Há que ter avaliação do setor público em benefício de mais de 90% da população brasileira, que paga essa conta pesadíssima sem o devido retorno. A inflação também não tinha jeito até que teve...

Para piorar tudo, nem mesmo o setor privado escapou do arrocho do setor público via carga tributária, que lhe reduziu brutalmente o montante de recursos para investimento sem pôr nada equivalente no lugar. Como afirmou o economista brasileiro José Alexandre Scheinkman, respeitado internacionalmente, "produtividade é o nome do jogo, a força propulsora das economias que mais cresceram. Desde 1989, a China aumentou a sua em mais de 50%, a Coreia do Sul em 65%, o Brasil não saiu do lugar". Lá se foi, sob esse prisma crítico, quase um quarto de século perdido. Será que vamos precisar de outro tanto para resolver a questão como aconteceu com a inflação e a aprovação automática em nossas escolas? Simplesmente não há mais tempo a perder.

O PATRIMONIALISMO E O PT
Diário de Petrópolis – 11 Janeiro 2014
Tribuna de Petrópolis – 12 Janeiro 2014

Apropriar-se do que é público e transformá-lo em propriedade privada (surrupiada) define a essência do patrimonialismo, denunciado pelo PT no passado, antes de tomar o Poder, como uma excrescência a ser varrida da vida pública brasileira para sempre. Como todos sabemos, não foi bem isso o que aconteceu. Na verdade, ela foi agravada nesses mais de 10 anos de PT no Poder. E de modo mais pernicioso ainda quando levamos em conta a atuação dos "anéis burocráticos" de que nos fala Fernando Henrique Cardoso. Nas palavras dele em entrevista de 2010: "Mesmo em plena democracia, as forças reais de decisão no Brasil estão se constituindo num bloco de Poder que une setores do Estado com setores empresariais e os fundos". Esses anéis burocráticos, como diria Lênin, seriam uma etapa "superior" do patrimonialismo, agora com foros e roupagem institucional da pior espécie, o chamado aparelhamento do Estado, certamente sem compromisso com o bem comum.

A apropriação privada do que é público não é uma maldição permanente e pode ser revertida

Em linguagem direta, poderíamos resumir o parágrafo anterior, de modo cru, assim: dinheiro público, inclusive de fundos de pensão e outros, no meu bolso (ou sob meu controle), no dos companheiros do partido e no de grupos empresariais e do Estado dispostos a colaborar no assalto. Como explicar essa estranha química em que o feitiço virou contra o feiticeiro? Forças mais profundas estão atuando e as análises tradicionais não estão lhes dando a devida importância. É preciso entendê-las a fundo para neutralizá-las. Vamos a elas.

A explicação tradicional de que o patrimonialismo, restrito ou ampliado, como agora, é parte de nosso DNA histórico-cultural tem o sabor das coisas que não têm jeito como se pensava ser o caso da inflação elevada até que o Plano Real, em 1994, pôs a casa em ordem. Na verdade, a persistência do patrimonialismo apóia-se num tripé a que não se tem dado o devido peso ao longo de nossa História. O primeiro deles é o exemplo que vem, ou não vem, de cima, ou seja, as práticas distorcidas de quem controla os recursos públicos. Quem se deu ao trabalho de examinar o que se passou nos anos iniciais do regime republicano brasileiro sabe que houve uma queda brutal na qualidade do homem público nacional. A supressão do Poder Moderador, o quarto Poder que harmonizava os outros três, foi fatal. Monteiro Lobato, em artigo célebre, nos fala do homem íntegro que vira pilantra e do pilantra que passa a atuar a todo vapor por saber que o guardião da moralidade pública não estava mais lá. Nabuco e Rui Barbosa assinam em baixo. O primeiro previu e o segundo ficou horrorizado com a turba que se instalou no Poder. A degeneração foi de tal ordem que fomos bater na ditadura de Getúlio Vargas como se fosse a saída para restaurar o respeito no trato do dinheiro público. Ser pessoalmente honesto não impediu que práticas desonestas se expandissem num contexto de imprensa amordaçada, solo fértil para o corporativismo e o patrimonialismo.

A segunda perna do tripé tem a ver com nossa inépcia em perceber nossas deficiências de modo a combatê-las eficaz e eficientemente. Ter no topo da pirâmide do Poder alguém com visão de longo prazo cujo interesse pessoal se confunda com o interesse público, como ocorreu sob Pedro II e certamente aconteceria com seus sucessores, era um luxo o qual jamais poderíamos ter descartado. O simples fato de o Primeiro-Ministro inglês ser arguido semanalmente pela rainha e pelo Parlamento dá bem a medida da saia justa com que tem de exercer o Poder. No nosso caso, essa prática salutar morreu com Pedro II. O visível desconforto de nossos presidentes em prestar contas regulares de seus atos à imprensa ou a quem quer que seja diz tudo.

A última perna do tripé é a manutenção de um presidencialismo mal copiado dos EUA que, ao concentrar poder excessivo no presidente, reforça o toma-lá-dá-cá do patrimonialismo. Pois esse é o sentimento generalizado da opinião pública brasileira quanto à atuação de nossos políticos e partidos. O agravamento desse processo através dos anéis burocráticos denunciados por FHC é preocupante. Mais ainda quando constatamos que o PT está, cada vez mais, envolvido por esses anéis e o patrimonialismo ampliado que deles decorre. Que tal pensarmos seriamente numa reforma político-institucional para valer?

RANÇO AUTORITÁRIO
Diário de Petrópolis – 18 Janeiro 2014
Tribuna de Petrópolis – 19 Janeiro 2014

Liberdade de expressão, de pensamento e de imprensa não foi uma conquista fácil para a humanidade. Levou séculos. Um exemplo, que certamente nos é caro, vem do nosso século XIX, sob Pedro II, em que haveria aqui, como era dito por visitantes estrangeiros, excessiva liberdade de imprensa não encontrada comumente nem mesmo em países europeus de então. De fato, foram 50 anos de religioso respeito pela prática salutar do livre trânsito da informação. Os excessos, as mentiras e as calúnias deveriam ser combatidas nos tribunais pelos ofendidos dando aos jornalistas o direito de ampla defesa sem deixar de cobrar-lhes responsabilidade pela veracidade do que publicavam. Melhor ainda é a fórmula lapidar de Pedro II ao afirmar que "a imprensa se combate com a própria imprensa". Não obstante esse passado ilustre, que não foram de apenas 50 dias, ou uma simples noite de verão, as recaídas autoritárias foram recorrentes ao longo de nossa História republicana. Como explicar esse namoro espúrio que sempre nos persegue?

Hora de jogar fora a cultura da carteirada e do mandonismo

A importância para a explosão da criatividade humana oriunda do livre trânsito da informação pode ser ilustrada pela técnica do *"brainstorming"* (literalmente, "tempestade cerebral") ou do "toró de parpite" dos mineiros. Lembra o garimpo do ouro: tem muito cascalho, mas as pepitas acabam dando as caras com seu brilho cobiçado. Os erros, o cascalho, são parte inseparável do processo criativo para gerar resultados concretos. Edson só chegou à luz elétrica após mais de 1200 (!) tentativas fracassadas. Sucesso é o que deu certo após uma fieira de erros precedentes. Sociedades que não propiciam esse clima favorável tendem a estacionar no tempo ou a avançar lentamente, como nós. Isso vale também para o desenvolvimento político-institucional de um País. A capacidade de um povo monitorar, regularmente e para valer, seus governantes é um ingrediente essencial para evitar os descaminhos do andar de cima.

Temos, de fato, um histórico de controle da informação que vem de longe. Por razões de ordem política e religiosa, sem o "*nihil obstat*" (nada contra) oficial nada podia ser publicado. Não que isso fosse, no passado, muito diferente na imensa maioria dos países, até mesmo europeus. O diferente no nosso caso é que esse processo de avanço do conhecimento e da informação foi interrompido várias vezes, mesmo depois do meio século de liberdade sob Pedro II. É sempre surpreendente a conivência dos poderosos do dia com o atraso. Por anos a fio, após a proclamação da república em 1889, a truculência do governo militar contra a liberdade de imprensa foi pública e notória. A filosofia positivista de Auguste Comte, com aquela conversa mole da necessidade de uma ditadura científica para fazer um País avançar, caiu como uma luva para dar livre vazão à mentalidade e à prática autoritária dos militares de então. E mesmo de intelectuais civis que se prestavam ao triste papel.

Em 1930, após a falência da República Velha, ficamos mal parados na ditadura de Getúlio Vargas, período em que a imprensa ficou sob controle oficial até 1945. A redemocratização iniciada em 1946 não teve vida muito longa, pois o golpe militar de 1964 (cujas razões são complexas, impossíveis de discutir no espaço deste artigo) restabeleceu a censura. E se empoleirou no Poder por 21 anos até 1985. A última redemocratização tem tido vida mais longa e já se aproxima das três décadas. A despeito de o PT ter-se beneficiado do processo de abertura, seus "pensadores" vem batendo na tecla do controle social da imprensa, um rótulo enganoso para disfarçar nosso (ou deles?) ranço autoritário, que parece ter fôlego de sete gatos.

Mesmo as pesquisas de opinião pública, não obstante avanços na direção correta, registram certa tolerância da população em relação a governos autoritários. Uma explicação de peso é o fato de só termos a rigor um brasileiro em quatro funcionalmente alfabetizado, ou seja, muita gente que não aprendeu a pensar em função da baixíssima qualidade do ensino ministrado nas escolas públicas. A nota positiva é que vai ser difícil retroceder nesse novo mundo da internet, que deu sua contribuição ao fim do comunismo, e está nos forçando a escrever e a pensar de modo independente. Vamos acreditar nessa porta para o futuro, que tem se mostrado promissora.

QUEM MAMA NAS TETAS DE QUEM?
Diário de Petrópolis – 15 Março 2014
Tribuna de Petrópolis – 16 Março 2014

Não deixa de ser curioso o recente posicionamento da tradicional revista *The Economist* sobre o que vem ocorrendo na China atualmente. Ela sempre defendeu o casamento indissolúvel entre liberdade econômica e política. Corda e caçamba: uma não funcionaria sem a outra. Não obstante, o sucesso do caso chinês, que combina economia de mercado com autoritarismo político via partido único, parece ter abalado os fundamentos de suas crenças liberais em matéria de economia e política. Um pouco de História nos lembraria dos tempos da Revolução Industrial inglesa em que o chamado capitalismo selvagem funcionava a pleno vapor: jornadas de trabalho exaustivas sem a proteção de leis trabalhistas, que simplesmente não existiam. Sem dúvida que a liberdade de imprensa na Inglaterra daquela época em muito contribuiu para denunciar os exageros, coisa que não existe na China de hoje. Um grupo de amigos meus, empresários, em visita recente à China, se espantou com o que poderíamos definir como capitalismo selvagem de Estado. Tributação muito leve sobre as empresas combinada com jornadas de trabalho pesadas sem o direito, por parte dos trabalhadores, de receber horas extras. Sem dúvida que parece uma viagem no tempo e aos tempos da Inglaterra do século XVIII.

> *As tetas exauridas do setor privado pela sobrecarga tributária*

Os números referentes ao crescimento do PIB chinês comprovam que o modelo funciona, como funcionou na Inglaterra de dois séculos atrás. A ironia é que o credo comunista proclama que o trabalhador lá está no Poder. Imagine, caro leitor, se não estivesse! Pois bem, e como fica a questão das tetas e quem delas tira proveito? É o que veremos a seguir.

No Brasil, é comum afirmar que os empresários sempre mamaram nas tetas do Estado. Entretanto, as tetas do Estado chinês são, hoje, como vimos, imensamente maiores que as do Estado brasileiro, cada vez mais murchas. A rigor, após uma década de aumento real da arrecadação federal de 10% ao ano, sem que nada semelhante ocorresse com o crescimento do PIB nacional, bem diferente do caso chinês, é de se perguntar de que tetas estamos falando. Com uma carga tributária de quase 40% do PIB, o correto é afirmar que o Estado brasileiro é que está, cada vez mais, mamando nas tetas das empresas, a ponto de ter reduzido brutalmente a capacidade de elas investirem sem que ele aumentasse sua taxa de investimento, hoje abaixo de 2% quando já foi da ordem de 10% do PIB. Não deixa investir e não investe.

A China investe atualmente quase 40% de seu PIB, obtendo taxas de crescimento econômico que surpreenderam o mundo. O ambiente de negócios é estável e pró-empresas a tal ponto que multinacionais de grosso calibre, e mesmo empresas de médio porte, foram produzir na China pelas facilidades oferecidas. Enquanto isso, no Brasil, temos um clima cada vez mais adverso às atividades empresariais. A própria presidente Dilma se deu conta das bobagens que fez e busca mudar sua imagem muito desgastada junto ao empresariado. Diante desse quadro, é fácil prever e constatar que o Brasil, por enquanto, está condenado à marcha lenta. Crescer, nesse cenário, seria o verdadeiro milagre brasileiro.

O que teria levado a China a dar esse cavalo de pau na condução de sua economia? A explicação está na frase célebre de Deng Xiaoping contra seus camaradas renitentes: "O importante não é que o gato seja branco ou preto, mas que ele coma ratos". Ele percebeu, claramente, a ineficiência do Estado na esfera produtiva e deu a volta por cima com sucesso. Não se trata de defender aqui os excessos pró-empresas do governo chinês, mas de combater os excessos contra as empresas da bur(r)ocracia brasileira ao criar-lhes todo tipo de entraves, aceitáveis e não aceitáveis. Pelo jeito, ainda estamos discutindo a cor do gato. Quanto ao *The Economist*, fiquei com a sensação que a revista se precipitou. Os trabalhadores chineses estão começando a fazer greves...

CIDADANIA (AINDA) CAPENGA
Diário de Petrópolis – 26 Julho 2014
Tribuna de Petrópolis – 27 Julho 2014

Temos uma longa tradição de que o Estado está ali para ser servido e não para prestar serviços ao cidadão que paga as contas. Bons tempos os de Pedro II que dava exemplos de pontualidade e atenção a quem quer que fosse procurá-lo, na Quinta da Boa Vista, aos sábados à tarde, mesmo sem marcar audiência prévia. Era obviamente uma oportunidade de ouro (e regular) para saber como eram avaliados seus ministros pela população. E tomar as devidas providências, como fazia de fato. Um dos melhores episódios de sua vida como Chefe de Estado foi, digamos assim, a anticarteirada que deu em seu cocheiro. Este último disse ao guarda que lhe advertira de que o coche conduzido por ele estava estacionado em local proibido, afirmando que se tratava da carruagem do imperador. Tão logo soube do ocorrido, Pedro II deu-lhe uma reprimenda, ordenando que voltasse lá e pagasse a multa. Se essa atitude, vinda de quem estava no topo da administração da coisa pública, tivesse vingado em nossa republiquinha, a "instituição" da carteirada já teria morrido faz tempo.

Saudades da anticarteirada dada por Pedro II em seu cocheiro

Mas, caro leitor, não só a carteirada como o desrespeito ao cidadão está vivinho da silva em nosso dia a dia. Veja só o que me aconteceu na mui heroica cidade de São Sebastião do Rio de Janeiro, onde nasci. Na sexta-feira, dia 18/07, fui de carro ao Rio para participar da reunião mensal do Conselho de Competitividade da Firjan, às 10 horas da manhã. Saí de casa cedo, às 06:30h, já um tanto (mas não completamente) conformado com as três horas que levaria até o centro da cidade. (Pedro II levava quatro horas do Rio a Petrópolis. Ainda chegamos lá...) No fim da linha vermelha, pouco antes de chegar ao gasômetro, fui fortemente abalroado por trás por um Kia *Sportage, Stationwagon*.

Pensei com meus botões: deve ter me travado a mala. Não deu outra. Parei o carro e fui ter com o motorista do Kia, que era uma senhora. Calmamente, pedi que me desse um cartão ou telefone para conversarmos depois, evitando travar o trânsito. Notei sua cara de paisagem, dando ré para seguir em frente. Postei-me na frente do carro dela, anotei a placa e tirei uma foto. E lá fui eu à cata do famigerado B.O. (Boletim de Ocorrência).

A via crucis foi a seguinte. Após a reunião, almocei com amigos, e me dirigi à 10ª Delegacia Legal, na Rua Bambina, em Botafogo. A atendente me perguntou se havia vítima. Como respondi que não, ela me informou que não era ali. Deveria me dirigir a uma unidade da PM. A mais próxima era o 2º Batalhão na São Clemente esquina com Real Grandeza. Estava estacionando em frente ao quartel, quando fui abordado por um sargento da PM me avisando que ali era área militar e que era proibido estacionar. Disse-lhe que fui lá para registrar um B.O. Prontamente me disse que só o faziam às terças e quintas. Pasmo com a resposta, manifestei minha indignação. Como eu estava de terno e gravata, talvez uma autoridade, ele resolveu ser bonzinho me dizendo que poderia fazê-lo no mesmo dia numa cabine da PM no Largo do Machado.

E lá fui eu para o local, já me sentindo duplamente vítima. O cabo que me atendeu confirmou que era ali mesmo, mas que estavam em falta do formulário do BRAT, o apelido "criativo" que a PM inventou para o B.O. Ironicamente, perguntei se iria me mandar para a papelaria mais próxima para comprar um BRAT. Desconcertado, apressou-se em me informar que eu tinha um prazo de 60 dias e que poderia fazê-lo pela internet, com o mesmo efeito legal, no seguinte endereço: www.policiamilitar.rj.gov.br[*]. Bastava procurar, mais abaixo, na primeira página, por e-BRAT, fornecer as informações solicitadas, anexar as fotos do meu carro e do Kia fujão e imprimir o bendito B.O., agora eletrônico. (Dica grátis.) Ao me dirigir para o apartamento da minha filha no Leme, fiquei "filosofando" sobre nossa incrível capacidade de terceirizar responsabilidades, tirando o corpo fora das obrigações inerentes à função ocupada. A cidadania não agradece tanta dificuldade para ser exercida.

---

[*] Acesso em 23/Maio/2016.

O LADO (IN)ORGÂNICO DO PT
Diário de Petrópolis – 14 Fevereiro 2015
Tribuna de Petrópolis -14 Fevereiro 2015

Após doze anos de governo petista, cabe um balanço das mazelas e, em especial, de seus assustadores efeitos de longo prazo, dos quais pouco se fala. Falta berço (num sentido orgânico e não aristocrático) ao PT em matéria de gestão empresarial profissional e teoria econômica que funcionam. Olhar para trás e contemplar os destroços que o partido (ou quadrilha?) nos legou tem sua função didática, mas não ilumina devidamente a origem do descalabro. A América Latina, com raras e honrosas exceções, é pródiga nesses descaminhos cujos custos para seus povos foram astronômicos. O dramático é que a rota equivocada pode persistir por décadas, como foi o caso da inflação entre nós, ou por quase três quartos de século, como na Argentina, País sempre citado na literatura econômica mundial como um triste caso de involução econômica.

> O canto fatal das sereias da voodoo economics

A título ilustrativo do lado orgânico, cabe relembrar aquele longo período da História da humanidade em que o lugar de cada um na divisão do trabalho (ou das funções) era predeterminado: o filho do carpinteiro era carpinteiro; o do padeiro, padeiro; do marceneiro, marceneiro e assim por diante. Claro que o mundo moderno deixou de ser assim faz séculos, mas nem por isso invalida o aspecto orgânico de quem aprendeu dentro de casa ou foi aprender com o vizinho, já que seus pais não dominavam os segredos da profissão que o jovem aprendiz pretendia seguir na vida. O vizinho, obviamente, pode ser o Sr. Oliveira, como diria Nelson Rodrigues, ou textos de qualidade que realmente mostrem o caminho das pedras para dominar as artes dos diferentes ofícios.

E aqui começa a encrenca do PT e de seus seguidores. Lula ainda conseguiu, talvez por seu berço pé-no-chão de metalúrgico no Senai, se livrar de certas influências danosas em matéria de *voodoo economics* em seu primeiro mandato, mas sua indisposição de ler foi fatal para se resguardar, em seu segundo mandato, daquelas influências teóricas e práticas (esquerdoidas) que levaram a Argentina para o buraco. E muito menos preservar Dilma da Nova Matriz Econômica, que está nos custando um preço elevadíssimo. (Esquerdoida refere-se àquele tipo de esquerda incapaz de aprender, por exemplo, com suas congêneres inteligentes, como as experiências bem-sucedidas do Chile sem medo dos Chicago boys e da Suécia).

Quanto à falta de berço empresarial, repito, num sentido orgânico e não aristocrático, ela está incrustada no próprio DNA do PT. Nem Lula, nem seus companheiros têm familiaridade em matéria de bem administrar uma empresa, o que acabou se refletindo na ampla, geral e irrestrita incompetência na gestão da máquina pública. Para piorar, na visão do lulopetismo, o empresário é uma espécie de mágico cujo bolso não tem fundo. Ou seja, o governo sempre pode enfiar a mão um pouco mais. Não fora assim, como explicar que em cada real faturado pela indústria brasileira o governo se aproprie de 47 centavos? Foi exatamente esse grau de extorsão que recente estudo da Firjan comprovou. Por outro lado, é bom lembrar que trabalhamos mais de quatro meses por ano para pagar impostos, ou 35 centavos de cada real suado que ganhamos. Torna-se, assim cristalino que nos transformamos num País que investe muito pouco. Os empresários porque, a contragosto, viraram o caixa do governo, e este só faz esbanjar o dinheiro tomado, já que seus investimentos estão abaixo de 2% do PIB quando já foram da ordem de 10%. O futuro promissor ficou sem vez.

O projeto de Poder, e não de Nação, que tomou conta dessa turma é aquele velho de guerra da luta de classes, ou de quem controla os cordões do Poder. Já que a classe dominante, segundo eles, apelava para o vale-tudo, cabe a nós, agora, assumir essa função. E assim arruinaram a Petrobrás, a Eletrobrás e outras estatais a despeito do discurso de defensores intransigentes das mesmas. Deu no que deu a falta de humildade para aprender com quem sabe. Ou de se valer de quem sabe. Somos obrigados a seguir o poc-poc de cavalo pangaré com que o risível PAC – Programa de Aceleração do Crescimento é tocado com incompetência, desleixo e roubalheira.

RESPONSABILIZAR NÃO É ODIAR O PT
Diário de Petrópolis – 4 Abril 2015
Tribuna de Petrópolis – 5 Abril 2015

Lula, certa feita, afirmou que a coisa mais importante que aprendeu com Marx foi o conceito de luta de classes, o suposto motor da História. Curiosamente, essa visão, que nunca se sustentou do ponto de vista cristão, em que o amor ao próximo é o mandamento maior, foi explicitamente abandonada pela China após as reformas de Deng Xiaoping. Ele percebeu que incentivar o ódio e o ressentimento entre pessoas e classes sociais era contraproducente. Retomou o princípio da harmonia social, tão caro à tradição confuciana. E foi assim que a China cresceu e surpreendeu o mundo. Mas o PT não aprendeu a lição, jogando, sempre que pode, ricos contra pobres, empregados contra patrões...

A história de um partido que perdeu a linha, carretel e tudo o mais.

Mas não foi só o Lula, desinformado, que embarcou nessa canoa furada. A academia brasileira, em especial na área de humanidades, desde meados do século passado, descobriu em Marx o grande guru. E toda uma produção de livros, pesquisas e artigos se desenvolveu reinterpretando a História brasileira com base num enfoque marxista (ou marxiano). E boa parte de nossa intelectualidade acadêmica, ainda hoje, resiste, bravamente, ao fato de que Marx se tornou obsoleto nos próprios países que, antes, o seguiam como uma espécie de bíblia sagrada profana.

Historiadores de peso intelectual e factual, lastreados em pesquisas sólidas, como José Murilo de Carvalho e Ronaldo Vainfas, não se filiam a essa tradição marxista, que confundiu ao invés de ter iluminado o conhecimento de nossa História. Os livros do primeiro, como *A Construção da Ordem* entre outros, e os do segundo, como *Dicionário do Brasil Imperial* e seus excelentes livros didáticos de História do Brasil, de fato desvendam e desmistificam análises em que o peso da ideologia se sobrepõe aos fatos. José Murilo de Carvalho e sua equipe, em pesquisa recente, demonstraram que a voz do povo se fez sentir com vigor nos anos que antecederam a independência em 1822. Não foi meramente um jogo de interesses entre os membros do andar de cima, como a historiografia marxista propaga. Isto para dar apenas um exemplo.

Identificar o ódio ao PT na insatisfação que as pessoas teriam com a ascensão dos mais pobres ignora três fatos históricos, nenhum deles com o DNA do PT, e que viabilizaram essa bem-vinda ampliação da classe média. O primeiro foi o Plano Real, denunciado inicialmente por Lula como mais uma maracutaia das elites. O segundo foi ter sido eleito presidente após FHC, quando pôde implementar políticas sociais lastreado numa moeda estável, a herança bendita que recebeu e, desonestamente, sempre negou. O terceiro é que teve a sorte de governar durante um período em que a economia internacional nunca foi tão favorável ao País.

Se Lula tivesse sido eleito na primeira tentativa à presidência, naquele período de inflação explosiva, implementar uma política econômica heterodoxa de amplos benefícios sociais teria resultado em mais inflação sem ganhos reais para os trabalhadores, que só foi – e é – possível num quadro de moeda estável. Dificilmente teria ido além de seu primeiro mandato, pois a incompetência dos formuladores da nova matriz econômica, que liquidou com a Dilma, teria mostrado suas garras maléficas muito mais cedo.

Responsabilizar o PT pelos desmandos, pelas mentiras de campanha e pela roubalheira é um legítimo exercício de cidadania, que já foi para as ruas em 15 de março. E que deverá se repetir, com mais força ainda, em 12 de abril corrente. Não se trata de ódio ao PT. A indignação da população tomou conta não apenas dos que não votaram em Dilma. No próprio Nordeste, as pessoas se deram conta de que foram enganadas. Simplesmente, 55% delas cravaram nas pesquisas um péssimo/ruim para definir seu governicho hoje. O atual mandato de Dilma, até aqui, é mais um exemplo de que a mentira, no Brasil do PT, compensou. Mas a população está nas ruas bradando: Basta! Dia 12/04, todos lá.

O BALCONISTA QUE LULA NÃO ENGANOU
Diário de Petrópolis – 11 Abril 2015
Tribuna de Petrópolis – 12 Abril 2015

Uma das conquistas mais difíceis para um País é ter instrumentos legais e cultura política que permitam ter uma classe dirigente que zele pelo interesse público. Na verdade, os que conseguem são exceções. Mas todas as nações que chegaram lá exigem prestação de contas semanais ou quinzenais do Poder Executivo. Esta é a regra de ouro que o nosso presidencialismo de colisão, e não de coalizão, como o definem agora, não consegue pôr em prática. Não é preciso ter muita imaginação para concluir que essa ausência de controles regulares gera toda

Nem sempre é fácil enganar pessoas simples. E lúcidas

sorte de desvios que os jornais e a televisão nos servem diariamente. E ainda cria maus hábitos nos governantes que se escudam no velho "eu não sabia de nada", tão comum na boca de Lula e da Dilma. São sempre os últimos a saber. E pelos jornais, como nós. Simplesmente ignoram o fato de que são responsáveis, ou deveriam ser, pelos desmandos. Lula teve a pachorra recentemente de se dizer indignado com a corrupção. Alguém acredita nisso, dado o volume da roubalheira? Nos países institucionalmente bem resolvidos, essa desculpa esfarrapada não é aceita. Lá, eles cobram e punem, seja quem for, pelo dinheiro público surrupiado.

A título ilustrativo dos maus hábitos republicanos no Brasil, desde 1889, merece registro um incidente que me foi contado por um amigo. A época era da primeira ou segunda vez em que Lula foi candidato à presidência da república. Estava ele numa farmácia e presenciou o seguinte diálogo entre o balconista e um amigo dele que passou por ali para cumprimentá-lo. Depois do "Tudo bem?" de praxe, o amigo perguntou em quem ele ia votar. Como não era no Lula, o amigo metralhou: "Mas como?! Você tem que votar em alguém igual a nós para nos defender!" Rápido no gatilho, respondeu o balconista de modo muito pé-no-chão: "Eu tenho que votar é em alguém muito mais preparado do que eu para presidente da república!" O meu amigo não sentiu na resposta do balconista nenhum tipo de baixa autoestima, mas sim, uma forte dose de realismo de quem tinha discernimento suficiente para exigir, em altas doses, competência e responsabilidade de quem almeja o mais alto cargo do País.

Após os tristes espetáculos do mensalão, do petrolão e outros mais, em que o dinheiro público serviu para tudo menos aquilo que a população realmente precisa como educação de qualidade, saúde, transporte e segurança, dá para entender, de modo cristalino, o bom senso do balconista, que não se entusiasmou com Lula desde então. Certamente se aplica ao ex-presidente o dito de Lincoln, que foi lenhador autodidata e chegou à presidência dos EUA: "Você pode enganar algumas pessoas o tempo todo, ou todas as pessoas durante algum tempo, mas você não pode enganar todas as pessoas o tempo todo". Foi nisso que deu a esperteza do Sr. Lula. Inteligência requer visão de longo prazo, justamente o que ele e seus comparsas não têm. No afã populista, que não mede os estragos no dia de amanhã, criaram uma ilha da fantasia que se transformou numa espécie de circo dos horrores. Os eleitores que caíram no conto do vigário, acreditando neles, agora recebem a pesada fatura dos erros cometidos. O governo não tem mais caixa para bancar suas falsas promessas.

O repúdio que está ocorrendo em relação à Dilma, Lula e PT é que eles foram desmascarados. Pesquisas recentes comprovam o descrédito e a desconfiança da população (74%) em relação ao governo Dilma. Essa avaliação tétrica se confirma para qualquer faixa de renda, de escolaridade, de idade ou região do País. A população se sentiu traída e quer ver Dilma pelas costas. Curiosamente, existem formadores de opinião que vem fazendo um discurso de pé quebrado muito semelhante ao que precedeu o *impeachment* do Sr. Collor. Não teríamos provas cabais comprometedoras da presidente, de Lula e seu PT. De fato, o pior cego é o que não quer ver. Mas a população já viu e cobra nas ruas.

ALTERNÂNCIA ENTRE ESQUERDA E DIREITA E AS RUAS
Diário de Petrópolis - 2 Maio 2015
Tribuna de Petrópolis – 3 Maio 2015

A dificuldade de conviver com a diferença é a marca registrada dos regimes autoritários. Nos sistemas totalitários, ela se transforma no dogma da rejeição pura e simples do outro, daquele que pensa diferente de nós. A grande virtude da civilização, ou seja, da troca do grunhido da ira pelo diálogo respeitoso de parte a parte, é que ela abre caminho para a evolução política dos povos. Aqueles que conseguem avançam; os que não logram incorporar esse elemento fundamental de cidadania ficam pelos descaminhos da História.

O caso brasileiro é marcado por altos e baixos nessa questão. A tradição de mais de meio século de liberdade de imprensa e de alternância de partidos no Poder, como ocorreu ao longo do Segundo Reinado, não se cristalizou em nossa História (pouco) republicana. Ela se fez entremeada de ataques de curta e longa duração à democracia. Regimes de exceção, típico ranço autoritário, deixaram marcas entre nós. O projeto de se perpetuar no Poder do PT evidencia como esse ranço persiste e faz estragos entre nós ainda hoje em pleno século XXI. É como se os avanços sociais fossem exclusividade da esquerda. A direita seria sempre atrasada e mal-intencionada com o único objetivo de beneficiar a poucos e prejudicar a maioria. No entanto, foram nos países dominados pela esquerda radical, em sua ânsia de estrangular o mercado, que as chamadas forças produtivas menos se desenvolveram. No final, tiveram que restaurar mecanismos de mercado para sair da estagnação.

> *Direita, volver! Esquerda, volver! – A marcha civilizada da alternância no Poder*

Entre uma direita raivosa e uma esquerda burra, existe espaço para uma direita moderna e uma esquerda inteligente. Chile e Suécia são bons exemplos desta última. Margaret Thatcher ilustraria o caso da direita moderna e articulada. O melhor elogio fúnebre, logo após sua morte, foi a de um jornalista inglês de esquerda: "Continuo odiando Margaret Thatcher, mas ela me ensinou que quem cuida da minha vida sou eu". Estranha maneira de reconhecer que governo não resolve tudo. Países que optam por governo demais acabam destruindo a iniciativa individual, ou mesmo aniquilando a liberdade.

O clamor das ruas em junho de 2013 e dos recentes 15 de março e 12 de abril deste ano tem uma mensagem clara: a população quer ser respeitada; cobra de políticos e partidos compromisso com o interesse público; exige o fim da corrupção; e, no íntimo, quer ver restaurada a confiança mútua entre representados e representantes do povo como pedra angular da vida pública nacional. Daí aquela imensa faixa: *IMPEACHMENT JÁ!* As manifestações puseram o dedo na ferida de tudo aquilo que o atual regime político não oferece. Traduzindo: a população quer governo eficiente e eficaz (fim da corrupção, menos impostos e mais resultados); manutenção de seu poder aquisitivo (inflação sob controle); e desenvolvimento econômico e social sustentáveis (mais investimentos, em especial em educação, saúde e transporte).

Trata-se de uma agenda clássica de direita. E não há nada errado com isso. Quem acredita na importância fundamental da alternância no Poder na democracia sabe que é disso que o País está precisando no momento para se tornar mais inovador, produtivo e competitivo. É hora de o Espírito Empreendedor assumir o comando para nos livrar da marcha lenta que já dura décadas. Que, no futuro, a esquerda no Brasil aprenda com as boas práticas de gestão de suas congêneres chilena e sueca para não continuar a fazer as besteiras costumeiras.

VOTO DE DESCONFIANÇA DO PANELAÇO
Diário de Petrópolis – 9 Maio 2015
Tribuna de Petrópolis – 10 Maio 2015

Os dez minutos do programa de TV do PT do dia 5 de março corrente tiveram como música de fundo um panelaço e um buzinaço que se estenderam Brasil afora e congregou diferentes regiões e classes sociais na mesma atitude cívica de profunda indignação. O povo brasileiro deu um voto de desconfiança total para Lula, PT e Dilma. Quem prefere bater panela e buzinar não dá mais ouvidos àqueles de cujas mentiras estão saturados.

É hora de nos perguntarmos sobre a alardeada solidez de nossas atuais instituições. De querer saber se têm fôlego de longo prazo, já que a confiança da população em seus governantes não é a pedra fundamental do nosso arcabouço político-institucional. Este é um dos vários males do nosso famigerado presidencialismo. Do ponto de vista de sua funcionalidade, a melhor definição de instituições é a de Douglas North, prêmio Nobel de Economia em 1993, e guru da "nova economia institucional". Segundo ele, elas configuram o sistema de incentivos que está por trás das práticas culturais e sociais de um País. Ou seja, para chegar ao resultado desejado, é preciso dar os incentivos corretos (regras, leis e sua aplicação efetiva) para se chegar lá. É evidente que existe uma falha brutal num regime político que convive, como se fosse algo normal, com um governo que acabou diante dos olhos da população, mas que vai continuar porque conquistou um mandato espúrio baseado na mentira deslavada diante da Nação. E sem que isso configure crime de responsabilidade. Pior: esta não foi a primeira

Parlamentarismo caseiro ao som das panelas

vez, e poderão ocorrer outras se nossa moldura institucional continuar a ser disfuncional como é.

A gravidade desta situação é que ela condena o País a uma marcha lenta em seu processo de crescimento. Francis Fukuyama, em livro intitulado *Ficando pra trás*, em que ele coordena a colaboração de diversos especialistas de renome, constata a crescente distância entre a América Latina e os EUA. Merece registro o fato preocupante de que essa distância está aumentando. Não estamos conseguindo nem mesmo manter posição relativa, ficando entre os países latino-americanos de pior desempenho.

Sem recorrer a estudos bem documentados, posso citar minha própria experiência de vida sobre uma situação concreta que me foi relatada por meu pai há mais de meio século. Um amigo dele, advogado, resolveu naquela época montar uma empresa. Chamou o contador para tratar da papelada, recomendando-lhe que fazia questão de pagar todos os impostos corretamente. Com um sorriso maroto, perguntou a seu futuro cliente se pretendia mesmo arcar com todos os tributos. Dias depois trouxe as informações solicitadas, em especial as relativas aos impostos a serem pagos. Após fazer as contas, o advogado abandonou a pretensão de se tornar empresário. Constatou que seria impossível ter uma taxa de retorno decente e que o grande sócio seria o governo com as polpudas "retiradas" que faria via cobrança de impostos, diretos e indiretos. Quantos empregos e salários viraram fumaça em casos parecidos? Hoje, se fizermos as contas direitinho, com dados do próprio governo, a coisa piorou.

O ministro aposentado do STF Carlos Ayres Britto tem declarado que "fora das instituições não tem salvação". Mas instituições disfuncionais como as nossas nos permitem reescrever sua máxima assim: "Instituições capengas só entregam meia salvação". Ou seja, elas podem até ser sólidas, mas são lerdas. A desconfiança não dá boa liga institucional. Os panelaços e buzinaços deixam isso claro, e vão continuar. É mais que hora de políticos e partidos se mexerem para acompanhar o movimento das ruas, que também vai continuar.

REFORMA POLÍTICA BOICOTADA
Diário de Petrópolis – 13 Junho 2015
Tribuna de Petrópolis – 14 Junho 2015

O ventre da montanha, no Brasil, continua parindo ratos. É compreensível, levando-se em conta, com as raras e honrosas exceções de sempre, o tipo de criaturas que se acasalam no congresso nacional. A grande reforma política, até aqui, reduziu-se a irrelevâncias: a proibição da reeleição para cargos executivos e a coincidência de eleições gerais para todos os cargos, que ocorrerão somente a cada cinco anos. Sem reeleição e eleições a cada dois anos, o Brasil estaria salvo. Alguém tem dúvida de que Lula teria sido eleito caso houvesse proibição legal para Dilma se candidatar a um segundo mandato? Na verdade, eleições a cada cinco anos acabam sendo prejudiciais ao interesse público na medida em que os eleitores só exercerão seu papel de fiscais do desempenho dos homens públicos em intervalos de tempo de meia década.

> *Como fazer a coisa errada em matéria de reforma política*

Não obstante essa brincadeira de mau gosto, ainda nos deparamos com doutas opiniões afirmando que, em linhas gerais, vai tudo bem. Bastariam a cláusula de barreira (ou de desempenho) e a proibição de coligações entre partidos nas eleições para pôr ordem na casa de Mãe Joana em que se transformou a vida política nacional. A despeito de serem medidas indispensáveis, é ingênuo pensar que são suficientes para dotar o País de um sistema político--eleitoral-partidário comprometido com a defesa do interesse público. A velha máxima de que o preço da liberdade é a eterna vigilância se aplica também ao bem comum, se quisermos, de fato, preservá-lo no dia a dia. Para tanto, o voto distrital, ou distrital misto, é condição *sine qua non* para que o eleitor mantenha os políticos sob rédeas curtas.

O mundo de língua inglesa, cujo sistema de verificação e comprovação ("*checks and balances*") da preservação de valores democráticos funciona bem, simplesmente não abre mão do voto distrital. Avesso ao nosso mudancismo desenfreado, por vezes preserva até o que deveria ser mudado. Mas certamente não perde tempo com questões bizantinas do tipo mandato presidencial de quatro ou cinco anos, ou se deve haver ou não reeleição para cargos executivos. Os EUA decidiram essas questões há quase dois séculos e meio e ponto final. É frágil argumentar que assim como brasileiro não vai a reuniões de condomínio também não compareceria a reuniões de seu distrito eleitoral para monitorar seu representante. Ainda que assim o fosse, ele teria condições de emitir um juízo de valor de boa qualidade na eleição seguinte por conhecer o político que milita em seu distrito eleitoral, em especial se puder confirmá-lo, ou não, a cada dois anos, por meio do conhecido mecanismo do *recall* praticado nos EUA.

Foi muito utilizado o argumento de pé quebrado contra o voto distrital o fato de o Partido Conservador inglês ter conseguido 51% das cadeiras do Parlamento tendo obtido apenas 37% dos votos do eleitorado nacional. Devíamos, isso sim, nos perguntar por que o eleitor inglês preferiu manter esse sistema a despeito desta "distorção". De fato, um partido poderia não eleger sequer um deputado recebendo 20% dos votos em todos os distritos sem ser o vencedor em nenhum deles. Acredito que a razão de o eleitor inglês, ciente como é desse problema, ter preferido manter como é não foi só por tradição. Ele aposta no seu taco em saber quem é o melhor, o mais fiel a seus eleitores, dentre os candidatos que se apresentam em seu distrito. Muito na linha de que quem melhor conhece uma máquina é seu operador, e não o dono da fábrica.

Trata-se, na verdade, de uma espécie de ponderação feita pelo eleitor levando em conta a qualidade do político que vai representá-lo no Parlamento. Neste caso, os 37% não estariam tão distantes dos 51% como pareceria à primeira vista. De mais a mais, mundo de língua inglesa não acredita em profusão de partidos com representação para ter uma democracia funcionando realmente. (Neles, existem muitos partidos nanicos, mas há também cláusula de barreira.) Diante de qualquer proposta, é possível ser contra ou a favor. E, para tanto, pelo menos dois partidos são necessários. No Brasil, não temos nada disso. Fácil prever: tudo como dantes no quartel de Abrantes. Tamanho descompasso entre representantes e representados está no seu limite. Não dá mais para ficar como está. Quem viver verá.

ARMADILHAS INSTITUCIONAIS IMOBILIZANTES
O Estado de S. Paulo – 30 Junho 2015

No centro de uma jaula com cinco macacos, cientistas puseram uma escada com um cacho de bananas no topo. Sempre que um macaco resolvia subir a escada para pegar as bananas, os quatro que permaneciam no chão levavam um jato d'água fria. A repetição desse processo fez com que os demais enchessem de pancadas o macaco que tivesse a ousadia de subir a escada em direção ao seu sonho.

Após certo tempo, nenhum macaco subia mais a escada. Em seguida, os cientistas substituíram um dos cinco macacos por um novo, que desconhecia os estranhos hábitos do grupo. Quando o novato tentou subir a escada, os demais o espancaram impiedosamente. Após algumas surras, ele já tinha pegado o espírito da coisa. Um segundo macaco foi substituído e repetiu-se a mesma cena de surras e acomodação à norma vigente. Vale mencionar que o primeiro macaco participou animadamente da sessão de pancadaria no segundo macaco substituído. E assim por diante, até a substituição do último macaco veterano do grupo inicial sem que isso causasse maiores alterações quanto ao comportamento simiesco. Não obstante, desde o primeiro macaco substituído, o jato d'água fria já havia sido suspenso...

Brasil estagnado na areia movediça da moldura político--institucional disfuncional responsável por nossa marcha lenta

O exemplo em tela nos fornece o arcabouço das "instituições" que regem a vida desses macacos. Evidencia como os incentivos (ou desincentivos) são determinantes do comportamento observado quando se pretende alcançar um dado resultado. Em especial quando tais incentivos são mentalmente internalizados. Douglas North, Nobel em Economia, nos diz que "instituições são as regras do jogo numa sociedade ou, mais formalmente, são as restrições que nós, humanos, estabelecemos para moldar a interação humana". Elas "definem a estrutura de incentivos das sociedades e, especificamente, das economias".

Mas as instituições podem ser disfuncionais, degenerando em situações tecnicamente denominadas armadilhas institucionais, ou seja, "um esquema geral de formação de normas ou instituições ineficientes, ainda que estáveis", na definição do economista Victor M. Polterovich, em instigante pesquisa publicada no livro, de 2001, *The New Russia – Transition Gone Awry* (*A Nova Rússia – A transição que perdeu o rumo*). O trágico é que tais desvios de comportamento, embora reversíveis, podem consolidar-se na vida dos povos, até indefinidamente.

A corrupção sistêmica, a economia informal, a dívida pública crescendo a galope, a carga tributária escorchante – atrofiante do investimento privado e do público via corrupção – e ainda a troca direta entre empresas são definidas na literatura econômica como casos típicos de armadilhas institucionais tanto mais perniciosas quanto mais durarem. Tais armadilhas são mantidas por mecanismos de coordenação, de aprendizado torto, de tráfico de influência e de inércia cultural. No nosso caso, por uma legislação político-partidário-eleitoral e econômica indutora de desvios de comportamento na esfera pública e particular prejudiciais ao desenvolvimento sustentado do País. Qualquer semelhança entre nós e o quadro descrito é de total coincidência.

Curiosamente, países hoje desenvolvidos já foram vítimas dessas armadilhas, caso dos EUA no século XIX. A reforma democrática que extinguiu a exigência de ser proprietário para poder votar, dando acesso ao voto às classes menos favorecidas, teve consequências imprevistas deletérias. As grandes máquinas partidárias então montadas se tornaram instrumento de enriquecimento ilícito dos caciques da política. Posições no serviço público, recolhimento de parte dos salários dos funcionários nomeados por políticos, a polícia deixando de lado sua função básica de aplicar a lei com rigor, ter de subornar servidores públicos para obter contratos e outros desvios passaram a ser o ópio político-institucional do País. Acertou, caro leitor, se estiver pensando no Brasil "republicano" de hoje à imagem e semelhança do PT.

No caso americano, na virada do século XIX para o XX grupos de cidadãos – como contribuintes de classe média, pequenos negociantes, fazendeiros e profissionais de várias categorias – se uniram e conseguiram implantar uma reforma administrativa capaz de separar a política da gestão. A armadilha institucional que emperrava seu desenvolvimento foi, assim, neutralizada.

Como fica o sonho brasileiro de ter um País capaz de funcionar em prol do bem comum? Como está, o sonho se parece mais com pesadelo, pois são evidentes as armadilhas institucionais que nos travam o futuro. Até mesmo a legitimidade (ou a suposta consolidação pós-1988) de nossas instituições é questionável, se aceitarmos a definição que B. E. Ashforth & B. W. Gibbs lhe dão: "Uma organização (regime político ou partido político) é legítima na medida em que seus meios e fins se coadunam com normas sociais, valores e expectativas". Visivelmente, não passamos no teste, em especial o das expectativas.

Pecamos, ainda, por termos "instituições" (presidencialismo) cuja base não é a confiança da população em seu governo. Mentir descaradamente na campanha presidencial e espoliar a Petrobrás e a Eletrobrás não são, por exemplo, crimes de responsabilidade no Brasil. Pior: até 1889 (!) era possível despachar a sra. Dilma em apenas 24 horas com um simples voto de desconfiança, que, aliás, a população já deu nas ruas e nas últimas pesquisas (65% de rejeição!). Hoje, não.

Contudo, já se faz sentir a reação da sociedade civil e do Judiciário: a aprovação da Lei da Ficha Limpa, as manifestações de rua organizadas via redes sociais pelo *impeachment*, o julgamento do mensalão, a apuração do petrolão e dos empréstimos do BNDES.

Partidos e políticos centrados em seus próprios interesses e alheios aos da sociedade tornam imprescindíveis novas leis de iniciativa popular e a ação firme do Judiciário. Caso contrário, vamos emplacar mais uma década perdida, a quinta, após medíocres 40 anos em que a renda real per capita brasileira cresceu apenas 1% ao ano.

PRESIDENCIALISMO E IMPUNIDADE
Diário de Petrópolis – 4 Julho 2015
Tribuna de Petrópolis – 5 Julho 2015

O ensaio *Os perigos do presidencialismo*, do Prof. Juan J. Linz, da Universidade de Yale, se tornou leitura obrigatória para quem deseja entender a fundo o debate entre parlamentarismo e presidencialismo. Ainda que não utilize, expressamente, o termo impunidade para caracterizar as dificuldades de se responsabilizar o primeiro mandatário num regime presidencialista, ele oferece farta munição comprobatória do preço que um País pode ter que pagar por não dispor de instrumentos ágeis de cobrança de responsabilidade. Acertou na mosca, caro leitor, se estiver pensando no Patropi. Ele também não chega a abordar os vícios de pensamento e as distorções na hora de agir contra os desmandos do Poder decorrentes do regime presidencialista quando já vigente por longo período de tempo. As nações podem se tornar prisioneiras do dito "o uso do cachimbo deixa a boca (e a cabeça) torta".

Maus regimes políticos na origem do atraso econômico

Examinemos, inicialmente, o direito constitucional de defesa diante de qualquer tipo de acusação ao cidadão. Nossos hábitos presidencialistas nos levam, no plano político, a aceitar como normal um longo e desgastante processo judicial para apurar responsabilidades em matéria de malversação de dinheiro público. O caso do mensalão é um bom exemplo (sete anos). Muita gente pensou que não ia dar em nada. Inclusive quem tinha culpa no cartório. E a tal ponto que o petrolão continuou, paralelamente, a pleno vapor com muitos atores já arrolados no mensalão. Apostavam na impunidade com base na suposta fragilidade das provas. Afinal, ninguém passa recibo de falcatruas. Esqueceram que o mundo da internet grava quase tudo: conversas comprometedoras nos celulares, filmetes, fotos etc. E que, para piorar a vida dos implicados, o STF aceitou a teoria do domínio do fato oriunda do direito alemão.

Num contexto parlamentarista, entretanto, as coisas se passam de modo diferente. A preservação do direito de defesa do governante não se sobrepõe ao princípio da confiança pública dos governados no governante. Este pode ser afastado por mera quebra de confiança mesmo que nada de concreto tenha sido comprovado. Existe ainda o princípio da responsabilidade, que recai sobre quem detém as rédeas do Poder. Em países de longa tradição parlamentarista, o governante assume a culpa mesmo que não esteja pessoalmente envolvido no episódio em tela. A terceirização da culpa é inaceitável. Em poucas palavras: se não sabia deveria saber e ter impedido que o malfeito ocorresse. Nada disso é parte da tradição presidencialista brasileira. Nosso desconforto como cidadãos se dá na exata medida em que não há mecanismos institucionais ágeis para pôr fim a um mau governo. O atual já se estendeu por seis meses e pode requerer outro tanto para ser constitucionalmente deposto.

Nessa linha de visão distorcida decorrente dos maus hábitos presidencialistas, merece registro a posição da advogada de defesa da Odebrecht que critica os métodos adotados na operação Lava-Jato. Pretende mesmo denunciar o Juiz Sérgio Moro por violação aos direitos humanos. Ele estaria possuído por uma sanha punitiva. Na verdade, ele está, sim, possuído de justa indignação na defesa do direito do cidadão de exigir que o dinheiro do contribuinte não escorra pelo ralo da corrupção. Se existir violação, ela se configura claramente como violação, isso sim, dos direitos do contribuinte de ver respeitados os impostos que recolhe aos cofres públicos.

A tradição parlamentarista se nutre de uma mentalidade em que a classe dirigente aceita com naturalidade a alternância no Poder e a prestação de contas regulares, normalmente semanais, dos atos de governo. Exatamente o que não ocorre em nossa tradição presidencialista. É notória a má vontade de nossos presidentes em dar entrevistas a jornalistas. Ir ao Congresso para ser sabatinado nem pensar. É como se isso fosse um acinte à sua autoridade de chefe de governo e de Estado. É justamente esse sentimento de estar acima do bem e do mal que gerou um Brasil que repudiamos com tanta veemência.

NO MUNDO DA LU(L)A
Diário de Petrópolis – 11 Julho 2015
Tribuna de Petrópolis – 12 Julho 2015

A Igreja Católica, durante alguns séculos, colocava no *Index Librorum Prohibitorum* (Índice dos Livros Proibidos) as obras que considerava heréticas. O Concílio Vaticano II decidiu, em boa hora, por sua extinção. Subsiste, entretanto, uma questão de fundo: aqueles livros que, em nome do avanço do pensamento e da inteligência humanas, se revelaram equívocos monumentais. Na biologia, Stálin prestigiou as "pesquisas" de Lysenko, que negavam as teses mendelianas, criando uma biologia marxizante. Os efeitos perversos da política na ciência se fizeram sentir depois, atrasando, por anos a fio, o desenvolvimento dessa área do conhecimento na ex-URSS. O caso de Galileu, por sua vez, é emblemático. Razões religiosas impediram a verdade científica de prevalecer. Séculos depois, o erro foi reconhecido pela Igreja com um pedido de perdão.

Pensadores e livros que abriram as portas para revoluções sangrentas descartadas depois pela História

Vou abusar de sua paciência, caro leitor, com mais três palavras em latim: *Index Librorum Mendaciorum* (Índice dos Livros Mentirosos). Seria uma lista de advertência, não de proibição, sobre os livros que contribuíram (muito) para obscurecer a verdade ao invés revelá-la. Líderes que chegaram ao Poder e adotaram esses libretos de ópera bufa levaram seus povos a pagar um preço astronômico, retardando seu avanço material e espiritual. E aqui afloram as leituras pouco críticas dos "pensadores" do PT baseadas em Marx, Lênin, Gramsci *et caterva*. Autores que prometiam o paraíso terrestre e acabaram abrindo as portas do inferno.

Relendo, recentemente, o livro *Capitalismo e Liberdade*, do Professor Milton Friedman, da Universidade de Chicago, prêmio Nobel de Economia de

1976, eu me dei conta de como o governo pode atrapalhar a vida dos países até em momentos de vida ou morte da própria nacionalidade. Churchill, em sua cruzada contra o nazismo, foi impedido, durante anos, de se dirigir a seus compatriotas, porque a rádio BBC era monopólio do governo inglês e sua posição era considerada muito controvertida. Pode!? F. Hayek nos alerta ainda que quando o governo monopoliza a política e a economia não sobra lugar para a liberdade. O pensamento unidirecional é a garantia da tomada de decisões equivocadas na economia e na própria política. Em especial, aquelas que ultrapassaram a justa medida da intervenção governamental na economia.

E aqui está a raiz do desastre lulopetista. Lula, pelo reiterado elogio da falta de leitura, que o impediu de estar à altura do cargo que já ocupou, como reconhece hoje jornalista amigo dele dos primeiros tempos. O petismo, por sua vez, pela falta de preparo para reconhecer os limites da visão ideológica sobre a dura realidade. Juntos, absorveram uma carga letal de desinformação. Os ditos intelectuais e economistas do PT estavam mais preocupados em denunciar as falhas do capitalismo e do mercado do que em estudar sua mecânica de funcionamento. Quando assumiram os controles, não sabiam utilizá-los de modo competente. Perderam-se em supostos avanços sociais, que se revelaram insustentáveis. Pior: a conta dos desatinos foi bater, como já bateu, no bolso do trabalhador, que dizem defender.

Esquerda e direita, liberais e conservadores são realidades políticas inerentes ao jogo democrático legitimado pela alternância no Poder. A virada conservadora pela qual o País vem passando é bem-vinda nesse sentido. Menos governo, menos impostos, mais serviços de qualidade nas áreas de educação, saúde, transporte e segurança são funções clássicas de governo que o atual, na ânsia de tudo fazer, pouco fez. A oscilação entre uma direita raivosa e uma esquerda despreparada nos levou ao pior dos mundos. Elas podem, entretanto, atuar de modo inteligente, articulado e competente, em benefício do País. A esquerda, ao invés de ter perdido tanto tempo em viagens a Cuba, bem poderia ter se dirigido ao Chile para aprender como fazer a coisa certa em matéria de política econômica que funciona. Cabe à direita, no momento, pôr em prática, com bom senso, seu ideário político que engloba a defesa das funções clássicas de Governo. Interferência governamental em excesso deu no que deu.

A INVENÇÃO DO FILTRO ÀS AVESSAS
Diário de Petrópolis – 19 Setembro 2015
Tribuna de Petrópolis - 20 Setembro 2015

Certa feita, Winston Churchill, o homem que conduziu, com competência e segurança, os destinos da Inglaterra durante a Segunda Guerra Mundial, resolveu se meter no metrô de Londres e acabou se perdendo naquele labirinto subterrâneo, certamente, na época, não tão bem sinalizado como hoje. "Mas como!?", exclamaria você, incrédulo diante do fato. Pode parecer estranho que alguém tão senhor de si nos labirintos da política ficasse sem rumo poucos metros abaixo do chão. Na verdade, nem tanto, pois ele estava habituado a ter carro com motorista, este sim, craque em levá-lo aonde ordenasse. A moral desse episódio é simples: cada macaco no seu galho. Assim como seu motorista conhecia cada beco de Londres, Churchill se preparou meticulosamente para sua função de futuro Primeiro-Ministro. Em especial naquele momento em que a sorte da civilização estava sendo decidida num jogo de vida ou morte em que seu DNA de guerreiro teve espaço para se manifestar de modo eficaz.

Como abrir espaço para o que há de pior na política nacional

Ele e seu motorista ilustram bastante bem o lado profissional da tradição inglesa: preparar-se para estar à altura de suas funções, sejam elas quais forem. O filtro pelo qual ambos passaram exerce corretamente sua função de só deixar passar o melhor. Já no Patropi, fomos capazes da proeza de inventar o filtro às avessas: só passa coisa ruim. Essa é hoje a certeza que temos em relação aos políticos em geral, com as exceções de praxe, cada vez mais rarefeitas. A tradição inglesa é um bom referencial para entender nosso drama atual e ao longo dessa nossa malfadada experiência dita republicana.

Governantes responsáveis aceitam com naturalidade duas premissas: prestar contas regulares de seus atos e pedir o chapéu quando sabem que não detêm mais a confiança dos governados, vale dizer, de seu eleitorado. No mundo de língua inglesa essa prática saudável é parte dos costumes. Jamais passaria pela cabeça de um político inglês dizer de público que faria qualquer coisa para se reeleger, como Dilma e Lula afirmaram candidamente. Lá, seria o atestado de morte prematura da própria reeleição. Aqui, não.

Tomemos o caso do Lula. Experto, conseguiu enganar muitos por tempo longo demais. Jamais seria bem sucedido num País cujas tradições ensinaram seus eleitores a ter consciência de que o Poder corrompe, e que vigiá-lo semanalmente é a receita para evitar surpresas desagradáveis. Em especial aquelas em que metem a mão no bolso do distinto público, como aconteceu conosco no mensalão e no petrolão, com voracidade nunca antes vista nesse País, como diria o próprio Lula. Estranhíssimo, no nosso caso, é que já foi diferente, pelo menos até 1889. A pedra fundamental da vida pública era a confiança, mercadoria que sumiu do mercado nesses tempos republicanos fajutos. E tanto é o caso que Dilma continua no Poder com credibilidade praticamente zerada!

Nosso filtro às avessas permitiu o absurdo de termos na presidência da república duas figuras – hoje, evidente aos olhos de todos – despreparadas para exercer a magistratura máxima do País. Pior: mancomunados com companheiros que promoveram verdadeiro assalto aos cofres públicos. Sem nenhuma conivência de minha parte com notórios corruptos, pode-se constatar que foram piores que Maluf: roubaram (sistematicamente) e não fizeram! Os PACs1 e 2 sempre ficaram muito aquém das metas estabelecidas.

A pior sina de um País é ter uma classe dirigente que nos faz lembrar um dito de Getúlio Vargas: "Metade de meus ministros é incapaz, e a outra metade é capaz de tudo!" Dá bem a medida de que tipo de gente cerca um ditador. Claro que o filtro às avessas estava, já naqueles tempos, em plena atividade. E o Lula a se gabar de que não estudou (não se preparou!) e chegou lá. Talvez seja o momento de ensinar aos netos como sua irresponsabilidade custou caro ao País. A nós, cabe ter aprendido a lição.

ORGANIZAÇÕES CRIMINOSAS E POLÍTICA
Diário de Petrópolis – 28 Novembro 2015
Tribuna de Petrópolis - 29 Novembro 2015

Certamente, o pior vício do presidencialismo é não estar ancorado na confiança dos governados em seus governantes. Ela deveria ser, mas não é, a pedra fundamental do edifício político-institucional. As distorções daí advindas nos levam a confundir alhos com bugalhos quando se trata de punir políticos que se valeram do público para fins privados.

O episódio envolvendo o senador Delcídio do Amaral (PT-MS), líder do governo Dilma no senado, ilustra a extrema dificuldade de dar o flagrante em quem tem imunidade, em especial quando se trata da turma do andar de cima. Para a felicidade geral da Nação, foi possível, neste caso, apanhá-lo com a boca na botija. Sabemos que na imensa maioria dos casos tal não ocorre. É preciso dispor de mecanismos que nos permitam agir não só com agilidade, mas também com eficiência muito maior quanto aos que estão na vida pública para tirar proveito em benefício próprio e dos amigos.

> *Cassar registros partidários é um instrumento legítimo para evitar o desvirtuamento e a morte das democracias*

A preocupação dos juízes em só punir após a devida comprovação do ilícito ou crime cometido pode parecer a coisa mais justa do mundo num primeiro momento. Entretanto, na vida política dos povos, este é um critério falho por não levar em conta a questão da confiança. Eu me explico: nos regimes parlamentaristas, o primeiro-ministro, vale dizer, o Poder Executivo, pode cair por um simples voto de desconfiança. Note, caro leitor, que houve apenas a perda da confiança do Parlamento ou da população na integridade de determinado homem público. Esta é razão suficiente para apeá-lo do Poder.

Em regimes presidencialistas, a tendência é buscar evidência concreta que corrobore a participação direta do político no ato ilícito ou na apropriação indébita de recursos públicos. Até mesmo o princípio da responsabilidade individual é relegado a segundo plano. O caso da Petrobrás é mais que ilustrativo. Não se trata de verificar se a presidente do Conselho de Administração engordou sua conta bancária com o processo de corrupção sistêmica que tomou conta da empresa. O simples fato de ser responsável por decisões estratégicas equivocadas, que reduziram em 2/3 o valor de mercado da maior empresa brasileira, seria razão mais que suficiente para ser destituída do Poder. Ou mesmo o prejuízo bilionário causado ao setor elétrico quando tomou a decisão de reprimir os reajustes das tarifas. Em ambos os casos, quem está pagando a conta (salgadíssima!) somos eu, você, todos nós.

Indo mais fundo: ministros do STF já caracterizaram como organizações criminosas as que tomaram conta da direção de partidos políticos no saque bilionário aos recursos que deveriam beneficiar à população. Quando um partido político dá reiteradas provas de se valer de sua posição de mando para surrupiar dinheiro público em volumes nunca vistos na História do País, ou mesmo na História mundial, é o caso de ser considerado uma organização criminosa. E como tal deve ser tratado. Caso legítimo de perda de registro.

Não existe nada de antidemocrático nessa providência salutar, apenas a salvaguarda do interesse público. Obviamente, isso não impede que um novo partido seja fundado fiel aos princípios que preservem o bem comum, seja ele de esquerda ou de direita. O que se está punindo é o desvio de conduta sistemático da direção do referido partido, que se distanciou de suas bases e da defesa do interesse público. Essa possibilidade legal, acoplada à profunda reforma política de que carecemos urgentemente, abriria novos horizontes para responsabilizar os políticos e as organizações partidárias. O que não é admissível é permitir vida legal a organizações criminosas.

Já que o TCU (Tribunal de Contas da União) reprovou, por unanimidade, as contas do (des)governo Dilma; que a 2ª Turma do STF também fez o mesmo ao autorizar a prisão do senador Delcídio do Amaral; que tal o TSE (Tribunal Superior Eleitoral) invalidar, também por unanimidade, a última eleição presidencial? O País e a moralidade pública agradecem.

O PENSAMENTO TORTO DA UNE
Diário de Petrópolis – 19 Dezembro 2015

Perdi a conta do número de vezes em que fui para as ruas protestar contra a ditadura militar, em especial ao longo de 1968, ano do fatídico AI-5, em que as liberdades políticas e civis foram suspensas. Aquela foi uma luta de toda a sociedade brasileira contra o autoritarismo e a prepotência. Naquela época, os estudantes e a própria UNE – União Nacional dos Estudantes – participavam do processo, lutavam o bom combate. Qual não foi a minha surpresa ao ler o artigo publicado pela presidente da UNE, na *Folha de S.Paulo*, de 11.12.2015, começando pelo título: *Voz das ruas vai derrotar o impeachment*. Eu reli o dito cujo pensando que houvesse um equívoco. Onde estava escrito derrotar deveria ser sacramentar o impedimento da tresloucada presidente Dilma. Mas não, era derrotar mesmo. E resolvi ler tudo.

> *O movimento estudantil se acomodou e virou chapa branca*

Meus cabelos foram ficando em pé quanto mais eu lia tamanho era o bestialógico que a jovem estudante de economia da PUC-SP colocou em letra de forma. Até agora, a voz das ruas que eu ouvi, neste ano, nas grandes manifestações na orla da praia de Copacabana de que participei eram do tipo: *IMPEACHMENT JÁ!, FORA PT, FORA LULA, FORA DILMA.* Exatamente as mesmas faixas e palavras de ordem podiam ser lidas e ouvidas na Av. Paulista em São Paulo, a cidade onde a atual presidente da UNE estuda. Lá, mais de um milhão de pessoas deixaram claro o que realmente era, e é, a voz das ruas. Cheguei mesmo a aventar a hipótese de a jovem ser surda, o que não é o caso. Certamente uma surdez seletiva, aquela que torna a pessoa incapaz de ouvir o que não lhe agrada.

O artigo é uma aula de como pensar torto. Pior: deixa claro o efeito perverso de a UNE receber hoje polpuda verba federal. Tornou-se uma entidade de defesa de quem paga as contas e surda aos legítimos anseios da sociedade brasileira, que se viu enganada pelas mentiras em cascata da campanha presidencial da sra. Dilma. Nem mesmo aquela pequena cidade do Nordeste que lhe deu 80% dos votos se posiciona neste momento em sua defesa. A UNE, sim. Pessoas simples são capazes de se indignar com a roubalheira e a falta gritante de responsabilidade de quem estava (e está) no comando do País, e tinha (e tem) a obrigação de impedir os desmandos. A única que não quer ver é a UNE.

Não podemos ignorar, entretanto, o fato mais grave: o adestramento ideológico. Eu não disse doutrinação. Só mesmo quem abdicou de pensar pode acreditar no que escreveu. Diz ela em letra de forma: "No Brasil, a voz das ruas cisma de estar é do lado correto do jogo, a favor da democracia e da garantia dos direitos, no caminho dos avanços e não do retrocesso". Pode parecer que ela estaria do lado da população na repulsa ao desgoverno Dilma. Mas não, o parágrafo foi para defender o governicho Dilma, que quebrou a Petrobrás, desestruturou o setor elétrico, deixou a inflação explodir, semeou desemprego e resultou em queda brutal do salário real.

A bem da verdade, houve, sim, minguados movimentos de rua em defesa da Dilma. Todos, como a UNE atual, chapa branca: o grosso dos manifestantes recebeu diária, lanche e transporte até o local da "manifestação". Não é preciso muita imaginação para saber quem estava do lado do interesse público e quem estava ali na defesa do próprio bolso. É triste que uma entidade como a UNE, que nos meus tempos de jovem tinha um ideário digno e respeitável, tenha se transformado em correia de transmissão de interesses escusos.

O texto é digno de figurar no livro de Ben Lewis, a História do comunismo contada em piadas, intitulado *Foi-se o Martelo*, em óbvia alusão à foice e ao martelo, símbolos do trabalho para os comunistas, mas que representaram de fato o corte das cabeças discordantes (a foice) e o martelo para colocar na cabeças dos adeptos a marretadas o pensamento ideológico (ou torto) em que a articulista se revelou mestra consumada. Que tristeza, não é mesmo, caro leitor? Mais um exemplo de governo se metendo onde não deve.

PODER SEM ILUSÕES
Diário de Petrópolis – 20 Fevereiro 2016
Tribuna de Petrópolis – 21 Fevereiro 2016

A História latino-americana registra muitos casos de líderes políticos que eram depositários das esperanças populares na defesa de seus legítimos interesses. O trágico é que acabaram sendo grandes frustrações quanto às expectativas despertadas após chegarem ao Poder. Pior: aqueles que passaram no teste do curto prazo não sobreviveram ao teste do tempo, ou seja, aos efeitos deletérios de longo prazo de suas políticas populistas. Dois exemplos emblemáticos foram Juan Domingo Perón e Getúlio Vargas. O primeiro paralisou a Argentina por meio século, e o segundo deixou um legado que reforçou nossa tradição autoritária, e ainda tomou iniciativas retardadoras do processo de desenvolvimento do País, no que se irmana à figura de Perón.

Se a política corrompe, a politicagem mata os sonhos dos povos

Vivemos, hoje, num clima de desilusão quanto ao futuro que nos aguarda diante de tanta incompetência do governicho Dilma e das lerdas instituições republicanas de que dispomos. Para os ministros do STF e do próprio TSE – Tribunal Superior Eleitoral ainda não dispomos de evidências cabais para pôr fim ao atual governo federal sob o (des)comando do PT. O conto do vigário passado na população e a quase destruição da Petrobrás, para citar apenas dois casos nada exemplares, não configuram crimes de lesa-pátria na visão formalista de nossos ilustres ministros. Não conseguem perceber o que já é o óbvio ululante para a população. O mundo civilizado, por sua vez, não perdoa dirigentes que não estiveram à altura de suas responsabilidades, ainda que sem se beneficiar pessoalmente da roubalheira, como foi o caso da Dilma na condição de presidente do Conselho de Administração da Petrobrás. Eis aqui a (amarga) jabuticaba brasileira a serviço do atraso do País.

Este triste estado de coisas nos induz a ir mais fundo na questão do Poder, ainda visto entre nós com certa dose de ingenuidade no que tange à sua essência. Curiosamente, Lord Acton, historiador inglês nada revolucionário, e Mikhail Bakunin, revolucionário russo anarquista, se irmanavam em suas visões realistas do Poder. O primeiro afirmava que o Poder tende a corromper e que o Poder absoluto corrompe absolutamente. O segundo discordava de Marx por ver em suas concepções a semente do "socialismo autoritário", ou seja, a famigerada ditadura do proletariado. Afirmava que o Poder é sempre exercido por uma minoria. E que, após a revolução, os antigos operários que agora a integram, "pôr-se-ão a observar o mundo proletário de cima do Estado; não mais representarão o povo, mas a si mesmos e suas pretensões em governá-lo. Quem duvida disso não conhece a natureza humana". Este é um retrato perfeito do que aconteceu com Lula e o PT para desilusão de quem acreditou neles.

Se os dirigentes do PT tivessem formação intelectual de primeira linha, teriam levado Bakunin a sério. Jamais embarcariam na canoa furada de ambicionar o topo por décadas a fio, aceitando a alternância no Poder como elemento fundamental da democracia. Essa pretensão levou Lula, Dilma e o PT a se servirem de quaisquer meios (inclusive mentir descaradamente) para obter recursos e manter sua hegemonia política. Até mesmo afundar a Petrobrás *y otras cositas más*, como fizeram. O próprio Ministro-Chefe da Casa Civil, Jaques Wagner, reconheceu que se lambuzaram ao comer mel pela primeira vez.

Como fica, então, o enigma do Poder? Já foi dito, e a sabedoria política confirma, que "o preço da liberdade é a eterna vigilância". Em relação ao Poder, esta frase pode nos ajudar a entender que a eterna vigilância é também o preço de se manter o Poder sob rédeas curtas. Infelizmente, nosso presidencialismo concede poder demais ao presidente. A tradição parlamentarista do Império, jogada fora, nos deixou sem os instrumentos de controle da gestão do Poder em seu dia a dia. O voto de desconfiança, já dado pela população à Dilma, é um dispositivo sem amparo constitucional. O País tenta o impossível: sobreviver sem ter como base da vida pública a confiança do povo em seus governantes.

MAQUIAVELISMO CAPENGA NA REELEIÇÃO DE DILMA
Diário de Petrópolis – 5 Março 2016
Tribuna de Petrópolis – 06 Março 2016

Quem não votou em Dilma cultivou meses de decepção com o resultado das últimas eleições presidenciais. Como integrante de uma imensa legião de desapontados, tive muita dificuldade de entender a opção dos eleitores que acreditaram nas mentiras orquestradas pelo diabólico João Santana com pleno apoio do PT & (má) Cia., vale dizer, Lula e Dilma. Mas a História, aquela velha e experiente senhora, nos surpreende com suas reviravoltas inesperadas.

O tropeço do maquiavélico João Santana nas próprias pernas

Para dar contexto histórico ao ocorrido, vale relembrar a Segunda Guerra Mundial e o famoso Pacto Molotov-Ribbentrop de não-agressão entre a URSS e a Alemanha Nazista. Quando Hitler rompeu o Pacto, em 1941, e mandou invadir a Rússia, a cabeça de Stálin deu um nó dialético que o deixou prostrado por alguns dias. Afinal, comunismo e nacional-socialismo, e não nacional-capitalismo, tinham lá suas íntimas afinidades ideológicas de regimes totalitários. Sem dúvida, um erro estratégico de Hitler que o colocou no meio de duas forças poderosas, os Aliados e Stálin, que acabaram por esmagá-lo. A ajuda fornecida à URSS pelos EUA sob a forma de armas e equipamentos foi fundamental para a reação da União Soviética. Entretanto, o empenho desta última na luta contra o nazismo desempenhou papel imprescindível na vitória das democracias. Um daqueles resultados positivos obtidos por vias tortas.

Não foi muito diferente, guardadas as proporções, o que ocorreu com a "vitória" da dupla Dilma-Lula em 2014. Um grande amigo meu, advogado bem sucedido, me chamou a atenção para essa interpretação (maquiavélica) alternativa, com efeitos positivos de longo prazo, da derrota de Aécio Neves. As mentiras que reelegeram Dilma, e que a desmascaram hoje junto à opinião pública, teriam tido um efeito muito favorável ao PT para as eleições de 2018. Seria o palanque perfeito para denunciar o ajuste inevitável que Aécio já teria implementado caso tivesse ganho as eleições. As agruras por que o País vem passando, causadas pelos 13 anos de (des)governo petista, seriam debitadas na conta do PSDB. O PT juraria que jamais adotaria tais medidas (necessárias), e diria que deixou claro na campanha a maldade que Aécio Neves já vinha maquinando contra o povo brasileiro. Um cenário perfeito para buscar retomar a presidência da república em 2018 com Lula, com chances reais de levá-la.

A despeito do preço muito elevado que o País está pagando pelos desmandos de toda sorte de Dilma, Lula, PT e sua camarilha nesse segundo mandato, ele permitiu abrir os olhos da população, em especial de grande parcela do eleitorado de Dilma por ela enganada na campanha de 2014.

Sem esses primeiros 14 meses do segundo mandato, e as trapalhadas que ela e sua equipe medíocre continuam fazendo, seria quase impossível desmascarar o PT como organização criminosa. Um caso explícito de perda de registro do partido, providência que já deveria ter sido tomada face às evidências escancaradas na delação de Delcídio do Amaral. Isso em nada arranharia a democracia brasileira, muito pelo contrário, exaltaria sua vitalidade ao não permitir que o dinheiro público possa ser surrupiado em volumes nunca vistos na História republicana deste País, bem diferente daquela do século XIX.

Mas ri melhor quem ri por último. O eleitorado mirou no que viu e acabou acertando no que não viu, onde estava o alvo certo. Tudo leva a crer, face à possibilidade concreta de anulação do pleito de 2014 ou da retomada do processo de *impeachment*, que Dilma não conseguirá emplacar mais um ano de mandato. Léon Bloy, pensador católico, no período em que viveu no Brasil, se encantou com nosso dito popular que "Deus escreve certo por linhas tortas". Foi, sem dúvida, uma ajuda providencial para desmascarar Lula e o PT. O maquiavelismo de João Saldanha - quem diria? - tropeçou nas próprias pernas.

Na manifestação programada para domingo, dia 13/03/16, bom ter em mente o seguinte: ou você vai, ou ela fica. Até lá!

O (DESA)FORO PRIVILEGIADO
Diário de Petrópolis e Tribuna de Petrópolis - 19 Março 2016

A frase "Que você viva em tempos interessantes!" é conhecida na China como uma maldição pelas turbulências sociais que os tempos assim ditos trazem em seu bojo. E também por remover a pedra fundamental da milenar filosofia chinesa que põe em primeiro lugar a harmonia social, restaurada como Norte orientador do País após o fracasso dos tempos (intensamente) vermelhos de Mao Tsé-Tung. Em angustiante compasso de espera, são esses, sem dúvida, os tempos em que vivemos hoje no Patropi. São tempos de grossa roubalheira e de mentiras contumazes. Vamos a eles.

Capacidade esgotada de levar desaforo para casa

O último prato indigesto que nos foi servido pelo atual des(governo) Dilma foi a ideia de fazer Lula ministro. A primeira reação dele foi: "Vou aceitar ser ministro da presidente Dilma não porque quero me beneficiar de foro privilegiado. Vou aceitar porque neste momento o Brasil precisa de mim". Quem esteve presente na orla de Copacabana, como foi o meu caso, na última grande manifestação de um milhão de pessoas pelo *impeachment*, sabe que o que o Brasil quer, de fato, é ver Lula atrás das grades, bem longe de qualquer posição de Poder. A prova contundente de que o Brasil não precisa dele foi a quantidade de mini-Pixulecos que eu vi nas mãos dos manifestantes no dia 13.

Já num segundo momento, Lula foi atacado por intensa dúvida sobre aceitar ou não a oferta de Dilma, que tem jeito de presente de grego, pois revelaria uma admissão tácita de culpa no cartório da Lava Jato. Pior ainda: existe precedente na jurisprudência quando se trata do chamado desvio de finalidade. Ou seja, é quando o ato administrativo de nomeação é deturpado a fim de atingir objetivo diverso do simulado. Indo direto ao ponto: o interesse público é ignorado em benefício do interesse pessoal do acusado de se livrar do braço da lei. Num terceiro momento, Lula manda às favas suas rasas reservas morais e acaba assumindo a Casa Civil da presidência da república. Este caso configura o que o comentarista da *GloboNews* chamou apropriadamente de desaforo privilegiado jogado na cara da população brasileira.

Em vez de chamar o caminhão de mudança para desocupar o Palácio da Alvorada, Dilma resolve dar guarida a Lula num evidente ato de desespero diante dos últimos fatos. Espera-se que Dilma, mais cedo do que mais tarde, monitore a empresa que vai fazer sua mudança para não acontecer o que ocorreu com Lula. Peritos examinando o acervo que Lula diz ter recebido de presente detectaram, nas três primeiras telas, o lacre que as identificava como patrimônio público pertencente ao acervo da Granja do Torto. Uma delas era uma gravura de Van Gogh avaliada em US$ 7 milhões, ou seja, a bagatela de cerca de 26 milhões de reais, uma gorda megasena. A isto se soma o caso de um crucifixo, de quase um metro de altura, um presente da época de Itamar, que passou pela presidência de FHC, e foi surrupiado por Lula em sua mudança. Mais um desaforo privilegiado atirado em nossa cara.

Merecem ainda registro mais alguns fatos. Erenice Guerra, ex-ministra de Dilma, investigada na Operação Zelotes, comprou imóvel no valor de R$ 4,3 milhões. A mesma que teria desviado R$ 45 milhões das obras da malfadada usina hidrelétrica de Belo Monte para as campanhas presidenciais do PT e do PMDB em 2010 e 2014. O novo ministro da Justiça, Eugenio Aragão, é acusado pela Polícia Federal, de ter atrapalhado a investigação do mensalão. Lula, acusado de covarde por José Dirceu, teria ordenado a compra do silêncio de Nestor Cerveró. Mercadante teve a voz gravada tentando comprar a cumplicidade de Delcídio do Amaral. E por aí segue a marcha da insensatez.

Em suma, quando não roubam, mentem. Mas já recebemos uma sutil mensagem de Roma: o Papa Francisco acabou de promover Dom Darci, o bispo de Aparecida que recomendou pisar na cabeça *do* Jararaca. Mas, se preciso for, "a praça é do povo como o céu é do condor" nos motiva Castro Alves.

LULA E O NOSSO SISTEMA POLÍTICO
Diário de Petrópolis e Tribuna de Petrópolis – 26 Março 2016
Diário Imperial – 28 Março 2016

Que Lula é bipolar virou lugar comum. Ninguém mais se surpreende. No caso dele, não são apenas as variações acentuadas de humor, mas também de um tipo de lógica que mais parece o samba do crioulo doido. Lé não rima com (e não bate) com cré. Diz – e faz – uma coisa hoje, que amanhã não vale mais. Não espanta, pois que tenha chegado àquele estado em que a confusão mental tomou conta de suas ações. As últimas peripécias dele e Dilma em

Um arcabouço político--institucional feito para não funcionar

busca do foro privilegiado dão bem a medida do desespero de ambos. A última pesquisa do DataFolha revela que 68% da população é favorável ao *impeachment* dessa tresloucada presidente que ainda habita o Palácio do Planalto. Mas será que esse quadro clínico destrambelhado é só deles ou engloba, em boa medida, nosso sistema político? Vejamos o que vem ocorrendo com este último.

Um rápido balanço dos políticos que ocuparam a presidência da república desde 1985, após o fim da ditadura militar, é motivo mais que preocupante para o País. Relembrando: Sarney, Collor, Itamar, FHC, Lula e Dilma. Se englobarmos o período Itamar/FHC num só, o que sobra é um rosário de desacertos quanto aos demais. Medindo em termos de taxa de sucesso, um em cinco, fica na casa dos 20%, o que é extremamente baixo. Sarney dispensa comentários; Collor abriu a economia na marra sem negociar acordos bilaterais e se perdeu em sua política de combate à inflação; Lula e Dilma tiraram muito mais de todos, em especial dos trabalhadores, com uma mão o que dizem ter dado com a outra. A questão que se coloca é por que o desempenho foi tão ruim nessas últimas três décadas, tempo que cobre uma geração de brasileiras e brasileiros.

Em palestra que já proferi em diversas oportunidades, intitulada *Política e Instituições no Brasil*, arrolo quatro causas do desastre de nosso presidencialismo mal copiado do americano: (1ª) perda dos instrumentos de controle e prestação de contas no dia a dia dos atos de governo, tradição semanal no parlamentarismo; (2ª) tendência a rupturas institucionais por falta de instrumentos ágeis do marco constitucional de gerenciamento de crises; (3ª) a confiança da população em seus governantes não é a pedra fundamental de sustentação de um governo; e (4ª) mistura de funções executiva e legislativa, em que as iniciativas de leis partem do Poder Executivo, dando-lhe poderes que o próprio Pedro II não dispunha, pois elas partiam do Parlamento, como ainda hoje ocorre no presidencialismo peculiar dos EUA, bem diferente do nosso.

Um exemplo muito apropriado das insuficiências das constituições republicanas, inclusive a de 1988, é que até 1889 era possível derrubar um governo por simples voto de desconfiança e ainda a possibilidade constitucional de dissolver o Parlamento com convocação imediata de eleições gerais. Um duplo sonho acalentado hoje pela imensa maioria da população brasileira que lhe é simplesmente negado. Merece registro a brutal dificuldade de se fazer o *impeachment* no regime presidencialista. Temos que provar na justiça que presidente prevaricou. Parece a coisa mais justa do mundo, só que esquecemos da questão crítica da confiança dos representados em seus representantes. Em regimes parlamentaristas, nada disso é necessário. A simples quebra de confiança justifica a queda de um governo. Construir uma Nação sem levar em conta a questão da confiança e do controle semanal dos atos de governo, como estamos constatando, é impossível.

A justa celebração das iniciativas do Ministério Público e da Polícia Federal na luta contra a corrupção não nos deixa tranquilos quanto ao futuro. Sem uma profunda reforma político-institucional para separar legislação ordinária da constitucional e, em especial, da legislação partidária hoje vigente, podemos ter certeza de que a fábrica de maus políticos ainda não foi completamente desmontada. Novos Lulas poderão surgir mais à frente.

DUAS FALHAS GRITANTES DA LEI
Diário de Petrópolis e Tribuna de Petrópolis – 2 Abril 2016

Falhas na legislação eleitoral podem ter consequências desastrosas para a vida democrática dos países. Dois exemplos, um no Brasil e outro no Chile, são tragicamente ilustrativos. Tomemos um de cada vez.

A eleição de Jânio Quadros despertou esperanças ardentes de que o homem da vassourinha iria passar o País a limpo. Ainda hoje, quando se fala no golpe que os militares deram contra Jango, instituindo um parlamentarismo de ocasião, quase nunca se dá a devida relevância à brutal falha da legislação de então. Ela permitia, insanamente,

Como montar a cena para pôr em marcha golpes militares

que o eleitor votasse para presidente no candidato de um partido e para vice-presidente em outro de agremiação partidária ideologicamente oposta ao do cabeça de chapa. Este foi exatamente o caso ocorrido com a dupla JJ (Jânio/Jango), que saiu vitoriosa das urnas em 1960. O vice natural e de partido de Jânio era Milton Campos, mineiro de perfil conservador, que teria assumido e, certamente, evitado mais uma intervenção militar, a mais longa (1964/1985), na vida política brasileira.

O caso do Chile de Allende é semelhante por não haver segundo turno previsto em lei para os dois candidatos mais votados via consulta direta à população. Ou seja, Allende teve, nas eleições presidenciais de 1970, 36,6% dos votos, em vitória apertada contra Jorge Alessandri (35,6%), seguidos não muito de longe por Radomiro Tomic, com 28,1% dos votos. O segundo turno foi decidido pelo congresso chileno, que deu a Allende 78,5% dos votos, ignorando a voz nada rouca das ruas que negava a Allende quase dois terços de seus votos. Amigo meu de esquerda, que vivia no Chile naquele período conturbado, me relatou que Allende, em seus melhores momentos, nunca recebeu apoio superior a 40% da população, normalmente estava abaixo de um terço. Uma violenta ditadura castrense de quase 17 anos poderia ter sido evitada se a população tivesse sido auscultada diretamente. Estatística e politicamente, era praticamente impossível, no segundo turno, que Allende tivesse vencido Alessandri, dado que este receberia o apoio de Radomiro Tomic.

No caso brasileiro atual, o congresso brasileiro só não foi pelo mesmo caminho do chileno porque o povo foi para as ruas, mantendo uma vigilância a toda prova em relação à continuação dos desmandos de Dilma, Lula e PT. O *impeachment* hoje está em contagem regressiva inexorável.

Politicamente, o Brasil precisa se reinventar para avançar mais rápido. Nos dicionários, reinventar significar recriar a partir do que já existe, vale dizer, transformar a si, a algo ou outrem. Claro que a definição inclui o que já existiu e funcionou bem. Barbara Tuchman, historiadora americana, se tornou famosa por ter tido a coragem de explorar vias alternativas de eventos passados. Em especial, quando havia conhecimento delas por parte dos atores com as mãos nos controles. Claro que não faz sentido pensar em rotas alternativas que não estavam no radar à época. Essa visão encontrou, e ainda encontra, muita resistência entre historiadores profissionais. Mas essa muralha, visivelmente, apresenta rachaduras. Na comemoração dos 200 anos da chegada da família real portuguesa, houve praticamente consenso entre historiadores de que o Brasil teria se esfacelado em vários países se Dom João VI não tivesse vindo para cá em 1808 e aqui realizado obra que nos deu musculatura institucional.

E por falar em musculatura institucional, merece registro o fato de que era possível, ao longo do século XIX, derrubar, sem perda de tempo, um governo por simples voto de desconfiança e, ainda, dentro da lei, dissolver o Parlamento com convocação imediata de eleições gerais. Um duplo sonho acalentado hoje pela imensa maioria da população brasileira que hoje lhe é simplesmente negado. E que já foi uma realidade prática de nossas instituições. É ou não é muita perda de tempo e de PIB o preço que estamos tendo que pagar por não dispor de uma legislação capaz de pôr fim rápido a maus governos?

O CONGRESSO NÃO SAIU BEM NA FOTO
Diário de Petrópolis e Tribuna de Petrópolis – 23 Abril 2016

Os três dias de sessão permanente para a votação do *impeachment* de Dilma Rousseff, em 17/04/2016, permitiram à população brasileira acompanhar mais de perto o dia a dia do congresso. Não foi, certamente, uma experiência edificante. Começou pelas entrevistas nos corredores da Câmara e no Salão Verde onde houve momentos decepcionantes. O "bolão" comandado por Paulinho da Força, presidente do [Partido] Solidariedade, definitivamente, não pegou bem para a imensa maioria dos telespectadores. A ausência de solidariedade à presidente não precisava chegar a tanto. A reação que pude constatar nas pessoas foi de que estavam brincando com coisa séria. Por momentos, o clima parecia de carnaval. E não vale argumentar com carnaval cívico. As entrevistas dos deputados petistas aos jornalistas estavam recheadas de mentiras repetidas à exaustão. Não teria havido (óbvios) crimes de responsabilidade, muito menos pedaladas fiscais. Parodiando Joseph Goebbels, ministro da propaganda de Hitler, eles (se) repetiam mil vezes a mesma mentira para, quem sabe?, enganarem a si mesmos, já que aos demais não conseguiam.

Precisamos nos reinventar com a máxima urgência

No domingo, dia da votação da admissibilidade do processo de impedimento, os votos de cada deputado foram um espetáculo à parte. Por certo, houve aquele(a)s que deram o sim e o respaldaram de modo rápido, apropriado e convincente. No geral, este não foi o comportamento que deveria ter sido a regra. Com frequência, aproveitavam o tempo exíguo que tinham para cometer "cacos", ou seja, aquelas inserções na fala que não cabiam naquele momento. A língua portuguesa (coitada!) sofreu muito em matéria de concordância. Os pronomes e os verbos estavam em desacordo gritante: uns não concordavam com os outros. Pior: por vezes, a justificativa do voto deixava a desejar em matéria de lógica. Aquela situação em que o telespectador imaginava que o voto ia ser não e acabava num sim. Ou, vice-versa. Não era pequeno o susto de quem acompanhava a desconexão mental...

Os votos dos deputados petistas, disciplinados no *Não*, foram um caso à parte. Por pouco, Dilma não foi canonizada ali mesmo no plenário à revelia do Papa tão imaculada era sua figura para seus defensores. As únicas pedaladas que não podiam negar eram aquelas que, toda manhã, Dilma dá nos arredores do Palácio do Planalto. Só mesmo muita falta de imaginação da presidente a levou a praticar um esporte (pedalante) tão impróprio para as atuais circunstâncias. Eles ainda insistiam em ser golpe um procedimento constitucional. Pouco importa que todos os ministros do STF já tivessem declarado, mais de uma vez, que *impeachment* não é golpe. Sem dúvida que a melhor resposta ao *slogan* do "Não vai ter golpe" foi acrescentar-lhe "Vai ter *impeachment*".

Nos dois dias anteriores à votação, era visível o número de parlamentares no celular, ou cochichando entre si, enquanto colegas estavam falando no púlpito. Eu me lembrei de uma regrinha saudável adotada na Câmara e Senado dos EUA: os celulares são deixados do lado de fora. Bem que podiam copiar isto dos gringos. Um sinal de boa educação e respeito aos colegas. Melhor ainda: obrigar-se a prestar atenção à pauta em discussão. Essa simples providência ajudaria muito ao líder do governo na Câmara, José Guimarães, a prestar atenção às denúncias da oposição sobre 10 milhões de desempregados e inflação de dois dígitos. Por certo não diria asneiras na defesa de Dilma do tipo "Afinal, um pouco (!) de desemprego, alguma (!) inflação não é razão para pedir o afastamento da presidente". Em que mundo vive esse senhor?

De resto, foram 367 votos a favor do *impeachment*, 25 a mais que o necessário. Era exatamente o resultado que a população foi às ruas exigir. A nota vexaminosa em tudo isso foi ver os petistas, que impetraram 52 pedidos de *impeachment* no passado, afirmarem de peito cheio que era golpe aplicar um recurso legalíssimo que consta da constituição aos desmandos e à incompetência de Dilma. "Nunca antes nesse País se viu tal coisa", diria Lula.

CRIME DE LESA PÁTRIA
Diário de Petrópolis e Tribuna de Petrópolis – 30 Abril 2016

Chefes de Estado que enlouqueceram fazem parte da História da humanidade. A loucura de Nero mandando incendiar meia Roma, e colocando culpa nos cristãos, é um caso emblemático. Na Inglaterra, Jorge III que, por inabilidade política, perdeu as colônias americanas, ficou insano por uns tempos e depois se recuperou. No caso de Portugal, Dona Maria I, mãe de Dom João VI, também ficou doida. E para sempre. Ela proibiu o cultivo de vinhas na região onde se fabrica o até hoje famoso vinho do Porto. Também proibiu que aplicassem a vacina contra a varíola no herdeiro do trono português, Dom José I, porque isso seria interferir nos desígnios da Providência. Quando se deram conta do que ocorrera com a rainha, o futuro Dom João VI foi nomeado Príncipe Regente até ser coroado rei, no Brasil, após a morte de sua mãe.

E Dilma continua a se eximir de responsabilidades

Existem, entretanto, aqueles casos em que chefes de Estado, e mesmo de governo, ou que acumulam as duas funções, ficaram a meio caminho entre a sanidade e a loucura. Idi Amin, ditador de Uganda, é um exemplo dos que estavam mais próximos da doideira do que da lucidez. Onde colocar casos específicos entre esses dois extremos nem sempre é fácil. Uma pergunta que me ocorreu em tais situações é o que fazer em regimes presidencialistas quando o presidente ou a presidente, que acumulam em si as funções de chefe de Estado e de governo, começa a dar indícios de ter mais de um parafuso frouxo no cérebro. No parlamentarismo, é fácil, pois o primeiro mandatário poderia ser apeado do Poder por um (pertinente) voto de desconfiança. Antes mesmo de endoidar, qualquer sintoma estranho poderia levar ao afastamento.

Já faz tempo que a presidente Dilma, em várias ocasiões, não diz coisa com coisa. As redes sociais postam piadas e mais piadas sobre suas pisadas de bola quanto às conclusões estapafúrdias a que chega após encadear uma sequência de frases desconexas. Poucos, ou quase ninguém, a levam a sério. Sua disfunção mental pode ser comprovada por atos de governo em que a incompetência e a soberba se somam. Não só isso. Em viagens ao exterior, ela se esmera em gastos absurdos completamente desnecessários, comprovados pela avantajada comitiva que a acompanha. Em sua última viagem à Itália, dispensou o imenso e majestoso Palácio Pamphili, embaixada do Brasil em Roma, onde poderia ter ficado gratuitamente, para se hospedar num caríssimo hotel da capital italiana. Típica atitude de pródiga. E paga com nosso dinheiro! Bom lembrar que o direito prevê a interdição dos pródigos antes que dilapidem o patrimônio familiar. No caso de Dilma, já tardiamente, o público. Os rombos criminosos nas contas públicas confirmam sua prodigalidade.

Em sua última, assim espero, viagem ao exterior como presidente, Dilma resolveu se fazer de vítima ao invés do algoz que foi do próprio País. Teve o bom senso de não fazê-lo diante da comunidade internacional na ONU. Mas depois, em entrevista a jornalistas estrangeiros, não resistiu. Paga com dinheiro do contribuinte brasileiro, difamou o Brasil batendo na tecla do golpe. Isso significa dizer que não temos justiça, deixando o investidor estrangeiro receoso diante da insegurança jurídica que poderia afetá-lo. Fica evidente sua exclusiva preocupação com o próprio umbigo. Verdadeiro crime de lesa pátria.

Dilma e seu defensor, o advogado-geral da União José E. Cardozo, repetem *ad nauseam*, que não houve crime de responsabilidade. Não só pode ser enquadrada em vários deles, como acabou de cometer mais um contra a União (art. 5º, item 1, da Lei nº 1.079/1950) ao estimular hostilidade contra o País. Em reunião recente, pediu à UNASUL e aos países integrantes do Mercosul que tomassem medidas contra o Brasil em função do "golpe" que ela estaria sofrendo. É mister implementar uma reforma política que nos dê instrumentos para pôr fim rápido a maus governos e, efetivamente, ter representantes que, eficazmente, nos representem. Em uma palavra: parlamentarismo.

INSTITUIÇÕES PELA METADE
Artigo avulso

O ministro aposentado do STF Carlos Ayres Britto tem declarado que "fora das instituições não tem salvação". A frase foi muito citada e tem sua carga de verdade, ainda que não absoluta.

Nós temos uma tradição jurídica formalista que, em diferentes oportunidades, virou as costas para o lado que realmente importa: o conteúdo do que estava em julgamento. Curiosamente, este viés, cujos efeitos já nos custaram muito caro, e que nos é apresentado como um carma cultural histórico, nem sempre prevaleceu.

A moldura institucional que ficou pelo meio do caminho

O melhor exemplo de que a realidade dos fatos já se impôs em nossa História foi o episódio rotulado impropriamente de Golpe da Maioridade de Pedro II aos 15 anos incompletos. A constituição de 1824 estabelecia 21 anos, depois a idade foi reduzida, por um Ato Adicional, para 18. Por fim, em 23 de julho de 1840, aos 14, ele foi declarado maior pela Assembleia Geral do Império em função de seu adiantado desenvolvimento intelectual, vontade popular, dos representantes do povo e para pôr fim às revoltas regionais que marcaram o período regencial. Foi, na verdade, a conjunção de múltiplas vontades: do povo, da Câmara e do Senado e do próprio futuro imperador, que respondeu "Quero já!" quando lhe perguntaram se aceitava. Feita desse modo, não se encaixa a palavra golpe, que, classicamente, é dado em surdina à revelia do povo. Era o que precisava ser feito dadas as circunstâncias históricas daquele período tumultuado, cujas revoltas se extinguiram pouco depois.

Voltemos, agora, as vistas para as decisões das últimas décadas do STF. Podemos identificar casos famosos em que o óbvio ululante em matéria de decisões corretas foi mandado às favas. Houve mesmo um caso esdrúxulo em que o STF *desvotou* – isso mesmo: desvotou – uma votação do dia anterior pelo efeito arrasador que teria sobre os proventos dos aposentados. Neste caso, a desinformação inaceitável contribuiu também para o desatino. O caso Collor, absolvido por estreita margem, após o *impeachment* (!), fez a decisão cair num limbo jurídico talvez único na História das cortes supremas. Merece ainda registro o famoso caso dos embargos infringentes de alguns dos implicados no mensalão. Aqueles que tiveram pelo menos quatro votos a favor deles puderam se beneficiar de redução das penas. Ou seja, uma decisão de última instância, de certa forma, revogada pela mesmíssima corte! O STF ainda conseguiu, para coroar os desacertos, dar como inconstitucional a cláusula de barreira, que entraria em vigor, propiciando o fim dos partidos de aluguel. Hoje, à boca pequena, se sabe que os senhores ministros se arrependem dessa decisão.

O vale de lágrimas dos brasileiros não termina aqui. A despeito do mensalão, do petrolão, dos desmandos do BNDES, em que empréstimos a países estrangeiros (Cuba e Venezuela, entre outros) foram feitos sem a aprovação do congresso nacional, vale dizer, de forma ilegal e inconstitucional, ainda somos informados que atos espúrios da presidência de república do mandato anterior não atingem a mesma presidente reeleita no novo mandato. A despeito do parecer primoroso do jurista Ives Gandra Martins consubstanciando as sólidas razões para um pedido de *impeachment*, somos informados por membros de alto gabarito do judiciário que não temos provas cabais do envolvimento da presidente na malversação de recursos públicos.

E aqui entramos na seara dos crimes de responsabilidade que poderiam justificar a perda do mandato presidencial. A Lei 1.079, de 1950, que disciplina a matéria, arrola como motivo "proceder de modo incompatível com a dignidade, a honra e o decoro do cargo". A presidente cometeu este pecado mortal. Causa espécie que as mentiras, públicas e notórias, com que nos brindou durante a campanha presidencial, não configurem crime de responsabilidade. É inaceitável que a Chefe de Governo e de Estado possa mentir impunemente para a população. Até aqui, a mentira compensou. E as instituições ficaram pela metade em sua atribuição maior de preservar o interesse público.

O PREÇO DA MEDIOCRIDADE
Artigo avulso

Quando pensamos no (des)governo Dilma, medíocre pode parecer a palavra adequada para defini-lo. Não obstante, se formos à raiz latina do vocábulo, ele designa, a rigor, o que está no meio, a média. Sabemos, entretanto, não ser este o caso justamente por ela ter tido um desempenho abaixo da média. Talvez *submedíocre* fosse a descrição mais precisa, se me permitir, caro leitor, o neologismo um tato canhestro, pois não podemos esquecer também que medíocre quer dizer de pequeno valor ou mesmo insuficiência de espírito, se recorrermos ao tradicional dicionário francês, o famoso *Petit Larousse*. Talvez este último significado capte melhor o que acabou ocorrendo com o governo Dilma nesse fim de linha em que se encontra.

> *Insuficiência de espírito é como os franceses bem definem a mediocridade*

Insuficiência de espírito da primeira mandatária teve, sem dúvida, efeitos bastante prejudiciais ao País nos últimos quatro anos. Pobre em espírito Dilma não é, pois essa característica exige doses significativas de humildade e discernimento. Diferentemente de Lula, a montagem de seu ministério foi um parto em que a mediocridade comandou o espetáculo desde o início. É emblemático o caso de Henrique Meirelles, deputado federal eleito pelo PSDB por Mato Grosso. Sondado para continuar na presidência do Banco Central, deixou claro que aceitaria desde que tivesse a mesma autonomia que gozou ao longo dos oito anos de Lula. Tal "ousadia" foi o bastante para ser descartado pela futura presidente. A arrogância sabichona de Dilma não poderia tolerar que alguém conhecesse mais uma determinada área específica do que ela. Ali deveria estar quem obedecesse à sua batuta (ou tacape?) na política que implementaria, na marra, de redução da taxa de juros. Ou melhor, a política bumerangue desta última: aquela que saiu e voltou ao mesmo lugar em que estava no início de seu governo. Uma proeza digna da "economista" Dilma.

A falta de critério na seleção dos ministros evidencia sua visão míope. A turma da mediocridade ocupou todas as posições. Se ela já ouviu falar da lei 80/20, nunca a colocou em prática. Trata-se de uma regularidade empírica que nos informa que, em média, 80% do valor das vendas de uma empresa, por exemplo, são feitas para 20% dos clientes. Aplicada à formação do ministério, o bom senso 80/20 recomendaria reservar meia dúzia de ministérios-chave (fazenda, planejamento, educação, saúde, infraestrutura, indústria e agricultura) para serem ocupados por pessoas da mais alta qualificação. Os demais poderiam ser negociados politicamente, obviamente com um mínimo de decência. Este critério teria sido o segredo de seu sucesso, mas deixou escapar.

Note, caro leitor, que Dilma foi ministra de alto cacife nos oito anos do governo Lula. Supostamente deveria conhecer a máquina pública, em especial quem consegue fazer funcionar sua paquidérmica lerdeza, com todo respeito aos elefantes. (E elefoas, para ser politicamente correto.) Pelo jeito, pouco aprendeu ao longo de quase uma década. Ter que demitir, em poucos meses de governo, nove ministros por acusações de corrupção revela uma aluna pouco aplicada em temas que deveria dominar plenamente. Não soube nem se livrar dos corruptos e muito menos se cercar dos melhores nos ministérios críticos.

Dilma revela ainda falhas gritantes como economista. Qualquer bom manual de teoria dos preços informa que preços regulam os mercados. Eles atuam como índices de escassez relativa. Quando o preço de um produto dói no bolso, compramos menos e vice-versa. Pois bem, ela segurou os preços da gasolina, incentivando seu consumo. E facilitou o crédito para a compra de automóveis. Haveria melhor combinação de iniciativas para a imobilidade urbana, que todos sentimos na pele? Um bom economista também sabe que para elevar o padrão de consumo da população é preciso investir. Ir só pela via de mais consumo, como ela fez, só podia mesmo resultar em mais inflação. E pagamos todos o elevado preço da mediocridade. Mudança para ontem.

VALORES REPUBLICANOS DE FACHADA
Artigo avulso

Confesso minha implicância, em especial nos últimos anos, com o uso, no Brasil, dos vocábulos valores republicanos. As principais razões são duas. A primeira diz respeito àqueles que os utilizam como um biombo por trás do qual cometem todo tipo de traição aos mesmos. Neste caso, o caro leitor deve estar pensando em certo partido político, acompanhado de outros mais, merecedores do troféu Taça Cinismo Nacional Máximo. A segunda, até de boa-fé, é a de analistas de nossa tétrica cena política no sentido de embutir certo simplismo. É como se as repúblicas fossem os únicos regimes praticantes desses valores que preservam o interesse público. Alguém teria dúvida de que a Inglaterra é muito mais *res publicana* do que o Patropi a despeito de ser uma monarquia? E não é só ela.

> *A Inglaterra, uma monarquia, é muito mais res publicana do que o Brasil, que se diz uma república*

Mas ilustremos a contradição entre o dito e o feito na hora de pôr em prática os valores republicanos. Um bom roteiro é percorrer os três poderes tradicionais da república: o executivo, legislativo e o judiciário, e ainda um quarto Poder, independente pela constituição de 1988, o Ministério Público.

O executivo é pródigo em pôr em prática aquele surrado ditado do "Faça o que eu mando, mas não faça o que eu faço". Uma variante deste poderia ser "Vote em mim mesmo que eu esteja mentindo". A revolta de pessoas simples que acreditaram em Dilma e depois se indignaram contra suas mentiras é pública, notória e devidamente quantificada, e agravada, pelas últimas pesquisas. No presidencialismo, a presidente é, ao mesmo tempo, chefe de governo e de Estado, o que não ocorre no parlamentarismo, onde essas funções são distintas com a última fiscalizando a primeira. Na dupla condição de ser também chefe de Estado, a presidente representaria a Nação, acima de partidos políticos. É como se a Pátria estivesse mentindo a seus próprios filhos. Este simples fato deveria ser crime de responsabilidade com consequente perda do mandato. Mas não no Brasil, onde personalidades de peso da vida nacional ainda buscam provas cabais do envolvimento da presidência na roubalheira ampla, geral e irrestrita. Pelo jeito, não existe mesmo pecado abaixo do equador.

O Legislativo Federal é um celeiro de desrespeito ao bem comum. Por certo, o mais grave é o divórcio entre representados e representantes do povo. Jamais tomaria a iniciativa, por exemplo, de propor uma lei como a da Ficha Limpa. A prova evidente é que nas últimas manifestações os partidos não ousaram mostrar a cara. E pouquíssimos políticos foram para as ruas. Vale repisar o aumento dos próprios salários de deputados e senadores e seu efeito cascata, e a triplicação dos valores do Fundo Partidário. Ou seja, no exato momento de apertar o cinto, mandaram a conta para o povo. A justificativa de que os recursos do Fundo Partidário são distribuídos de acordo com a participação eleitoral de cada partido na Câmara Federal não se sustenta justamente pela quebra de representatividade e de confiança entre os eleitores e seus supostos representantes.

O Poder Judiciário, via STF, se tornou conhecido pela incrível capacidade de tomar decisões por quórum apertado de um voto sobre questões em que a sociedade queria o óbvio, mas não levava. O pior é a desconexão entre o legal e amoral, como ocorreu no Superior Tribunal de Justiça (STJ), em que juízes receberam de 200 até 400 mil reais num único mês de proventos e outros benefícios. Tudo evidentemente legal. E imoralíssimo. O artigo "STJ", do historiador Marco Antonio Villa, dá os detalhes com uma simples clicada no Google.

Sobrou apenas o Ministério Público, respaldado pela Polícia Federal, que vem realizando um belo trabalho em defesa do interesse público. Mas um placar de 3 x 1 não é nada tranquilizador para o cidadão brasileiro. Até quando? É hora de retomar as leis de iniciativa popular.

POSTES (APAGADOS) E MENTIRAS DO PT
Artigo avulso

Não é só no reino da Dinamarca que havia algo de podre. Vivo fosse, Shakespeare sentiria o mesmo mau cheiro na república (deles) petista. A empáfia de Lula se gabando de que elegia até postes parece estar com os dias contados. O distinto público já percebeu que são postes sem luz, que não iluminam, apenas obstáculos a mais para darmos cabeçadas em meio à escuridão. O mais ilustre dos postes, responsável pela falta de rumos do País, já se revelou apagadíssimo, deixando claro o beco escuro e sem saída em que nos meteu a dependermos dela. O outro provocou um apagão na gestão de São Paulo, a maior cidade do País. Os paulistanos, pela pífia avaliação que fazem de seu atual prefeito, já se deram conta de que essa história de votar em poste indicado por Lula foi um terrível erro. A mágica perdeu o encanto: está doendo muito no dia a dia do paulistano. O amadorismo administrativo do PT vem, cada vez mais, revelando um brilho de prata falsa. Até antigos simpatizantes, e não são poucos, estão se dando conta das múltiplas fraudes.

> *A eleição de postes não podia mesmo dar em boa coisa...*

Quanto às mentiras do PT, cabe, antes, uma distinção entre esperteza e inteligência. A primeira se perde a curto prazo, e daí para dar as mãos à mentira é um passo curto. Já a inteligência tem visão de futuro. A esperteza de Lula colocou o PT, num primeiro momento, no bom caminho ao seguir a política econômica herdada de FHC, rendendo-se ao que funcionou. Lá nas entranhas, entretanto, acreditava em outra coisa. O segundo mandato já começava a mostrar suas garras ideológicas e sua sucessora completou o desserviço ao País, ao encampar teses e ações desastrosas cujos efeitos já sentimos todos na pele.

Na verdade, o Plano Real e a Lei de Responsabilidade Fiscal, combatidos por Lula e pelo PT no início, foram, de fato, os pilares que permitiram a Lula dar substância real à ampliação de programas sociais sem que fossem devorados rapidamente pela inflação como acontecia no passado, e ainda acontece hoje em países como Venezuela e Argentina. Dilma recebeu a tocha e aprofundou o descaminho ao adotar uma política econômica voluntarista na crença de que governo pode tudo. E, assim, ela saiu por aí a ressuscitar ideias econômicas (já testadas) fadadas ao insucesso.

Mas o capítulo mais vergonhoso da esperteza de mãos dadas com a mentira veio à tona na campanha eleitoral para reeleger a atual presidente. Ameaçado, o alto escalão do PT partiu para o ataque sem compromisso algum com a verdade. E as mentiras vieram em cascata: Marina vai abandonar o pré-sal, retirando da saúde e da educação recursos da ordem de R$ 1,3 trilhão, quando na verdade ela alertava que aquilo que dá safra única precisa ser muito bem investido; seria um novo Collor, uma figura incompatível com o histórico de vida de Marina; é sustentada por banqueiros, quando sabemos que seu rendimento vem de palestras; acabaria com o Bolsa Família, coisa que nunca disse, tendo apoiado a iniciativa desde o início; e, pior, vai dar independência ao Banco Central (BC), entregando-o à sanha dos banqueiros, gerando miséria para os brasileiros.

Na verdade, a independência do BC, se existisse, teria evitado que Dilma praticasse uma política de queda de juros na marra, para depois ter que voltar atrás. Sua independência garante a estabilidade da moeda, o que livra o trabalhador do pior dos impostos, a inflação, mantendo seu poder aquisitivo e comida na mesa de sua família. Quem já se encarregou de esvaziar o prato do trabalhador foi a própria Dilma face aos expressivos aumentos do valor da cesta básica entre 2011 e 2014. É hora de dar um basta à mentira e à incompetência. Bom ter sempre em mente que a alternância dos partidos no Poder é o pulmão da democracia. E a nossa está precisando de ar puro. E como!

Cienījamie
SALDAS DZĪVES
Krustceles

HISTÓRIA

O PESADELO REPUBLICANO
Jornal do Brasil – 13 Setembro 1990

"É preciso acabar de vez com essa ideia maluca de que ditadura resolve alguma coisa". Foram estas as palavras dirigidas por Gorbatchev aos participantes do último (1990) Congresso do Partido Comunista da União Soviética. Poupou os congressistas do complemento "do proletariado", mas ninguém ficou em dúvida. Mitos sustentados há muitas décadas estavam e estão ruindo por terra num ritmo alucinante.

A atitude boquiaberta diante de tais episódios é compreensível, mas imobilizante. As lições que encerram são muito mais amplas do que parecem à primeira vista. A maior delas é que minorias supostamente bem informadas, falando em nome do povo, podem tomar decisões profundamente equivocadas. A propalada propriedade social dos meios de produção acabou concentrando todos os poderes nas mãos de uma burocracia improdutiva e castradora da iniciativa individual. Ao substituir os instrumentos clássicos da concorrência e do controle popular pluripartidário pelos desígnios de um pequeno grupo de iluminados, a União Soviética entrou num beco sem saída. Os pobres resultados a que chegou, após setenta anos de Revolução, falam por si mesmos.

Quando o Estado de Exceção se sobrepõe ao de Direito

Mas nem só os russos cometem equívocos por atacado. Nossa experiência republicana não fica nada a dever a esse respeito. Ela interrompeu um processo já avançado de aperfeiçoamento institucional e de consolidação de práticas democráticas e responsáveis de governo. A versão que hoje corre solta sobre o passado histórico brasileiro só tem espaço para os nossos, desde sempre, vícios cartoriais. Seu maior óbice é nos impedir de ver nossa experiência monárquica sem preconceitos. Em especial, a qualidade da herança institucional portuguesa manifesta em nossa Carta Imperial. Ter sido ou não outorgada não é o cerne da questão. O que importa saber a respeito de qualquer texto constitucional é se ele dispõe de mecanismos eficazes de cobrança de responsabilidade e de punição dos desmandos das classes dirigentes. É isto que se depara o faz-de-conta da coisa séria, pouco importando suas origens burguesas, operárias, aristocráticas ou camponesas.

Nossa Carta Imperial não tinha esta lacuna fatal. Havia nela, entre outras salvaguardas, um dispositivo que permitia ao imperador, ouvido o Conselho de Estado, dissolver a Câmara dos Deputados com convocação imediata de eleições gerais. Não era apenas um mecanismo explícito de administração de crises sem rupturas institucionais. Induzia também à alternância dos partidos no Poder em razão da própria mecânica de formação do novo gabinete. Aos homens públicos, cobrava, portanto, responsabilidade. Podiam ser apeados do Poder e ter de enfrentar – como frequentemente enfrentavam – as urnas a qualquer momento. O Poder Executivo, na pessoa do Presidente do Conselho de Ministros, era assim exercido habituado a prestar contas de seus atos. De um lado, ao Congresso; de outro, ao imperador. Havia ainda a tradição, hoje comum nas grandes democracias, de as pastas militares serem normalmente ocupadas por civis. O controle efetivo sobre as Forças Armadas era exercido por uma comissão parlamentar permanente com poder de decisão sobre os orçamentos militares. Coroava tudo isso ampla liberdade de imprensa, pensamento e expressão, que perdurou ininterruptamente por mais de meio século. Sintomaticamente, a República nunca levou nada disso muito a sério. Nem em suas constituições e muito menos na prática. Parlamentarismo e voto distrital foram luxos monárquicos, mas não republicanos.

Por que, então, a República, perguntaria o leitor? São muitas as causas normalmente arroladas para explicar o seu surgimento. A insatisfação dos fazendeiros com a libertação dos escravos; "a crise" dinástica; o fato de ser o Brasil a única monarquia num continente republicano; a questão religiosa; o federalismo; a questão militar etc. Todas essas "causas" não resistem a uma argumentação mais sólida, que incorpore uma visão de longo prazo.

A insatisfação dos fazendeiros ilustra um caso histórico interessante de percepção equivocada do que seja a defesa dos interesses da classe dirigente. A última Fala do Trono de D. Pedro II tocava, por exemplo, na necessidade da reforma agrária, posição essa que provavelmente teria deixado a Coroa mais vulnerável ainda às iras decorrentes da libertação dos escravos. Mas a escravidão no Brasil já era, em função das leis abolicionistas, um problema residual. Apenas um quinto da população de origem africana (outras pesquisas mencionam 10% e até menos) ainda era escrava em 1888. Apoiar a República não restituiu a esses senhores os escravos perdidos e nem os abalou economicamente tanto quanto se pensa. Nos anos que se seguiram à abolição, as exportações de café continuaram crescendo normalmente, deixando claro que o impacto da libertação dos escravos remanescentes foi mais psicológico do que real.

Em compensação, o preço pago pela classe dirigente foi extremamente elevado. De um lado, ao barrar reformas substantivas, preferiu ficar, em médio e longo prazos, com uma grande fatia de um pequeno bolo, ao invés de ter uma fatia menor de um bolo muito maior resultante dessas reformas, inclusive a agrária. Em português claro, foi uma opção por ficar menos rica em termos absolutos. De outro, aceitou conviver com a tutela militar, a caudilhagem. O Estado de Direito foi substituído pelo Estado de Exceção, ou seja, pelo arbítrio. Passa, desse modo, a conviver com o instrumento de sua própria desmoralização enquanto classe dirigente e com todas as suas sequelas: autoritarismo, perseguições políticas, novos levantes militares etc.

A propalada crise dinástica é discutível, pois o Brasil teria uma imperatriz e não um imperador francês. Era ela a herdeira do trono, ciente do fato e, para assumi-lo, vinha sendo paulatinamente preparada por D. Pedro II. Ter uma mulher como monarca, favorável que era ao voto feminino, em muito poderia ter ajudado a fazer avançar os direitos da mulher e as práticas democráticas em nosso País.

Ser praticamente a única monarquia nas três Américas não constituía nenhuma aberração. Não há porque um País se envergonhar de suas raízes, sobretudo quando essa forma de governo dispunha de amplo apoio popular, magnificado na época pela recente assinatura da Lei Áurea pela princesa Isabel. Essa brasileira que, depois de ter perdido o trono, deu provas de seu envolvimento pessoal com a libertação dos escravos, ao continuar a contribuir financeiramente para a causa em outros países. Uma boa medida da "popularidade" do Partido Republicano, depois de quase 20 anos de sua fundação em 1870, era o número de seus representantes na Câmara dos Deputados no final do Império: dois. Éramos uma exceção sim, mas no sentido dado pelo presidente da

Venezuela quando soube do golpe militar republicano em 1889: "Acabou-se a única república de fato que existia na América Latina".

A questão religiosa pode ter enfraquecido em certa medida o apoio do clero à Coroa, mas nada que fosse tão grave. A separação entre o Estado e a Igreja, assim como a adoção do federalismo, poderia ter ocorrido perfeitamente sob o regime monárquico. A Suécia, por exemplo, mantém, até hoje, a instituição do padroado sem que o trono tivesse vindo abaixo ou o País se tornado descompassado com o mundo moderno. Até pelo contrário.

Sem dúvida, o fator determinante foi a questão militar. A profundidade e rapidez da influência do positivismo pôs em marcha o processo de derrocada das instituições. Em boa medida, refletiu o alto grau de liberdade de imprensa, expressão e pensamento que o Brasil havia atingido no final do século XIX. O Governo Imperial não se deu conta da gravidade do perigo, até porque, depois de mais de meio século de integral liberdade de pensamento e expressão, estava habituado a conviver com opiniões divergentes. A ameaça autoritária, embutida em todo o processo de eclosão da república, não foi detectada a tempo e devidamente neutralizada. Afinal, a doutrina positivista proclamava que, assim como não existia liberdade em física e química, não deveria existir em política. Nesta área, propunha implantar uma ditadura científica. A do proletariado só chegaria mais tarde, mas não menos pródiga em equívocos fatais.

Estranho é que tudo isso tenha acontecido sem que houvesse uma situação de rebelião social, com o povo profundamente insatisfeito com práticas de governo que fossem corruptas e irresponsáveis. Ou pedindo nas ruas a queda da monarquia. Muito pelo contrário. Além do mais, o gabinete Ouro Preto estava em vias de implementar as reformas realmente necessárias. O estopim da quartelada resultou, além da atuação da minoria positivista, da insatisfação do estamento militar com as pretensas injustiças e "afrontas" cometidas contra as Forças Armadas. As iniciativas tomadas no sentido de resguardar o primado do Poder Civil foram vistas como intenção de humilhar os militares. Mesmo que um ou outro militar se achasse ofendido, mas, não obstante, tivesse se mantido fiel ao espírito de disciplina, seria a instituição militar que sempre sairia engrandecida de tais episódios. Até hoje, infelizmente, parece haver uma certa dificuldade de se perceber que a sujeição ao Poder Civil é a única maneira de se formar militares à altura de seu próprio patrono, que nunca compactuou com a caudilhagem, e dignos do respeito do povo brasileiro.

O plebiscito de 7 de setembro de 1993 abre uma oportunidade histórica ao povo brasileiro de se posicionar face à tutela militar, ao golpismo e às práticas autoritárias e irresponsáveis de governo. Dados os precedentes, não há nada de ridículo ou vergonhoso numa opção a favor de um regime monárquico--constitucional. Ridícula é uma forma de governo como a nossa, pretensamente denominada *res publica*, que revelou uma incapacidade secular de defender o interesse público. Aliás, não há prova mais eloquente disto do que ostentarmos, após 100 anos de "República", talvez a pior distribuição de renda do mundo. Vergonhoso é viver sob um regime que nasceu sem respaldo popular e que sobreviveu submetido à permanente tutela militar.

O QUE EU NÃO APRENDI COM MARX
Jornal do Brasil -18 Dezembro 2006

Numa solenidade no Palácio de Cristal, em Petrópolis, a que estavam presentes o prefeito, empresários e cidadãos petropolitanos, eu tive a oportunidade de me dirigir ao público e aproveitei para dizer-lhes o seguinte: "O que eu não aprendi" – repeti: não aprendi com Marx – "foi que a colaboração inteligente entre classes sociais rende dividendos muito mais polpudos do que a luta de classes". E que Petrópolis estava dando ali um belo exemplo da união de todos em benefício de todos.

O risco de inventar novos mundos com pés de barro que a História põe abaixo

Ainda bem mais jovem, eu tive a oportunidade de ler, página por página, a obra magna de Marx, *O Capital*, num curso dado na Universidade de Brasília, em 1973, pelo Prof. Lauro Campos. Tive o cuidado de, mais recentemente, ler *O marxismo de Marx*, de Raymond Aron, que, já em final de vida, recebeu homenagens da juventude francesa, reconhecendo-lhe os méritos de intelectual comprometido com a verdade e com o rigor científico em suas magistrais análises.

Raymond Aron admirava o pensamento criativo de Marx e por isso o estudou durante 35 anos, em especial pelos estragos que causou ao levantar as massas na direção errada. Mas nem por isso deixou de concluir de modo duro e objetivo: "Creio não haver doutrina tão grande no equívoco e tão equivocada na grandeza". O maior deles foi o de que a nacionalização dos meios de produção, ou a expropriação dos bens das classes ditas superiores, iria criar o paraíso na terra para os trabalhadores.

O presidente socialista francês François Mitterrand logo descobriu que a vida real não é bem assim. Ele surpreendeu-se ao verificar que as empresas francesas por ele nacionalizadas estavam todas no prejuízo em apenas dois anos de seu governo. Reprivatizou-as novamente, afirmando que a última coisa que queria na vida era passar à História da França como um mau presidente. Afinal, empresas que não dão lucro não investem. Portanto, não geram renda (melhores salários) e emprego, fazendo um trabalho diabólico contra os interesses dos próprios trabalhadores.

Petrópolis é uma cidade que vem abocanhando prêmios nacionais e estaduais em matéria de gestão pública eficiente, a saber: responsabilidade fiscal, empreendedorismo, governo eletrônico (para nos livrar, cada vez mais, da burocracia) e selo de ouro do turismo, entre outros. E que tem, nessa mesma linha, construído uma ponte de diálogo com os empresários no sentido de incentivar investimentos geradores de renda e emprego, que beneficiam a toda a população do município. Em suma, uma inteligente articulação catalisadora de esforços comuns de diversas entidades locais, tanto patronais quando de trabalhadores, e de outros setores sociais representativos dos interesses maiores da comunidade petropolitana. Claro que nem tudo é perfeito, mas essa capacidade de sentar e conversar civilizadamente leva a uma solução inteligente dos conflitos, sempre presentes ao longo da caminhada da humanidade, mas sem ter que recorrer à lei do tacape, tão primitiva quanto ineficiente.

No fundo, estamos diante de um processo de criação de uma poderosa cultura empreendedora. Gente que está arregaçando as mangas e construindo seu próprio futuro ao invés de perder tempo num desgastante processo de luta de classes fratricida, que não leva a nada. É sempre bom lembrar que o comunismo não foi destruído jogando-se uma bomba atômica capitalista em Moscou. O sistema simplesmente implodiu, o que revela um grau de fragilidade interna monumental.

É bom viver numa cidade que está sabendo achar seu caminho. Na mesma linha de um País como o Chile, onde se pratica um socialismo de governo inteligente, competitivo e socialmente responsável.

DESINFORMAÇÃO INACEITÁVEL
Diário de Petrópolis - 9 Fevereiro 2013
Tribuna de Petrópolis – 10 Fevereiro 2013

Em artigo publicado no Estadão, em 20/01/2013, intitulado *Mais ação, menos discurso, parlamentares*, Gaudêncio Torquato, após caracterizar corretamente a subserviência do legislativo brasileiro ao Poder Executivo, perde o eixo ao ironizar o parlamentarismo brasileiro do século XIX. Ao se referir à criação do Conselho de Ministros, sob o manto do Poder Moderador em 1847, ele cita o chiste da época: "na Inglaterra, a rainha reina, mas não governa; no Brasil, o rei reina, governa e rói – reina sobre o Estado, ri do Parlamento e rói o povo". Por mais engraçadinho que seja o dito, ele tem uma carga monumental de desinformação inaceitável num articulista do calibre do Sr. Torquato.

O dito engraçadinho, mas ordinário, que os fatos desmentem

Vamos aos fatos. É amplamente reconhecida a desmemória nacional. O historiador José Murilo de Carvalho comentava a esse respeito, há alguns anos, que muito aluno de mestrado em História pensava que o Brasil havia começado em 1930, com a revolução e a figura do ditador Getúlio Vargas. Algo muito parecido com o ano de 2003, que para o pouco lido Sr. Lula seria o marco inicial da Nação Brasileira sob sua messiânica batuta, fazendo de conta ignorar a pauta escrita por FHC, que ele, no início, espertamente, não perdia de vista.

Meu caso pessoal confirma essa história de desinformação até o início da década de 1980, quando, de férias, levei para ler a *História de Dom Pedro II*, em três volumes, de Heitor Lyra. Aos 40 anos me dei conta do conto da carochinha que me haviam ensinado nos bancos escolares sobre a História pátria. Foi aí que passei a me interessar e estudar a fundo nossa História do século XIX, onde se pode encontrar, ainda hoje, elementos para decifrar a esfinge político--institucional brasileira, que nossa republiquinha nunca levou a bom termo.

Construir instituições é tarefa hercúlea que poucos países conseguiram. A primeira coisa que é preciso ter em mente é que houve, ao longo de século XIX, um processo em andamento na direção correta realizado por estadistas que conheciam nossas especificidades e o caminho das pedras.

O primeiro fato é o famoso *sorites* (encadeamento lógico de vários argumentos) de Joaquim Nabuco, em que se baseia Torquato, para respaldar o parlamentarismo capenga do segundo reinado. O Poder Moderador, ou seja, o imperador, podia chamar quem quisesse para organizar ministérios, comandar eleições, ganhá-las e formar a maioria. Seria este o triste regime representativo de nosso País. Argutamente, José Murilo de Carvalho contra-argumenta, reformulando o *sorites* de Nabuco assim: "*O Poder Moderador, como é do seu dever, chama para organizar o Ministério o chefe da maioria; o chefe faz as eleições porque tem de fazê-las; a eleição reproduz a maioria anterior. Eis aí o sistema representativo de nosso País!*" E arremata sabiamente: "Isto seria a perpetuação de um [mesmo] grupo, ou partido, no Poder, entremeada de revoltas e golpes de Estado. Era esse, aliás, o panorama comum da América Latina, tão temido e tão desprezado pelos políticos imperiais". Foi justamente essa intervenção do Poder Moderador, ao chamar ora um, ora outro partido para formar governo, que permitiu, durante meio século, a alternância de partidos no Poder (cerca de metade do tempo para cada um), requisito fundamental para consolidar práticas realmente democráticas de governo.

O segundo fato diz respeito aos partidos políticos do Império, o conservador e o liberal. A melhor resposta sobre se eles caminharam na direção desejada foi a pesquisa do Prof. William Summerhill. Ele faz uma pergunta muito objetiva, válida ainda hoje: esses partidos tinham programas e votavam de acordo com eles? Ele fez um exaustivo estudo quantitativo sobre a última década do Império, mapeando os votos de cada uma dessas agremiações em relação às leis passadas na Câmara dos Deputados para verificar se havia coerência entre o voto dado e as propostas contidas nos programas de cada um deles. A resposta foi positiva para ambos os partidos, o que revela um processo de evolução partidária de qualidade admirável. Poucos, ou talvez nenhum, dos atuais partidos políticos passariam neste teste hoje!

O terceiro fato mistura duas coisas. A primeira é a obsessão de nossos parlamentares de então em controlar efetivamente o orçamento do Império, justamente o instrumento consolidado historicamente para limitar o poder dos reis, evitando guerras e gastanças desnecessárias. E a segunda, a cena recorrente de Pedro II se retirando das reuniões ministeriais após receber o Primeiro-Ministro e dizendo ao ministério sobre a questão em discussão: "A decisão agora é com os senhores". Como o gabinete provinha do Parlamento, como encaixar aqui a parte do chiste que afirma que o rei ri do Parlamento?

O terceiro fato bate de frente com a parte mais desinformada que diz que o rei (imperador, no nosso caso) rói o povo. A dotação da Casa Imperial, ao longo do quase meio século de duração do Segundo Reinado, caiu de 3,5% (outros autores falam em 5%) para 0,5% (meio por cento)! Pedro II ainda usava parte significativa desses recursos para fornecer bolsas de estudo, dando preferência aos cursos de engenharia para suprir as necessidades do País desses profissionais face aos advogados. Onde cabe a história de que o rei rói o povo?

O quarto fato se refere à modernidade de Pedro II, que se evidencia na atenção dada à consolidação, por quase meio século, de nossas instituições, a saber: liberdade de imprensa, de expressão, de pensamento e de iniciativa individual; defesa intransigente do interesse público; atenção à qualidade da educação; alternância dos partidos no poder; primado do Poder Civil, com civis ocupando rotineiramente as pastas militares; controle externo do judiciário; estabilidade da moeda; cobrança de responsabilidade às classes dirigentes, gerando dessa forma um clima de respeitabilidade interna e externa do Estado imperial brasileiro. A república, 120 anos depois de imposta, ainda seria reprovada em vários destes requisitos indispensáveis à construção de uma grande Nação. E, por isso mesmo, ficamos a meio caminho.

Pena que um intelectual de peso como o Sr. Torquato tenha passado por cima destes fatos. Ainda que republicano nesta república sem *res publica*, ele tem a obrigação moral de não subverter ou ignorar fatos como esses.

O PASSADO É IMPREVISÍVEL
Diário de Petrópolis– 27 Abril 2013
Tribuna de Petrópolis – 28 Abril 2013
Boletim do Instituto Imperial – 3 Junho 2013

Devo o título, caro leitor, à verve de Millôr Fernandes, sempre pronto a nos surpreender. Embora associemos o imprevisível ao futuro, o passado por vezes nos prega algumas peças. A exumação dos remanescentes mortais de Dom Pedro I e suas mulheres, Dona Leopoldina e Dona Amélia, se enquadra na categoria do passado que nos deixa fora do prumo convencional. Muitos foram os achados dignos de nota nos exames a que foram submetidos os nossos imperador e imperatrizes pela historiadora e arqueóloga Valdirene do Carmo Ambiel e sua equipe multidisciplinar. Na minha avaliação, o mais importante foi aquele que joga por terra a versão do pontapé dado em Dona Leopoldina por Dom Pedro I seguido de empurrão escada abaixo que teria lhe quebrado uma das pernas. O seu último aborto seguido de sua morte só se deu mais de uma semana depois da partida de seu marido para a guerra no sul do País e seu esqueleto não revelava nenhum sinal de fratura nas pernas.

A importância da pesquisa histórica como fonte de narrativas alternativas para superar equívocos do passado

Confesso, entretanto, que o episódio me fez pensar num outro tipo de exumação a ser feita em busca daquilo que nós, brasileiros, enterramos no fundo do quintal de nossa História. Eu me refiro ao nosso arcabouço político-institucional, vigente ao longo do século XIX, ao qual nunca faltou alma e instrumentos para lidar com as crises do País. Bem diferente do atual em que FHC teve que admitir que, a despeito dos avanços, lhe falta a referida alma. Este artigo é uma busca dessa alma perdida que nos faz tanta falta.

Moldar instituições capazes de funcionar a contento não é tarefa fácil. A prova cabal é que países bem resolvidos em termos político-institucionais são exceções no mundo. Na verdade, é tão difícil que muitos países se contentam em copiá-las de outros, que teriam sido bem-sucedidos na empreitada. O trágico é que esse processo de transplante institucional costuma ter um alto grau de rejeição. E a química disponível para superar a rejeição está longe de ser bem-sucedida, mesmo em nossos dias.

O caso brasileiro é emblemático. Ignoramos o alerta de Cícero, o grande orador romano, que nos falava sobre "as lições do tempo e da experiência". O desenvolvimento bem-sucedido da república nos EUA induziu Rui Barbosa, amargamente arrependido depois, a copiar mal as linhas mestras da constituição americana, apostando no seu sucesso em terras tropicais, coisa que jamais ocorreu. Ao acusar o congresso da república, em 1915(!), de ter se tornado um balcão de negócios (atualíssimo, não é mesmo, caro leitor) e reconhecer que o Parlamento do Império era uma escola de estadistas, Rui dava a mão à palmatória em relação ao equívoco fatal que cometera. Chegou mesmo a se desculpar com Dom Pedro II, em Paris, em 1891: "Majestade, me perdoe, eu não sabia que a república era isso".

Abandonamos uma tradição de cunho parlamentarista para adotar um regime presidencialista estranho à nossa cultura e tradição. A confiança, como base do edifício institucional, deixou de ser a pedra angular. Ao longo do Segundo Reinado, a mais leve nódoa na reputação de um político fechava-lhe as portas da vida pública para sempre, como o próprio Rui reconheceu depois. Ele constatou, como testemunha ocular de duas épocas, a queda brutal da qualidade do homem público brasileiro na passagem da monarquia para a república. Pergunta: como nasceu o nosso Frankenstein institucional?

O leitor há de convir que termos feito seis constituições após a de 1891 não é um histórico de coisa que deu certo. Como já sabemos, nosso presidencialismo tem características de cópia malfeita naquilo em que deveria ter respeitado o figurino original. Não soube nem mesmo preservar as boas práticas de nossa tradição parlamentarista. Quatro pontos resumem essa ópera bufa. O primeiro diz respeito à perda, no dia a dia, dos instrumentos de controle e prestação de contas dos atos de governo ao reunir na mesma pessoa as chefias de governo e de Estado. O presidente passou a ser, na nossa prática republicana canhestra, o fiscal dele mesmo. O segundo foi a tendência a rupturas institucionais, e efetiva eclosão, por inexistência de instrumentos ágeis de gerenciamento de crises com o fim do Poder Moderador. O terceiro, vale repetir e enfatizar, é que a confiança deixa de ser a pedra de sustentação dos governos e dos políticos. Caímos na esparrela, muito utilizada pelos políticos, de ter que comprovar na justiça acusações contra quem já perdeu fé pública. (Casos de Renan Calheiros na presidência do senado; e dos deputados condenados no mensalão José Genoíno e João Paulo Cunha e Maluf como membros da Comissão de Constituição e Justiça do Congresso Nacional). Jogamos na lata do lixo o princípio de que a mulher de César tem que ser e parecer honesta. O quarto é a mistura espúria das funções legislativa e executiva na pessoa do presidente da república, que a tradição presidencialista americana soube, corretamente, manter separadas. Criamos o que poderíamos rotular de legislativo presidencialista, denominação talvez mais apropriada a quem se ajoelha diante do executivo do que a de presidencialismo de coalizão do cientista político Sérgio Abranches.

A essa altura, ficou muito clara a necessidade imperiosa de exumar as boas práticas de governo que a Constituição Imperial de 1824 soube moldar tão bem para preservar o respeito à *res publica*, ou seja, ao interesse público. A moldura político-institucional brasileira resultou nessa coisa estranha que é o profundo divórcio entre representantes e representados. Nossos políticos, com as raras e honrosas exceções de praxe, se curvam apenas para contemplar o próprio umbigo, mas não diante do interesse público. Até quando essa república sem *res publica*, como diria Cícero, vai abusar de nossa paciência?

IUGOSLÁVIA, PT E BRASIL
O Globo – 12 Fevereiro 2014

A Iugoslávia ficará para a História como uma experiência a ser evitada. Existiu como País por cerca de um século e depois se desagregou em meia dúzia de nações. O que teria acontecido? Como o PT entra no *script*? E qual seria a lição para o Brasil? É o que veremos a seguir.

O que, afinal, deu errado com a Iugoslávia, País onde os operários eram donos das fábricas, um tipo de socialismo diferente do capitalismo de Estado imposto por Stalin a seus países satélites? Em linhas gerais, tem a ver com o sistema de incentivos estabelecido pelas novas regras. Sistematicamente, os trabalhadores, agora donos, passaram a se dar generosos aumentos, esquecendo a imperiosa necessidade de investir nas empresas para obter ganhos de produtividade e de competitividade. Resultado: o País virou o maior exportador líquido de mão-de-obra para o resto da Europa e o salário real dos operários ficou estagnado, a despeito dos aumentos nominais. O paradoxo é que os novos donos das fábricas passaram a agir contra seus próprios interesses de longo prazo. Quem estava certo era o "amaldiçoado" empresário capitalista cujos lucros eram reinvestidos, gerando empregos e ganhos reais de salários, como aconteceu nas economias capitalistas clássicas.

Uma lição para não ser esquecida, em especial pela esquerda

Na verdade, a Iugoslávia caiu no que poderíamos chamar de armadilha consumista, coisa que lembra bastante bem a política econômica do PT dos últimos anos. Durante uma década, a Receita Federal bateu recordes de arrecadação de 10% ao ano, em termos reais, enquanto o PIB saía pela porta dos fundos com crescimento pífio a ponto de hoje estar reduzido a um reles *pibinho*. A carga tributária, de quase 40% do PIB, diminuiu brutalmente a capacidade de investir do setor privado sem que o governo contrabalançasse a insanidade aumentando sua taxa de investimento, hoje inferior a 2% do PIB.

Esgotadas a herança bendita de FHC e as condições excepcionalmente favoráveis do mercado internacional, começou a faltar pinga para a festa continuar a pleno vapor. A conta, sentida na pele pela população, foi bater no supermercado com aumentos expressivos nos preços dos gêneros alimentícios e também nos serviços, nos combustíveis e na energia elétrica.

As medidas pontuais adotadas para reativar a economia estão fazendo água, pois faltam investimentos de caráter estratégico que deveriam ter sido feitos ao longo dos anos em infraestrutura e em outros setores críticos. O corte de gastos para tornar o Estado mais eficiente e a ampliação das privatizações foram retardados durante anos por puro preconceito ideológico. Pouco ou nada ensinou ao PT o tempo perdido pela ex-URSS e pela China em seguir, por tanto tempo, a cartilha da estatização e da ingerência do Estado no cerceamento das liberdades individuais, que são fontes de criatividade e geração de inovações e conhecimentos capazes de melhorar a vida de todos.

O Brasil certamente não é a Iugoslávia, mas, dados os precedentes históricos, nossa marcha da insensatez tem semelhanças e já foi longe demais. E com pleno conhecimento de causa perdida. Até quando?

TEMPO DE MUDANÇA
Diário de Petrópolis – 8 Março 2014
Tribuna de Petrópolis – 9 Março 2014

Confesso meu entusiasmo pela obra da historiadora americana Barbara W. Tuchman. Ela é um dos expoentes da chamada história alternativa, abordagem que os historiadores tradicionais não veem com bons olhos, mas que, felizmente, acabou se impondo pela rebeldia dos fatos. O conceito envolvido é simples. Ao se analisar um episódio histórico, e suas possíveis alternativas, há que se ter o cuidado de verificar se, na época, elas eram do conhecimento dos atores envolvidos com poder de decisão. Se, simplesmente, fossem desconhecidas, não faz sentido averiguar

As peças que a História prega em quem supõe entender suas pretensas leis

o que poderia ter acontecido. Caso contrário, faz. Em seu livro, *A Marcha da Insensatez*, ela investiga dois casos clássicos: as guerras de Tróia e do Vietnã por atenderem ao requisito de existirem cursos alternativos, que eram do pleno conhecimento dos tomadores de decisão daquele período. E, não obstante, a pior opção foi a que comandou a tragédia. Aqui cabe a provocação de Millôr Fernandes, que bate de frente com a sabedoria convencional: "O passado é imprevisível". Ele nos alerta para o fato de que novas pesquisas históricas podem mudar completamente nossa visão sobre fatos e pessoas. Dom João VI, por exemplo, virou esperto e sagaz após a publicação do livro *1808*, de Laurentino Gomes, aqui e em Portugal.

Certamente, o maior argumento a favor da história alternativa foi o que aconteceu na URSS e na própria China com a derrocada do comunismo. As revoluções lá ocorridas eram fatos históricos que todos julgavam definitivos, da pessoa comum aos entendidos como Henry Kissinger, Secretário de Estado americano durante a Guerra do Vietnã. Jamais lhe passou pela cabeça que tamanha reviravolta na Rússia comunista fosse possível. Merecem registro pesquisas históricas sobre o desenvolvimento industrial do País, que já havia avançado muito antes de 1917, ano da Revolução Russa. Lênin, mais perdido que cachorro em mudança, deu a mão à palmatória ao afirmar: "É muito mais fácil tomar o Poder numa época revolucionária do que saber como usar esse poder de maneira apropriada". E partiu para a NEP, a nova política econômica, que era, em boa medida, uma volta aos mecanismos de mercado.

Nem Lênin, nem Mao, entretanto, viveram o suficiente para constatar o tamanho do equívoco em que meteram seus países na doce ilusão de que os ventos da História sopravam a seu favor. Mas, quando estamos no tempo presente, o conceito de história alternativa é fácil de ser entendido e aplicado. Basta seguir a alternativa que funciona. Dilma e sua equipe já se deram conta dos erros crassos cometidos na condução da política econômica. O problemão é admitir isso publicamente. A elevação seguida da taxa de juros e as juras de aumento do superávit primário dão indicações da mudança de rumo.

O que é lícito questionar é a competência do governo Dilma de pôr a casa em ordem. Ela jogou fora três anos de seu mandato até perceber que estava enveredando por uma política econômica falida. Levada ao extremo, essa política, velha de guerras perdidas, nos faria voltar àquele tétrico período que nos roubou quase três décadas de crescimento. O quadro era bem parecido com o da Venezuela de hoje: inflação, desemprego, escassez de produtos nos supermercados, descontrole monetário etc. Na área do gasto público, os agentes 007 da moeda fácil tinham licença para gastar a rodo via conta movimento no Banco do Brasil. Uma terrível licença, isso sim, para matar o País.

O futuro é uma porta aberta para a construção de uma história alternativa. Ela começou com FHC, foi seguida por Lula em termos e crescentemente posta de lado por Dilma, uma gestora incapaz de pôr em prática os PACs (Programas de Aceleração do Crescimento) 1 e 2 desde os tempos em que era Ministra-Chefe da Casa Civil. É com esse histórico de incompetência que lança agora o PAC 3. Entre mudar a política, o ministro ou a presidente, melhor seguir a última alternativa. É tempo de mudança para valer.

QUE TAL RETORNAR AO FUTURO?
Diário de Petrópolis – 28 Junho 2014
Tribuna de Petrópolis – 29 Junho 2014

Entre historiadores, existe uma velha querela entre os que descartam completamente a chamada história alternativa (outra sequência de eventos que poderia ter ocorrido) e aqueles que a defendem, como é o meu caso. Pretendo abordar um episódio de nossa História recente que até os que discordam de exercícios de cursos alternativos terão que concordar, ainda que a contragosto.

Eu me refiro à exata sequência das vitórias de FHC e Lula na disputa pela presidência da república. Imagine, caro leitor, que Lula tivesse conseguido chegar ao Poder antes de FHC. Ou seja, antes de herdar um País reordenado pelo sucesso do Plano Real, pelas privatizações e pela Lei de Responsabilidade Fiscal, o tripé que recolocou o País nos eixos. A herança bendita, negada cinicamente por Lula, que tanto o beneficiou. É fato público e notório a posição contrária do PT a esse tripé de sustentação que mudou a cara de nossa História a partir de 1994. Podemos então compor, legitimamente, um cenário pé-no-chão de imaginar um Brasil em que este tripé não tivesse vindo à luz do dia. Afinal, o programa de governo do PT não encarava como relevantes essas medidas saneadoras. Poupo o leitor das bobagens ditas por Lula (as lulices) a respeito delas. O resultado não seria muito diferente do que é a Venezuela hoje, onde falta tudo, de papel higiênico a caixões. E, do jeito que vai, poderá faltar até gasolina... Um crítico arguto poderia argumentar que o reinado do PT não teria durado doze, mas apenas quatro anos.

Correndo atrás do futuro tardio

O que constatamos hoje é que o PT foi se distanciando aos poucos das boas práticas da política econômica. A crise de 2008 deu sinal verde para o PT fazer o que sempre desejou: colocar o governo como principal ator do processo de gestão da economia. Num primeiro momento, para contrabalançar os piores efeitos da crise, teve seus méritos, mas a continuação das intervenções do governo Dilma foi fatal: crescimento medíocre, inflação elevada, privatizações a passo de cágado, numa espécie de complô para pôr por água abaixo as conquistas obtidas nos últimos anos. O desvario ainda foi reforçado por Lula, em entrevista recente, por suas propostas de expandir o crédito numa hora em que as famílias já estão super-endividadas, e de mais gastos públicos num momento em que a carga tributária já foi muito além do razoável. Nada poderia ser mais explosivo para liquidar de vez com Dilma. Quem tem amigos (tresloucados) desse tipo não precisa de inimigos...

Não obstante, na convenção do PT, de 22.06.2014, que confirmou sua candidatura à presidência, Dilma conseguiu produzir a seguinte pérola em seu discurso de agradecimento: "Se lá atrás, em 2002, a esperança venceu o medo, nesta eleição a verdade deve vencer a mentira e a desinformação. Nosso projeto de futuro e nossa realidade devem vencer aqueles cuja proposta é retornar ao passado". No entanto, foi ela mesma quem já nos conduziu ao triste passado da inflação elevada, governo desinformado (e incompetente) e sem compromisso com a verdade. O único modo de entender o que ela disse acima é que se tornou uma aluna aplicada do mestre Lula, sempre capaz de virar os fatos pelo avesso. Para o ministro Gilberto Carvalho, corrupção, aparelhamento do Estado e o oportunismo aventureiro dos companheiros são simples intrigas da oposição e da mídia difamatória, e de pensamento único, como já disse Lula, em momento de escassa percepção dos fatos.

Mas, como diria Lincoln, ninguém consegue enganar a todos o tempo todo. Certamente não é um bom momento para o PT, que incorporou vícios que tanto denunciava nos outros partidos. Pior: os que ganham entre um e dois salários mínimos se deram conta de que encher o carrinho de supermercado de compras está cada vez mais difícil. E bem mais caro. Precisamos, com urgência, retornar ao futuro promissor do qual o PT nos distanciou.

ESCRAVIDÃO E RACISMO LÁ E CÁ
Tribuna de Petrópolis – 12 Agosto 2014

Somos sempre muito duros na exposição de nossas mazelas a ponto de esquecer o que houve de positivo em nossa História. Pior: a tendência a copiar mal nos levou a criar problemas onde eles não existiam antes. Por exemplo: dificilmente alguém discordaria de que pôr fim a maus governos, mesmo antes do fim do mandato, seria uma providência salutar para evitar a continuação de desmandos. (O atual desgoverno Dilma é um caso mais que ilustrativo.) Pois bem, esse dispositivo constitucional foi parte de nossas instituições até 15 de novembro de 1889. Daí em diante, caímos na esparrela latino-americana dos golpes de Estado para resolver impasses político-institucionais pouco, ou nada, sintonizados com o bem comum. Se golpes militares, ou civis, resolvessem alguma coisa, até mesmo pela frequência com que ocorreram, a América Latina seria primeiro mundo desde o século XIX. Mas nosso foco hoje, nessa linha, é a visão que se tem, nos tempos atuais, dos efeitos da escravidão e do racismo nos EUA e no Brasil, dois contextos históricos muito diferentes que demandam soluções específicas e não uma simples cópia do que foi feito nos EUA.

O status legal do negro nos EUA, no século XIX, era abjeto, enquanto no Brasil houve casos de direitos surpreendentes

A diferença mais importante entre nós e os EUA é que lá o racismo era absoluto e aqui, relativo. A cor da pele, ou uma única gota de sangue africano, vedava as portas da sociedade branca americana ao negro. E ponto final. No Brasil, desde os tempos da colônia, houve negros e negras, poucos é verdade, com posição social de destaque. Henrique Dias, agraciado com título de nobreza pelo rei na guerra contra os holandeses, e Xica da Silva são dois exemplos. Outro é o Padre José Maurício, cuja obra musical encantou Neukomm e

Haydn. No Império, houve também barões negros como o de Jequitinhonha. Mais que isso: a miscigenação produziu o mulato, cuja importância na História do País é pública e notória. E não apenas ocupando posições subalternas. Negras e mulatas estavam sempre presentes no séquito da princesa Isabel. E também a presença de mulatos e negros em postos importantes na administração do Império, coisa que deixava espantados europeus e americanos que nos visitavam naquela época.

Analisemos agora o lado jurídico da questão aqui e lá. A historiadora brasileira Keila Grinberg, em sua excelente pesquisa, nos chama a atenção para o fato de que "quase metade (158 contra 165) do número de ações de liberdade que chegaram à Corte de Apelação do Rio de Janeiro levaram à libertação dos escravos". Trata-se de fato surpreendente para o século XIX, dada a vigência da escravidão, que escravos pudessem, mesmo via curador, processar seus senhores e ganharem a ação. Em princípio, e mesmo por lei, o escravo era considerado coisa, incapaz de gozar de direitos civis. Em primeira instância, a influência dos senhores junto aos juízes fazia com que levassem a melhor, mas que perdessem quase metade dos casos em última instância. A posição e as iniciativas de Pedro II a favor da libertação tiveram, indiretamente, seu peso nas sentenças favoráveis, e nada óbvias, proferidas pelos juízes.

Lá nos EUA, é emblemática a infame decisão Dred Scott. Este era o nome do negro que moveu um processo por sua liberdade. Depois de muitas idas e vindas em instâncias inferiores, a Suprema Corte americana, em 1857, liderada por Roger B. Taney, sentenciou que ele "não tinha direito algum que o homem branco fosse obrigado a respeitar". Pior ainda: a Corte deixou claríssimo que pessoas de ascendência africana, escravos ou libertos, *jamais* poderiam se tornar cidadãos americanos e portanto não poderiam impetrar ações numa corte federal. A mesma corte sustentou por séculos a prática legal dos "iguais mas separados" no relacionamento entre brancos e negros. No nosso caso, não temos essa triste tradição de estabelecer diplomas legais discriminatórios em relação aos negros. E muito menos de vedar-lhes a convivência social e familiar com os brancos. E isto é coisa de que podemos nos orgulhar. Ter que avançar bem mais não significa que estivéssemos na direção errada. Lá, nos EUA, sim!

OS MILITARES E A ESQUERDA
Diário de Petrópolis – 26 Dezembro 2015
Tribuna de Petrópolis – 27 Dezembro 2015

A presença de militares na esfera política é uma velha tradição latino-americana com efeitos danosos para suas economias. O Brasil do século XIX foi uma exceção. Os políticos do Império defendiam com unhas e dentes a primazia do Poder Civil. Tinham plena consciência dos estragos causados nos países de língua espanhola de seu tempo pela presença das Forças Armadas em setores que não lhes diziam respeito. Irmanavam-se a Thomas Jefferson que, em seu discurso de posse, em 1801, expressava uma questão de princípio cara aos americanos até hoje: a supremacia da autoridade civil sobre a militar. Ainda me lembro de um episódio da época em que estudava na Universidade da Pensilvânia, por volta de 1980. Um militar americano, que dava expediente na Casa Branca, fez uma declaração considerada de cunho político por seus superiores civis. No dia seguinte, promoveram uma festinha de despedida, designando-o para um posto no Alasca. Assim mesmo, curto e grosso.

Quando o autoritarismo e a ideologia estatizante comandam o triste espetáculo

Um exemplo emblemático dos malefícios da mentalidade militar na esfera econômica foi a carta de Juan Domingos Perón enviada a Carlos Ibáñez, então presidente do Chile. Acompanhe, caro leitor, a pérola: "Meu caro amigo: dê ao povo tudo que for possível. Quando lhe parecer que está dando muito, dê mais. Você verá os resultados. Todos irão lhe apavorar com o espectro de um colapso econômico. Mas tudo isso é uma mentira. Não há nada mais elástico do que a economia, que todos temem tanto porque ninguém a entende". Na verdade, quem entendia muito pouco de economia era o próprio Perón. Foi ele quem iniciou um processo de involução econômica que perseguiu a Argentina por meio século. Trata-se de um triste caso clássico, citado na literatura econômica mundial, dos efeitos do populismo para arrasar com a economia de um País que era considerado praticamente desenvolvido até a chegada dele ao Poder. Torço, mesmo, para que o recém-empossado presidente Mauricio Macri consiga colocar a casa em ordem. Interessa a todos: *ellos y nosotros*.

Vivemos um momento especialmente amargo para o povo brasileiro em que estamos sentindo na pele que a economia não é tão elástica assim, como supunha a vã "filosofia" peronista. E podemos completar: lulista e dilmista. Inflação fora de controle, desemprego rompante, salário real encolhendo, dívida pública na estratosfera, desmandos de toda ordem na política e na economia. Receita perfeita para a vaca se atolar mais ainda no brejo. Não satisfeitos com mais um ano perdido, colocam no lugar de Joaquim Levy o sr. Nelson Barbosa, ardoroso fã da nova matriz econômica, a receita, digamos, de cunho peronista, que nos levou para a situação lastimável em que nos encontramos. Seu passado o condena quando se trata de fazer o ajuste indispensável que Macri está tendo a coragem (e com sucesso até aqui) de pôr em andamento na Argentina.

Qual seria, então, a ligação dos militares com a esquerda em matéria de economia? Ambos têm um caso de amor com a economia de comando em contraposição à de mercado, que exige liberdade. Os primeiros por formação, a segunda por desconhecer o que funciona em economia. Os militares sempre se encantaram com o desejo de darem ordem unida na economia, coisa pela qual a esquerda tem um apreço todo especial. Não deixa de ser sintomática a semelhança entre Dilma e o general Ernesto Geisel quando se trata de meter o nariz do governo na economia com os resultados danosos de ontem e hoje.

Já deu para constatar que ambos pensam ser possível tratar a economia na base do chicote. Felizmente, a economia de mercado tem um (saudável) caso de amor com a liberdade de ação, que é a garantia das liberdades políticas tantas vezes desrespeitadas pelos militares e pela esquerda, em especial a comunista. A bem da verdade, cabe ressaltar o caso do Chile onde a esquerda não desmantelou a política econômica anterior ao chegar ao Poder. E não porque aprovasse o regime militar chileno, mas por se recusar a ser refém do populismo que tanto mal causou à Argentina e a nós nos últimos anos.

HERANÇAS AUTORITÁRIAS, NO PLURAL
Diário de Petrópolis e Tribuna de Petrópolis – 30 Julho 2016

Tornou-se lugar-comum atribuir à colonização portuguesa o legado autoritário que nos fustiga até hoje. A paternidade seria exclusivamente lusitana ou temos outros atores aos quais também cabem cotas de responsabilidade nesse processo? Teria sido essa herança tão negativa quanto se faz crer, pelo menos até 1889, ano até o qual a influência do colonizador foi mais acentuada em nossas instituições? Aparentemente, nossa situação atual relembra a piada que circulava em Moscou nos estertores da URSS: o comunismo é o caminho mais longo entre o capitalismo e o... capitalismo. Senão, vejamos.

Nossa herança autoritária não é somente a lusitana

Antes, um pouco de história de Portugal. Ajudará a ver sob outra luz nossas raízes. O surgimento de Portugal como Nação independente, com identidade e língua próprias, custou imensos sacrifícios. As três famosas batalhas de Atoleiros, Aljubarrota e Valverde, sob o comando de Dom Nuno Álvares Pereira, o Condestável, merecem nossa reflexão. Sempre numa desproporção de três a cinco espanhóis contra um português, os lusitanos venceram e consolidaram sua independência diante de Castela, que já havia absorvido outros sete reinos. Portanto, batalhas memoráveis de uma guerra defensiva. Em Atoleiros, a infantaria portuguesa conseguiu vencer a cavalaria pesada espanhola, caso talvez único no mundo. Na batalha de Valverde, quase tida como perdida, encontraram Dom Nuno ajoelhado, rezando. Ele sai dali, dizem, com o rosto iluminado, e, milagrosamente, conquista a vitória.

O contra-argumento poderia ser de que isso ocorreu antes mesmo da descoberta do Brasil, no século XIV, em batalhas entre europeus. A verdade, porém, é que ocorreu aqui também. Pouco se fala hoje das duas batalhas dos

Guararapes contra os holandeses. Do mesmo modo, a desproporção era brutal de três holandeses para um dos nossos. Este um incluía brancos, negros e índios que, juntos, derrotamos os holandeses. Em uma dessas batalhas, os holandeses estavam no topo do monte dos Guararapes, em posição estrategicamente vantajosa, e perderam. Depois, as posições se inverteram, e, ainda assim, a vitória foi nossa. Novamente, guerra defensiva. Outros episódios semelhantes ocorreram na história de Portugal em África e nas Índias, onde a bravura lusitana se impôs, sempre em situações de brutal desvantagem.

Antes que essa linha de argumentação possa parecer o elogio da violência, é bom lembrar que atos de bravura de tal envergadura, ainda hoje, atraem simpatia. David, que tinha tudo a perder, derrota o gigante Golias. Numa época em que vigorava a lei do tacape, não há por que nos envergonharmos de descender de um povo que conseguiu se firmar quando tinha tudo para ser riscado do mapa. E que, de fato, estava se defendendo. Mais: Henrique Dias, comandante das tropas negras contra os holandeses, foi recebido pelo rei Dom João IV, agraciado com título de nobreza, e conseguiu perpetuar seu regimento negro por autorização régia, história que Lula conta pelo avesso em seu habitual desconhecimento da história pátria.

Vamos, agora, à questão das heranças autoritárias, sim, no plural. Antes de colocar apenas Portugal como o primeiro da fila, é fundamental examinar as demais etnias que compõem o Brasil. Sabemos que vastos contingentes de outros povos vieram para cá: além de africanos, recebemos italianos, japoneses, alemães, espanhóis, árabes, dentre outros, que hoje são tão brasileiros quanto o tripé original de índios, africanos e portugueses.

Um simples exame nos revela que esses povos também têm sua parcela de responsabilidade na composição do autoritarismo nacional. Uns mais, outros menos, mas o lado pouco democrático está presente em todos eles. Mussolini, Hitler, Franco e Hiroito, por exemplo, não são heróis da democracia. E todos pertencem a um passado recente desses povos. As várias ditaduras em países africanos são um fato histórico bem conhecido. Esses povos, em determinados momentos, deram entusiástico apoio a essas figuras. Depois, se arrependeram.

Que lição podemos tirar dessa constatação em relação às origens e práticas políticas desses povos que para cá vieram? Que o lado autoritário do *melting pot* das etnias que compõem o Brasil, também estava presente na formação histórica delas. Os sobrenomes de dois dos presidentes militares do golpe de

1964 revelam que não foi só a herança autoritária lusitana a que devemos responsabilizar pelos 21 anos de ditadura militar.

É hora de tocar outra marcha, de tom harmonioso, ao invés da fúnebre, tirando proveito da contribuição e das muitas virtudes desses povos para nos livrar desse passado autoritário comum e construir uma sociedade inclusiva e democrática. De mais a mais, a língua – o português – é sempre o elo mais forte entre pessoas, ainda que de diferentes etnias e culturas.

Curiosíssimo em tudo isso foi o Brasil ter chegado a 1889 com plena liberdade de imprensa, com moeda estável, com voto distrital, com um regime parlamentarista a ser aperfeiçoado, mas já capaz de pôr fim rápido a maus governos, com dívida externa consolidada, renegociada a juros de 4% ao ano (!), com homens públicos respeitados pela população, com dois partidos, o Liberal e o Conservador – que tinham programas, votavam de acordo com eles em plenário e acompanhavam religiosamente a execução do orçamento público –, que era respeitado internacionalmente, e que vinha obtendo êxito em seu processo de industrialização. Nada mal para uma obra, até então, de descendentes de portugueses, negros e índios. Parece – e é – o negativo da foto que contemplamos hoje.

Neste ponto, voltamos à piada russa: a república no Brasil foi o caminho mais longo entre o que já tínhamos conquistado, em boa medida, há mais de um século e que hoje voltamos a almejar. Estamos diante daquela situação em que a herança institucional pode ser tudo, menos maldita. Até quando faremos da terceirização da culpa e da perda de tempo nosso "método" de tocar o País?

TERRORISMO, MUÇULMANOS E CRISTÃOS
Artigo avulso

O mundo, com sobra de razão, ficou estarrecido com a matança ocorrida na redação do jornal satírico francês *Charlie Hebdo*. Doze pessoas, entre os quais quatro cartunistas de renome internacional, perderam a vida nas mãos de três terroristas mulçumanos nascidos na França. A polícia francesa, em ação rápida e coordenada, já os matou por terem resistido, de arma em punho, quando foram descobertos nos locais em que tentavam se esconder. Dignas de registro foram as declarações de condenação ao ato de barbárie de líderes religiosos mulçumanos na própria França e em vários países islâmicos. Um imã radicado na França afirmou que o massacre era a negação dos ensinamentos do Corão. Foi além. Para ele, a mente doentia por trás daquilo só podia ser a de satã. Chefes de Estado e de governo foram unânimes em seu repúdio ao ocorrido e na reafirmação de que a liberdade de expressão é algo sagrado para os regimes democráticos.

> *O sangue dos mártires que regou o nascimento do cristianismo*

De toda forma, acontecimentos geram consequências, em especial os traumáticos, como este último. Elas podem ser de longo ou de curto prazo. Um pouco de História pode nos ajudar a entender melhor o que se passou.

A primeira coisa que pode nos vir à mente (e ao coração) é que estamos diante do que o cientista político americano Samuel P. Huntington denominou choque de civilizações. Em sua visão, a diversidade cultural e religiosa dos povos é a raiz dos conflitos no mundo pós-Guerra Fria. Estaria excluída a possibilidade de convivência? Ao longo dos séculos, não parece ter sido assim. É conhecida a conquista pelos árabes da península ibérica, ocupação iniciada em

711 d.C. e que durou cerca de oito séculos até serem expulsos. Na época, eles eram a vanguarda científica do planeta. Houve inclusive, por longos períodos, convivência pacífica entre cristãos, mulçumanos e judeus. Deixaram também sua marca na arquitetura e na engenharia naval, e ainda foram a correia de transmissão, via traduções, de obras clássicas gregas e latinas. Estas foram contribuições fundamentais para o Renascimento e as grandes navegações.

O argumento de que o cristianismo, diante da perseguição implacável do Império Romano, teve como base o sangue dos mártires ao passo que o Islã de fato se expandiu a fio de espada não pode ser usado para rotular o primeiro como angelical e o segundo como diabólico. Três séculos depois, as Cruzadas foram pelo mesmo caminho da conquista militar em flagrante contradição com o mandamento maior da cristandade. Se diferenças existem, há também pontos de convergência. Afinal, Abraão, Moisés e Cristo são considerados profetas na tradição islâmica, que também aceita o parto virginal de Maria, considerada a mais bendita das mulheres por Maomé e Fátima, sua filha.

Se o fio da espada já falou alto no cristianismo, ela ainda soa como ameaçadora quando pensamos no famigerado Estado Islâmico. O cartunista Chico, de *O Globo*, retrata o pesadelo com a cabeça decepada da Estátua da Liberdade nas mãos de um terrorista. A imagem é fortíssima. E nos coloca a todos em estado de alerta. A França, por sua vez, conhece bem o que foi o Terror jacobino durante a Revolução Francesa. Nunca se negou tanto os ideais de liberdade, fraternidade e igualdade a despeito de serem proclamados dia e noite naqueles tempos sombrios de terrorismo de Estado.

Mas o estado de alerta e ações do Ocidente não é o suficiente. Cabe cobrar coerência dos países mulçumanos com o repúdio que manifestaram contra o ato terrorista que também os horrorizou. Eles precisam formar fileira junto com os países ocidentais na luta contra os terroristas sem lhes dar guarida. Centros de treinamento terrorista não podem ser tolerados nesses países. A humanidade já conhece de sobra aonde tudo isso vai dar. Simplesmente em destruição e ódio, que não são os blocos construtores de uma civilização planetária capaz de respeitar os direitos humanos e ser próspera para todos.

Cienījamie
SALDAS DZĪVES
Krustceles

ECONOMIA & INDÚSTRIA

FRANKENSTEINOMICS
JORNAL DO BRASIL - 21 FEVEREIRO 2006

O título acima foi inspirado no *best-seller* de Steven D. Levitt, *Freakonomics*, uma nova definição de economia, que, além de ser a ciência lúgubre, passa a ser também excêntrica para dar conta do lado oculto e inesperado de tudo que nos afeta. Junte--se a isso o estudo da consultoria americana McKinsey, publicado na revista *Veja*, de 07/12/2005, sobre as disfunções a que está sujeita a economia brasileira, que lhe impedem de ter um PIB três vezes maior, e estamos nos aproximando do conceito de *frankensteinomics*, aquele tipo de economia que, além de ser lúgubre e excêntrica, ainda tem um lado monstruoso e muito lento.

A briga deformante das partes mal encaixadas da economia nacional

Numa entrevista ao programa *Roda Vida*, há quase um ano, o ex-ministro Bresser Pereira afirmava que, nos últimos 25 anos, a renda real *per capita* brasileira tinha crescido, no período, apenas 8%! É como trabalhar durante 25 anos e descobrir que seu rendimento subiu de 100 para 108. Sem dúvida, um atestado explícito de congelamento no tempo.

Por outro lado, a interrupção do processo inflacionário desde o Plano Real, em 1994, permitiu que o lado real da economia, livre da perniciosa ciranda financeira, se rearticulasse. O setor privado deu saltos espetaculares de produtividade, com capacidade de dar resposta ao desafio das exportações, que não foram acompanhados pelo setor público. Este último foi-se tornando cada vez mais pesado, como comprova a evolução da carga tributária, que saiu, em cerca de 10 anos, de 27 para 37% do PIB, com apetite para encostar agora nos 40%. Nosso conceito de *frankensteinomics* configura um Frankenstein muito estranho, que tem um lado galã, à la James Dean, bem ao jeito do setor privado, e um outro, feio como a necessidade, tipo Jack Palance, aquele ator americano com sorriso de caveira viva. Infelizmente, o peso relativo deste último, cara do setor público, é bem maior.

É preciso acrescentar que o estudo da McKinsey imagina uma corrida de 100 metros em que a produtividade dos EUA é igual a 100. O Brasil, hoje, ocuparia um índice equivalente a 18. Mas se a informalidade (comércio irregular, sonegação e desrespeito às regras), as deficiências macroeconômicas (juros altos e câmbio), a regulamentação asfixiante (custos trabalhistas e tributários inibindo investimentos), a ineficiência dos serviços públicos (educação e saúde de baixa qualidade) e a infraestrutura (portos, estradas, ferrovias e hidrovias ineficientes) fossem colocadas nos eixos, o País saltaria de 18 para 70, triplicando sua renda *per capita*.

Note que estes cinco fatores do atraso estão, em última instância, ligados a uma quase falência múltipla dos órgãos governamentais no exercício de suas funções. Sabemos todos que existem limites ao aumento da carga tributária. Ao ir além, o governo abre espaço para uma distinção estranha entre sonegar e não poder pagar impostos. Converse com qualquer empresário e ele vai lhe dizer que entre pagar seus funcionários e fornecedores e deixar de pagar os impostos, ele vai optar por contrair uma dívida tributária a ser empurrada com a barriga. Cerca de 80% das empresas brasileiras convivem, há muitos anos, com algum tipo de débitos tributários. É mais do que simplista concluir que 80% dos empresários brasileiros são pilantras. A bem da verdade, caberia enquadrar o governo na categoria de agiota de tributos. A existência da informalidade reflete falha grave do governo, que convive com ela, mas é simplista imaginar que possa ser eliminada no chicote sem redução substancial da carga tributária direta e indireta incidente sobre as empresas.

Para ilustrar a baixíssima eficiência do governo, imagine a seguinte cena insólita. Um empresário resolve contratar um empregado e lhe diz na entrevista que se seu desempenho for excelente, razoável ou péssimo, para ele, estará sempre tudo ótimo. O leitor deve estar pensando que o referido empresário endoidou. Pois bem, esse é o critério prevalecente no setor público. Converse com qualquer prefeito fora do palanque e pergunte sobre os efeitos negativos da estabilidade na agilidade de resposta do funcionário público. Não é para lá de estranho que professores das universidades públicas façam greve por mais de três meses e continuem recebendo salário pago pelo contribuinte brasileiro?

O setor público é como alguém que lhe cobra o dobro para entregar a metade, ou seja, que funciona com um nível de eficiência operacional de ¼ do que poderia ser. O funcionário público, por sua vez, vem se comportando de acordo com o incentivo com sinal trocado que recebe. Se ele não pode ser despedido e tem direito a greve remunerada, por que funcionar com diligência e presteza?

Salta aos olhos que as instituições brasileiras deixam muito a desejar em seu funcionamento. Informalidade desenfreada, deficiências macroeconômicas, regulamentação asfixiante, serviços públicos e infra-estrutura ineficientes nada mais são do que um triste retrato de instituições paralisantes, que nos impedem de dar passos gigantescos. O PIB pode até crescer nos próximos dois anos, mas dói saber que poderia crescer o dobro e de forma sustentada se fizéssemos uma plástica para valer no lado horroroso de nossa *frankensteinomics*, fazendo-a funcionar com agilidade e harmonia. A tarefa que temos pela frente é monumental e exigiria pressão popular nas ruas e plebiscitos para fazer a reforma institucional, em especial a política, de que tanto carecemos para dar carta de alforria às forças produtivas do País. Uma constituinte exclusiva não--congressual viria em boa hora.

TEORIAS E O TESTE DO TEMPO
Diário de Petrópolis – 5 Janeiro 2013
Tribuna de Petrópolis – 6 Janeiro 2013

Dos tempos em que trabalhei em Brasília, em meados da década de 1970, eu me lembro de uma observação do Prof. Edmar Bacha, então chefe do Departamento de Economia da UnB, e depois autor de *Belíndia*, artigo emblemático dos descaminhos de nosso processo de desenvolvimento. Ele estava intrigado com uma questão instigante para os economistas naqueles tempos: os três referenciais teóricos da profissão então vigentes. Ou seja, a síntese neoclássica, o enfoque marxista e a chamada economia institucional. (Bom

> *A economia também obedece ao tempo como senhor da razão*

lembrar que esse tripé teórico não é tão específico à economia quando pensamos nas três físicas: a newtoniana, a einsteiniana e a quântica.) Já que aqueles três paradigmas da economia não eram até então desmentidos pelas pesquisas, em qual deles deveríamos nos basear para atuar sobre a realidade econômica e respectivas políticas? De fato, meu Prof. Lawrence Klein, prêmio Nobel de economia em 1980, em seu período heterodoxo de início de carreira, chegou mesmo a realizar pesquisas com dados que não invalidavam o modelo marxista. A síntese neoclássica, com seus altos e baixos, e a economia institucional também resistiam a testes empíricos. Estaríamos diante de uma sinuca de bico? Não mesmo. Vejamos por quê.

O tempo, como senhor da razão, entre o final do século XX e início do XXI, nos mostra o caminho a seguir. Basta conferir os resultados.

Comecemos por Marx, a respeito de quem Raymond Aron fez uma avaliação definitiva: "Creio não haver doutrina tão grandiosa no equívoco, tão equívoca na grandeza". Ainda me lembro bem, nos meus tempos de estudante de economia (1966-1969), ao estudar as obras de von Mises e Hayek, o desdém meu e de meus colegas por suas visões descrentes da possibilidade de bom funcionamento de uma economia centralmente planificada. Afinal, a URSS e a China estavam lá, impávidas, "demonstrando" que era possível. Depois, com Gorbachov, na URSS, e Deng Xiaoping, na China, ficou claro quem tinha razão. Nem eu, nem meus colegas e muito menos a vasta torcida do Flamengo.

Tomemos agora a síntese neoclássica, tão cara aos países de língua inglesa e ao pensamento econômico dominante (*mainstream*). Ela se insere na tradição que vem de Adam Smith, Marshall e busca colocar sob um mesmo guarda-chuva a macroeconomia keynesiana, dando-lhe fundamentos microeconômicos. O mercado é sua opção preferencial, sendo muito cautelosa em matéria de interferências do governo no mundo econômico, exceto em casos específicos. O mercado, de um modo geral, se autoajusta. Se existem, de fato, falhas de mercado, as piores, afirmam com razão, são as falhas de governo, jamais mencionadas pelos que têm sacrossanto respeito pelo poder do governo em interferir e direcionar a economia. O ano de 2008, dentre outros, demonstrou os riscos da visão o-mercado-tudo-resolve, em especial na área financeira. E naqueles muitos outros anos em que a crise não mostra sua cara feia, como é contraproducente impedir que o piloto automático do mercado atue em condições normais de temperatura e pressão. Na AméricaLatina, pagamos um alto preço por este tipo de miopia macro e microeconômica de trazer o mercado em rédeas muito curtas por longos períodos de tempo.

Restou a terceira vertente da economia institucional. Trata-se de uma tradição respeitável. Ela estuda a formação do comportamento econômico a partir da compreensão do papel do processo evolucionário e das instituições. Vê o mercado como resultado da interação complexa das instituições tais como indivíduos, firmas, estados, normas sociais, constituições, etc. Talvez a melhor definição seja a de Douglas North: "*Instituições são as regras do jogo em determinada sociedade; de modo mais formal, elas são as restrições estabelecidas por nós de modo a formatar a interação humana. Em consequência, elas são o sistema de incentivos que dão estrutura às trocas, sejam elas políticas, econômicas ou sociais*". Indo agora ao cerne da questão: que resultados foram gerados por cada um desses referenciais teóricos? O que funcionou e o que desandou?

Existe hoje certo consenso em torno das brutais falhas de governo quando este último se torna o grande ditador das diretrizes do processo de desenvolvimento de um País. A ex-URSS, a China e mesmo Cuba não deixam dúvidas no que dá estrangular os mecanismos de mercado, visão inspirada no referencial marxista. Os países que seguiram a cartilha do mercado embasada na síntese neoclássica, a despeito dos altos e baixos das crises do capitalismo, tiveram, sem dúvida, um desempenho muito superior. Mesmo os casos de sucesso em que o Estado teve uma função orientadora importante no processo de crescimento, seus governantes não se perderam quanto ao tratamento dado ao papel do mercado. Suas regras intrínsecas foram tratadas com a devida sensibilidade.

No que tange à economia institucional, ela tem especial relevância no entendimento do caso brasileiro de desenvolvimento retardatário. Depois de muitas pesquisas, capital humano e qualidade das instituições passaram a ser vistos como os fatores que realmente explicam a rapidez, o retardamento ou mesmo a estagnação dos países em seu processo de desenvolvimento. Bom lembrar que boas instituições são condição *sine qua non* para a criação de capital humano em quantidade e qualidade necessárias ao êxito do processo.

Nessa linha, surpreende a pouca atenção dada às instituições vigentes ao longo do século XIX brasileiro, em especial sob o II Reinado. Dentre elas, cabe registrar o instituto do Poder Moderador, capaz de dar um fim rápido a um mau governo, menina dos olhos do Poder sob controle de Karl Popper; ampla liberdade de expressão, de pensamento e de imprensa, fonte de criatividade e inovação; e ainda a obsessão dos nossos deputados de então, para estabelecer limites ao Poder real, com os trâmites e controle do orçamento do Império, como ressalta o historiador José Murilo de Carvalho. Não há como negar que são pilares do bom governo ignorados por nossa História republicana por longos períodos, mesmo décadas. Nosso desenvolvimento capenga resulta, em boa medida, de se jogar por terra estes fatores críticos de sucesso de molduras institucionais que funcionam. Que tal fazer o dever de casa esquecido, levando em conta o teste do tempo perdido?

OS DOIS BRASIS PELO AVESSO
Tribuna de Petrópolis – 9 Junho 2013
Diário de Petrópolis – 8 Junho 2013

O*s Dois Brasis*, um atrasado e outro moderno, é um livro escrito por volta de 1960 pelo geógrafo francês Jacques Lambert, que ficou famoso em nosso Patropi. Deu margem a inúmeros textos e artigos que exploravam a propriedade do título ao nosso caso fartamente povoado de dualidades. Este artigo se vale, mais uma vez, da criatividade de Lambert para ilustrar uma estranha novidade nacional: o moderno que virou atrasado e o atrasado que se metamorfoseou em moderno. Na visão original do livro, o mundo rural, pobre e analfabeto, era a personificação do atraso; e o moderno era o urbano, cosmopolita e sofisticado, se identificando com as cidades e o início da industrialização. Pois bem, como somos amantes fieis da dualidade, conseguimos o fato inédito de recriá-la pelo avesso ao invés de superá-la. Nossa agricultura se tornou uma das mais produtivas do mundo e a indústria foi incapaz de dar esse salto qualitativo em matéria de competitividade. Dois artigos excelentes comprovam o que acabo de afirmar. O primeiro, do Prof. Claudio de Moura Castro, intitulado *O outro custo Brasil* (*Veja*, de 29/05/2013), e o segundo, *Embrapa, passado e futuro* (*O Estado de S. Paulo*, de 23/04/2013), de autoria dos Profs. Maurício Lopes e Eliseu Alves, dão bem a medida do que aconteceu.

A estranha inversão de papeis entre agricultura e indústria no Patropi

O Prof. C. M. Castro começa nos lembrando que a imensa maioria dos nossos produtos industriais não são exportados, incapazes de passar no duro crivo da qualidade e preço para sobreviver no mercado internacional. Alguns exemplos dele nos são familiares: "O controle remoto do portão já vem de fábrica funcionando precariamente. Cai ou enferruja o cabo da vassoura.

Enguiça o mecanismo para elevar o assento da cadeira de escritório. A ducha higiênica vaza. O sol derreteu a fibra da parte de baixo do meu aquecedor solar (e o conserto foi porcalhão)". E por aí vai ele fazendo um relato de nossas dores de cabeça de consumidor sofrido e desrespeitado.

Pois bem, vamos agora dar um salto quântico em matéria de nossa competência e competitividade no setor do agronegócio. O artigo sobre a Embrapa – Empresa Brasileira de Pesquisa Agrícola nos informa como se deu a virada. Diagnosticada nossa baixíssima produtividade agrícola no início dos anos de 1970, que variava de 1/4 a 1/5 da produtividade americana na época para diversas culturas, partiu-se para a criação da Embrapa, onde se alinhou corretamente incentivos aos resultados pretendidos. Nas palavras dos autores: "O grupo (de estudo) concluiu pela necessidade de criação de uma instituição de pesquisa agropecuária de âmbito nacional, com flexibilidade para gerir pessoal e orçamento, baseada em pesquisadores de experiência e competência internacionais". E assim foi feito por meio da Lei nº 5851, de dezembro de 1972.

A parte mais interessante deste artigo, comemorativo dos 40 anos de inauguração da Embrapa em 1973, é aquela em que os autores deixam claro que o "fator unificador que explica o (estrondoso) sucesso do agronegócio é a tecnologia". As pesquisas que buscam identificar os fatores geradores dos excelentes resultados obtidos nos informam que a tecnologia explicou 68,1% (mais de 2/3!), o trabalho, 22,3% e a terra, apenas 9,6% do incremento da produção. Nada mais ilustrativo do poder do conhecimento no mundo moderno para virar a mesa no bom sentido.

Pergunta incômoda: como entender esse desempenho excepcional de nossa agricultura e essa involução de nossa indústria? Por que fizemos a coisa certa num caso e no outro não?

Não é possível dar uma resposta cabal em dois ou três parágrafos a essa intrigante questão que nos relembra a imagem cinematográfica de Glauber Rocha do sertão que virou mar e do mar que virou sertão. Ou seja, a estranha troca de papéis entre o atrasado (a agricultura) e o moderno (a indústria), quando o caminho natural de ambas deveria (e precisaria) ser a modernização. Mas me parece que é possível ir ao cerne da questão.

É duro reconhecer que não levamos a sério preparar nossa população para a sociedade do conhecimento, contando hoje com apenas um brasileiro alfabetizado funcionalmente em quatro. Um País que se dá ao luxo besta de ter um desempenho ¾ abaixo de seu potencial. Indo direto na veia: gente demais com dificuldade de ser criativa, ler instruções e executá-las, coisa corriqueira nas exigências básicas do mundo industrial de nossos dias. Em decorrência, baixa capacidade de inovar quando nos comparamos, por exemplo, com a Coreia do Sul, País que 40 anos atrás tinha uma renda *per capita* de 300 dólares quando a nossa era de 500. E que mantém, hoje, a participação de sua indústria no PIB em torno de 27% ao passo que a nossa caiu de 25%, em 1985, para apenas 15%, em 2011, devido, entre outras razões, à queda de nossas exportações de manufaturados por falta de competitividade.

O avanço de nossa agricultura, por sua vez, decorre de fatores estruturais, como água abundante, grande área agricultável, crédito oficial em melhores condições face à indústria, mas sobretudo de avanços tecnológicos decorrentes de pesquisa agrícola séria e continuada. É também muito mais fácil disseminar uma nova semente adaptada produzida em laboratórios do governo pelos produtores agrícolas. No caso da indústria, os avanços são bem mais específicos a cada ramo industrial e não-repassáveis aos concorrentes, inclusive por razões ligadas a direitos sobre patentes e lucros. Pesa ainda sobre a indústria nacional o estranho fato de ter aumentado muito sua produtividade sem ter sido capaz de se tornar internacionalmente competitiva por razões ligadas à pesada incidência de impostos. Feitas as contas, cerca de metade de cada real produzido na indústria brasileira vai para o pagamento de impostos, coisa que não ocorre nos EUA, na Europa, na China e na Coreia.

Os últimos 10 anos de PT agravaram esse quadro, mas 2014 será um novo ano com novas perspectivas e oportunidades.

INFLAÇÃO, PIB E CONVERSA FIADA
Diário de Petrópolis – 17 Agosto 2013
Tribuna de Petrópolis- 18 Agosto 2013

Nossa vocação para perder tempo é sempre constrangedora. Os últimos 10 anos sob a batuta do PT é mais um exemplo desse descaminho ao longo de nossa História. Foram precisas mais de duas décadas para nos darmos conta de que a aprovação automática em nossas escolas só nos garantiria mesmo os últimos lugares nas avaliações internacionais de qualidade do ensino nas áreas críticas de matemática, domínio da língua e ciências. Foi preciso outro tanto para percebermos que taxas de inflação mensal lá na lua reduziam nossa taxa de crescimento e ainda nos deixavam a todos desorientados na hora de saber o real valor, ou seja, o preço a pagar por um produto ou serviço. E ainda uma piora brutal na distribuição de renda. Literalmente, o pior dos mundos.

A estranha especialidade nacional de perder (muito) tempo em matéria de economia

O caso do Chile, nosso vizinho, é um bom exemplo de País com a cabeça no lugar. Após a queda da ditadura militar, as lideranças políticas à frente do processo de redemocratização se deram conta de que havia coisas a serem preservadas. Varrer o lixo autoritário na esfera política não deveria incluir a política econômica herdada do governo militar. As linhas mestras eram sólidas, tendo permitido avanços palpáveis à economia chilena. Caberia, portanto, preservá-las. Quem foi convocado pelos militares para diagnosticar os males da economia chilena foi o economista Milton Friedman, da Universidade de Chicago. Ao ser muito criticado pela imprensa e pela esquerda latino-americana naquele período, ele respondeu que estava agindo como médico preocupado em restabelecer a saúde econômica do País em bases sólidas e sustentáveis. Aproveitou para informar aos jornalistas que iria dali para a China, convocado pelo governo comunista chinês, como consultor, para fazer um trabalho semelhante de restaurar as forças vitais da economia chinesa.

Hoje, parece existir certo consenso em torno das recomendações de Adam Smith, pai da ciência econômica tradicional, para enriquecer as nações e um descrédito total de Karl Marx nos próprios países que ainda adotam o falso rótulo de comunistas. Essa mudança de rumo não é exatamente o nosso caso, com curiosas e tristes agravantes, e sempre na linha de perder tempo.

O PT assumiu o Poder após oito anos de governo democrático de FHC, situação muito diferente da ditadura militar chilena. A política econômica do PSDB colocou o País nos eixos, derrotando a inflação, que parecia ter fôlego de sete gatos. De início, o Sr. Lula, contrariamente aos desejos de importantes setores do PT, seguiu a cartilha do bom senso em matéria de política econômica. Com o passar do tempo, preconceitos ideológicos descabidos foram ganhando espaço no partido, contaminando o segundo mandato do governo Lula e tomando conta do desastrado governo Dilma. Economistas competentes, de longa data, vinham alertando quanto aos efeitos perversos desse desvio de rota. Nem a China e nem a ex-URSS acreditam mais no Estado todo-poderoso.

E aqui entra nossa vocação para perder tempo, embarcando em canoa furada e ainda tentando cantar vitória. Foi assim em 2010, com o decantado crescimento do PIB de 7,5%, esquecendo convenientemente o ano anterior de 2009 em que o PIB encolheu 0,2%. Na média destes dois anos, crescimento foi medíocre, em torno de 3%, que nos garante lugar permanente na chamada "armadilha da renda média", ou seja, de País condenado ao segundo escalão sem perspectivas de chegar ao primeiro como a Coreia de Sul dentre outros.

Reação semelhante acaba de acontecer na comemoração precipitada pelo governo da taxa de inflação de quase zero no mês de julho passado, novamente esquecendo os passes de mágica besta de represar os reajustes dos chamados preços administrados, dentre eles combustíveis e passagens. Mais cedo ou mais tarde, a conta vai chegar. E salgada. Ou seja, tudo como dantes no quartel de Abrantes. Expedientes falidos deste tipo foram nossa sina e de muitos países latino-americanos por décadas. Trágico é perceber que ainda encontram espaço entre nós esses desatinos de política econômica com vocação para dar com os burros n'água. A boa notícia é que as manifestações populares Brasil afora deixaram claro que o povo está cansado dessa conversa fiada velha de guerra e quer ver resultados.

A JABUTICABA E A PERERECA
DIÁRIO DE PETRÓPOLIS – 31 AGOSTO 2013
TRIBUNA DE PETRÓPOLIS – 1 SETEMBRO 2013

A deliciosa jabuticaba, como já sabe o leitor, é coisa nossa. É originária da Mata Atlântica. Daí o dito "não é jabuticaba e só dá no Brasil, é bom ter uma boa dose de desconfiança". Evidencia nossa capacidade de criar "soluções" que não se sustentam a longo prazo, legando-nos um passivo de perda de tempo monumental. Coisas como a teoria da dependência e políticas sociais populistas. A primeira afirmava que na dialética centro-periferia, ou seja, países capitalistas avançados versus retardatários, o centro levava sempre a melhor. Um triste exercício de terceirização da culpa em países como a Argentina e o Brasil, dentre outros, perfeitamente capazes de serem donos de seus próprios narizes. A segunda dispensa comentários pela profusão com que foram adotadas no Brasil e na América Latina com resultados pífios. Claro que existem políticas sociais inteligentes que podem fazer, e fazem, a diferença.

O triunfo da asneira em economia e a preservação burra do meio-ambiente

A educação é sempre apontada, com razão, como nossa falha secular. Sem dúvida, ter a rigor apenas um brasileiro em quatro que pode ser considerado funcionalmente alfabetizado dá bem a medida de um País que funciona ¾ abaixo de seu potencial, em especial na chamada sociedade do conhecimento. Por outro lado, apenas educar num sentido clássico não é suficiente. Há que se estimular simultaneamente entre os alunos o Espírito Empreendedor, assim com letras maiúsculas. Despertar a iniciativa individual de cada estudante tem a função de criar nele autoestima elevada, alguém que se vê como capaz de tocar sua própria vida, incutindo-lhe, ao mesmo tempo, a visão de que o trabalho em equipe dá melhores resultados para a sociedade. Em suma, não basta a apreensão intelectual do conhecimento existente, típica do acadêmico, mas desenvolver a capacidade de o aluno tirar o bumbum da cadeira e fazer acontecer, marca registrada do empreendedor.

Um exemplo curioso do dito acima foi a declaração de um combativo jornalista inglês por ocasião da morte da primeira e única primeira-ministra inglesa rotulada de *A Dama de Ferro*: "Continuo odiando Margaret Thatcher, mas ela me ensinou que quem cuida da minha vida sou eu". Caso bastante raro de honestidade intelectual ao perceber sua própria necessidade de se reinventar como pessoa.

E a perereca? Ela vai entrar neste artigo como exemplo simbólico de impedimentos descabidos em obras públicas paralisadas ou inconclusas. Nossa "perereca" no caso é a duplicação da BR-101, em Santa Catarina, obra que se arrasta desde 2004. Um dos principais gargalos é o Morro dos Cavalos. A proposta do Departamento Nacional de Infraestrutura de Transporte – DNIT era que a estrada contornasse o morro, região habitada por dois grupos de índios guaranis, que concordaram com a ideia. E aqui entra a FUNAI – Fundação Nacional do Índio, no estranho papel de ensinar Padre Nosso ao vigário. Como se trata de área indígena, a FUNAI quer que se construam dois túneis sob o morro ao custo de R$ 430 milhões. A proposta do DNIT sairia por R$ 12 milhões. Triste exemplo de dinheiro público indo pelo ralo.

Essa incapacidade de pensar com clareza para tomar a decisão óbvia vai bater no triste fenômeno do analfabetismo funcional, que assola 38% dos alunos que hoje fazem curso superior no Brasil. A legítima preocupação com a preservação ambiental poderia facilmente ser contornada com o replantio de áreas adjacentes à passagem da estrada em volta do morro. O replantio é um passo além, pois não só preserva como amplia o meio-ambiente saudável. A indústria de base florestal incentivada pela Firjan – Federação das Indústrias do Estado do Rio de Janeiro tem como objetivo estender, de modo produtivo, a cobertura florestal do estado, onde existem 600 mil hectares "dedicados" à monocultura do pasto sem boi. São por essas e outras que estamos ficando para trás tanto em relação aos EUA e Europa como no contexto dos BRICS.

A PTrobrás
Diário de Petrópolis – 12 Abril 2014
Tribuna de Petrópolis – 13 Abril 2014

Ficou famosa a afirmação do milionário americano Paul Getty: "O melhor negócio do mundo é uma refinaria de petróleo bem administrada; o segundo, uma mais ou menos administrada; e o terceiro, uma mal administrada". Para ele, conhecedor do ramo, não teria como petróleo dar prejuízo. Pois bem, o PT parece ter conseguido a proeza de desmoralizar a frase de Paul Getty. O que vem ocorrendo com a Petrobrás já é público e notório: compra da refinaria de Pasadena por mais de US$ 1,2 bilhão, cujo valor inicial não passava de US$ 46 milhões; corrupção na alta direção na casa dos bilhões; e prejuízo na venda de derivados do petróleo na mesma faixa bilionária. Vou poupar o leitor da longa lista de desastres sequenciais a que a empresa foi submetida. Ela já foi a 12ª maior do mundo e agora está classificada como a 122ª, tendo perdido 2/3 de seu valor de mercado na bolsa. Patrimônio, dito público, que foi para o brejo.

A defesa dos interesses do partido acima dos do País

A questão de fundo, no entanto, tem a ver com a filosofia estatizante do PT, que sempre se rotulou defensor intransigente do patrimônio nacional. A despeito do simplismo de ver na Petrobrás uma empresa pertencente a todos os brasileiros, o que só seria verdade se cada um de nós tivesse ações dela e não pagássemos de impostos ao governo 59% do valor de cada litro de gasolina comprado na bomba. Para a população em geral, que não é, repito, acionista da dita cuja, o benefício sentido no bolso deveria resultar de uma gestão primorosa da empresa que permitisse nos aproximar do consumidor americano de gasolina que paga por litro menos da metade do que pagamos. Este lado do problema é antigo e a população paga essa conta pesada há muitos anos. Não obstante esse preço escorchante, um dos mais altos do mundo, a Petrobrás foi submetida a um aparelhamento pelo PT. Virou PTrobrás de duas maneiras: de um lado, os companheiros de partido que lá estão para tirar proveito dela; de outro, os efeitos desastrosos da política de preços do (des)governo Dilma.

Fica cada vez mais claro que a posição do PT contra a privatização não é bem o que é alardeado. Na verdade, a diminuição do número de empresas estatais iria reduzir significativamente as oportunidades de negociatas ou de simples cabide de emprego para companheiros incompetentes, ou competentes até demais para fazer o que não deveriam. Ou seja, os incapazes e os capazes de tudo, como o ditador Getúlio Vargas certa vez avaliou seus próprios ministros. Dadas nossas peculiaridades histórico-culturais, o capital estatal exerceu papel positivo na criação de empresas como a Vale do Rio Doce, a Embraer e até a própria Petrobrás. Se a Vale e a Embraer tivessem continuado como estatais, muito provavelmente estariam convivendo hoje com as agruras por que passa a Petrobrás. Bom ter em mente que as duas anteriores, nos últimos anos, recolherem impostos aos cofres públicos num valor muito maior do que jamais pagaram em dividendos ao Tesouro Nacional quando eram estatais.

Que lição podemos tirar de tudo isso? Que, a rigor, o País ainda não conseguiu montar mecanismos de real defesa do interesse público. Povos mais sábios do que nós sabem que política tende a cheirar mal. O desinfetante efetivo é a eterna vigilância, obrigando políticos e partidos a prestar contas regulares de seus atos em curtos períodos de tempo, até mesmo semanal, como no caso da Inglaterra. As agências reguladoras, cujo papel fiscalizador é crucial, foram emasculadas pelo PT com o argumento esdrúxulo de que atropelavam funções típicas de governo. De fato, de desgoverno, como estamos testemunhando. A ironia amarga por trás de tudo o que vem acontecendo é que os companheiros do PT, que se autoproclamavam defensores intransigentes das estatais, acabaram virando seus coveiros por incompetência e corrupção. Mais que hora de colocar o País sob nova direção.

O PAPA, OS POBRES E OS ECONOMISTAS
O Estado de S. Paulo – 2 Janeiro 2015

O papa Francisco está na ordem do dia. Não foi só sua visita ao Brasil que teve sucesso retumbante. Com todo o entusiasmo que temos pelo ano novo, nunca houve um *réveillon* que conseguisse reunir três milhões de pessoas em Copacabana, como ocorrido em julho de 2013. Um papa simples, capaz de segurar sua pasta ao subir as escadas do avião na vinda ao Brasil e na volta a Roma. Não beijou o solo brasileiro ao chegar, como fazia João Paulo II, mas distribuiu beijos e abraços calorosos a quem chegou suficientemente próximo. Zuenir Ventura reconheceu-lhe a humildade, para perguntar a seus leitores em seguida, com verve carioca, se conheciam algum argentino humilde além dele. O próprio papa, tomado pelo espírito mordaz carioca, nos deu uma cutucada: "Deus já é brasileiro e vocês ainda querem um papa brasileiro?!".

> *O compartilhamento dos ganhos é desejável e possível*

Sempre que fez uso da palavra, utilizou uma linguagem simples e direta, até mesmo coloquial: "Deus bota fé na juventude!". A concretude do conteúdo veio sempre à frente dos floreios da forma, não se deixando enganar por palavras bonitas, mas vazias. Essa dose brutal de sinceridade foi logo percebida por todos os participantes da Jornada Mundial da Juventude. Peregrinos e peregrinas de 177 países, brasileiras e brasileiros deixaram-se encantar por esse papa diferente e muito especial. Um papa que combina a humildade e a pobreza de São Francisco com a disciplina típica dos jesuítas. E que continua ativo, marcando recentemente dois gols de placa: intermediou o reatamento das relações diplomáticas entre Cuba e EUA e implementou reformas profundas na Igreja Católica, tanto na área financeira quanto na zona de conforto em que estava encastelada a Cúria Romana.

Não é novidade a opção preferencial da Igreja Católica pelos pobres. O fato novo foi o papa Francisco reassumir esse compromisso com vigor todo especial diante do mundo e da própria Cúria Romana, que por vezes confunde sua autopreservação com a do espírito cristão, missão maior da Igreja. São duas coisas muito distintas, que, quando confundidas, provocaram desvios graves na atuação da Igreja ao longo dos séculos. Opção pelos pobres, obviamente, não significa necessariamente opção pela pobreza, em especial quando condições básicas da dignidade humana não são atendidas nas áreas da educação, saúde, moradia e transporte decentes.

Cabe agora perguntar: como entram os economistas nesse quadro, qual a visão deles em relação aos pobres e à pobreza? Na verdade, o título do livro de Adam Smith que inaugurou a economia como ciência autônoma diz muito sobre o assunto: *Uma Investigação sobre a Natureza e as Causas da Riqueza das Nações*. É evidente a preocupação dele em entender os caminhos a serem percorridos pelas nações para se livrarem dos males da pobreza. Em 1776, ano em que o livro foi publicado, a pobreza flagelava a imensa maioria da humanidade, com seus piores efeitos. Quem viveu naqueles tempos e tinha um mínimo de sensibilidade não podia ficar indiferente aos dramas dela oriundos, como foi o caso de Adam Smith. Suas respostas foram suficientemente sólidas para terem validade dois séculos depois, quando suas ideias voltaram a ser postas em prática na antiga URSS e na China ao se darem conta de que a economia de comando totalmente planificada não funcionava.

É famosa a recomendação de Adam Smith para cuidarmos do nosso próprio umbigo. Ao afirmar que não devemos o nosso pão de cada dia à bondade do padeiro, mas ao lucro que ele persegue, parece fazer o elogio do egoísmo. Mas não é bem isso. Segundo ele, ao fazermos, individualmente e com diligência, nosso dever de casa, a sociedade como um todo acaba se beneficiando. Ainda assim, ficou o sabor do "cada um por si e Deus por todos". A coisa só mudou, em meados do século XX, quando surgiu o conceito de equilíbrio de Nash, de John Nash, que provava matematicamente que o trabalho articulado em equipe gerava melhores frutos para a sociedade. "Cada um pelos demais e Deus por todos" passou a ser algo possível no âmbito da economia, até então conhecida como a ciência sombria, que passou a ter uma face ensolarada.

Resta ainda uma última questão um tanto espinhosa. Se, de um lado, os economistas buscam livrar a humanidade da pobreza, de outro, parece haver por parte da Igreja essa preocupação com os pobres como membros permanentes de espécie humana ontem, hoje e amanhã. Ou seria o caso de entendermos a pobreza num conceito mais amplo que nos livra do peso excessivo, sob diversos aspectos, com que atravessamos a existência? Ou a mensagem seria sermos mais tendo menos? Essa pobreza num sentido de leveza diante da vida, de ser mais, ao invés de ter mais, pode ser um caminho a seguir se levarmos em conta a questão da sustentabilidade do próprio planeta.

A economia do conhecimento, típica da atual fase de desenvolvimento da humanidade, nos abre caminhos novos quando se trata da habitual troca entre agentes econômicos. Antes, a troca pressupunha algo físico: um lápis trocado por uma borracha. Você levava a borracha e deixava de possuir o lápis. Na troca de conhecimento, aquilo que você dá continua com você e ainda enriquece o outro agente econômico que o recebe. Parece que a humanidade está saindo de um mundo de escassez para penetrar num outro de abundância resultante do fácil acesso à informação e ao conhecimento, o que até então mantinha considerável distância econômico-financeira entre pessoas e povos.

De toda forma, o acesso ao consumo, mesmo que básico, de parcelas cada vez mais amplas da humanidade representa uma sobrecarga para os recursos do planeta, a serem usados de modo cada vez mais responsável. Aqui, certamente, há espaço para a frugalidade, aquela pobreza (humildade) de espírito de que nos fala Jesus Cristo no Sermão da Montanha e que a sua Igreja, na pessoa do papa Francisco, combate ainda hoje ao condenar o consumismo desenfreado. Tomara que estejamos caminhando para convergências positivas!

A MARCHA DA DESFAÇATEZ
Diário de Petrópolis – 7 Março 2015
Tribuna de Petrópolis – 8 Março 2015

A terceirização da culpa é um esporte nacional, mais popular que o futebol. A última manifestação do fenômeno foi a Dilma atribuir a FHC a responsabilidade pela roubalheira na Petrobrás. Se tivesse sido combatida no nascedouro, o ovo da serpente teria sido destruído e nada do que se seguiu teria acontecido. Uma pérola de raciocínio truncado *à la* Dilma, ou melhor, uma legítima história da carochinha que nem ela e nem o mais incauto dos brasileiros acreditaria. O ataque sistemático aos cofres da empresa foi obra do PT, o grande "defensor" das estatais. Empresas que têm amigos desse tipo não precisam de inimigos. Nem mesmo dos gringos. Mas a voracidade sobre os cofres da Nação não para por aqui. Ela é de tal ordem que até a galinha dos ovos de ouro, geradora de riquezas, corre risco de vida. Aquela situação em que o despreparo e a burrice se unem para fazer estragos monumentais.

> *O assalto aos cofres das estatais e dos fundos de pensão, ou como seus defensores tinham vocação para coveiros*

A revista *The Economist*, em número recente, põe o dedo na ferida, expondo as mazelas desses últimos 12 anos do PT no Poder. O título, numa tradução livre, bem poderia ser *Lambança no Brasil*. O gráfico que mais chama a atenção é o que cobre o período de 2004 a 2014, mostrando o que ocorreu, em termos reais, com o crescimento do PIB e dos salários nos setores privado e público. No final desses (fatídicos) anos, o crescimento do PIB foi da ordem de 10%, ao passo que os salários, no setor privado, bateram em 30% e, no setor público, explodiram para a marca de 50% de aumento real na média. Não se trata, caro leitor, de ser contra aumentos salariais, muito pelo contrário, mas de saber qual a base de sustentação em que estão ancorados. Ninguém precisa ser economista para constatar que os pés são de barro. Se a produção não cresceu e os salários, em especial no setor público, cresceram muito acima dela, vai-lhes faltar fôlego para continuar crescendo. Economistas alertaram, anos antes, para o que acabaria ocorrendo: baixa geração de empregos e queda real dos salários. Tudo isso negado, peremptoriamente, na campanha presidencial de Dilma, até que a máscara finalmente caiu com a pesquisa da Datafolha em que sua popularidade despencou. A mentira nunca teve perna tão curta.

Mas a desfaçatez nacional é criativa. Em especial no setor público. Não bastassem auxílio-moradia de R$ 4.300,00 mensais para juízes, mega-aumento de 22% nos salários de deputados e senadores, somos surpreendidos com a iniciativa de concessão de passagens aéreas para os cônjuges de parlamentares, em boa hora brecada pelo Ministério Público, o que não impediu outras benesses para suas excelências, com letra minúscula, claro! E a desfaçatez continua. O próprio procurador-geral da república, Rodrigo Janot, que vem recendo ameaças na antevéspera da divulgação dos nomes de políticos graúdos envolvidos nas falcatruas da Operação Lava-Jato, se apressou em garantir junto ao ministro da Fazenda uma verba de R$ 1 bilhão para aumentos de salários no Judiciário. Tem cabimento? Será que o aumento médio, em termos reais, de 50% dos salários do setor público, nos últimos 10 anos, não foi suficiente? Os números são do Banco Central do Brasil. Não foram inventados pela revista. Dadas as circunstâncias, não é mais que hora de o andar de cima dar o exemplo, cortando na própria carne, antes de infligir novos sacrifícios à população, que paga a conta?

O ajuste a cargo do ministro Levy vai onerar ainda mais o setor produtivo com aumento da já extorsiva carga tributária. É evidente a necessidade de tornar o setor público mais eficiente, cortando fundo em gastos, que continuam se expandindo. O barco está afundando e os comandantes se parecem com o capitão italiano que abandonou o navio no mar Mediterrâneo, deixando os passageiros à própria sorte. No dia 15 de março, é hora de cobrar das autoridades que o exemplo deve começar em casa. Não na casa do vizinho.

REPÚBLICOS, FREI VICENTE E ADAM SMITH
O Estado de S. Paulo – 13 maio 2015

A mente humana pode interpretar o mesmíssimo fato de modo radicalmente diferente. Richard Wiseman, em seu livro *O Fator Sorte*, relata a pesquisa que conduziu, por cinco anos, com dois grupos humanos: aqueles que se julgavam extremamente sortudos e os que se rotulavam como tremendamente azarados. Emblematicamente, ele cita o caso de alguém que estava na fila do caixa no momento em que o banco foi assaltado e levou um tiro no braço. Se for do tipo azarado, sua cabeça funciona assim: "Só mesmo eu! Poderia estar ali dez minutos antes ou depois do assalto, mas não, eu tinha de estar ali na hora exata de tomar um tiro". Já a cabeça do sortudo trabalha de modo bem diferente: "Tenho mesmo muita sorte. O tiro poderia ter sido fatal, no coração ou na cabeça". Essa visão em relação aos fatos da vida pode ocorrer não só no plano individual, mas no coletivo, como veremos a seguir.

> *Não somos assim tão diferentes de outros povos em matéria de olhar para o próprio umbigo*

Ao reler uma citação muito comentada de frei Vicente do Salvador, de 1630, em seu livro de História do Brasil, eu me dei conta de que ele e Adam Smith estavam em campos opostos quanto aos efeitos sociais do interesse pessoal. O franciscano é muito citado por ter registrado o seguinte veredicto sobre a *Terra Brasilis*: "Nenhum homem nesta terra é republico, nem vela nem trata do bem comum, senão cada um do seu particular". Adam Smith, por sua vez, em época posterior (1776), mas historicamente próxima, afirmava, sem se indignar: "Não é da benevolência do açougueiro, do cervejeiro ou do padeiro que devemos esperar o nosso jantar, mas de sua preocupação com seu interesse pessoal". Ou seja, com o lucro que poderá obter. Em seguida, vai mais fundo ainda: "Ao perseguir seu interesse próprio, ele (o padeiro, por exemplo) frequentemente promove o da sociedade mais efetivamente do que quando ele pretende se importar diretamente com ela". Uma bela lição para os exageros sociais do PT.

A História do século XX, e do Brasil em particular, não deixa dúvidas quanto à capacidade de os governos piorarem o que poderia ter ido muito melhor sem sua interferência. A ingerência total da economia, como foi feita na ex-União Soviética, na China ou em Cuba, deu no que deu. A interferência parcial, mas exagerada, fez vítimas os povos da Venezuela e da Argentina. Também fez estragos no nosso caso, em diferentes períodos históricos, como nos últimos anos do (des)governo Dilma Rousseff. Perdemos quatro anos e vamos perder mais dois, no mínimo, para por a casa em ordem.

Essa dificuldade de aprender o que funciona e o que não funciona em economia entre nós vem de longe. E não foi só o caso de frei Vicente, até certo ponto compreensível, dada a inexistência em seu tempo da ciência econômica. Quase dois séculos depois, o engenheiro Gustavo Corção, que poderia ter lido Adam Smith, criou uma cooperativa no auge da Ação Católica Brasileira, nos idos de 1930 e 1940. Ele queria combater a ganância do Manoel, o português dono do armazém, como se dizia na época. Seu entusiasmo durou, como ele mesmo confessou, até o dia em que descobriu que o quilo da batata vendido pelo nosso caro lusitano estava mais barato do que o da sua cara (nos dois sentidos!) cooperativa. Pelo jeito, até hoje o setor público brasileiro não se deu conta de como cobra caro por suas batatas, como diria Machado de Assis. Aliás, a batata, o arroz, o feijão, a conta de energia elétrica, a gasolina e outros itens básicos para a população em geral nesse festival de aumentos de preços patrocinados pelo atual governo. "Mas eu deixei tudo escrito direitinho, e eles não aprenderam nada", diria Adam Smith. Raymond Aron reforçaria: é o efeito prático do ópio dos intelectuais, o marxismo.

Nessa mesma linha numa entrevista dada por um *scholar* americano, no auge daquele nosso longo processo inflacionário, ele comentava que não se surpreendia com a baixa escolaridade da população brasileira, mas sim com a de nossa classe dirigente. Ou seja, o despreparo causador da tomada de decisões equivocadas com efeitos perniciosos de longo prazo. A rigor, não precisamos dos gringos para saber disso. Roberto Campos alertou-nos, anos a fio, sobre as políticas econômicas erráticas adotadas que impediram o País de dominar a inflação, de elevar sua produtividade e de ter competitividade internacional.

Por outro lado, há que reconhecer que com o Plano Real conseguimos colocar as pessoas certas, no lugar certo, em tempo não tão certo em face da demora em implementar políticas corretas nos anos anteriores a 1994. Mas, felizmente, dispúnhamos de técnicos e economistas que tinham lido não somente Adam Smith e sabiam o caminho das pedras para recolocar o País nos eixos. Roberto Campos, entretanto, ainda nos deixou outro alerta: "Ou o Brasil acaba com os economistas da Unicamp, ou eles acabam com o Brasil". (Na entrevista, no Roda Viva, em 1991, em que fez essa afirmação, ele se preocupou em ressalvar a qualidade da Unicamp em outros ramos do saber). O Lula do primeiro mandato ainda preservou certa dose de bom senso, depois enveredou pelo desvio de rota que, no final, o induziu a indicar para presidente da República a Sra. Dilma, que cursou Economia na Unicamp. E ela fez o serviço deletério a despeito dos inúmeros alertas de economistas de boa cepa.

A lição deixada por Adam Smith é que sermos ou não repúblicos não vai ao âmago da questão de nossa marcha lenta. O açougueiro, o cervejeiro e o padeiro ingleses também não o eram. E nem por isso a Inglaterra ficou para trás. Na verdade, saiu na frente. Nosso atraso relativo tem a ver com o descaso na formação de capital humano e com nosso viés antiempresarial e antimercado. Andre Lara Resende, no jornal *Valor Econômico*, de 18/4/2014, antecipando os resultados de pesquisa sólida de dois professores da Universidade Harvard, nos informa que os governos são muito menos poderosos do que pensam para influenciar os rumos de uma economia, mas são muito eficientes em levá-la para o brejo. Mais uma vez, fomos parar lá. Até quando?

A JABUTICABA (AMARGA) DA INDÚSTRIA
O Estado de S. Paulo– 05 Setembro 2015

É famosa a seguinte assertiva de Peter Drucker: "Os negócios têm duas funções básicas, marketing e inovação. Marketing e inovação produzem resultados, todo o resto são custos". Ao fazermos o oposto na indústria, surgiu uma graúda jabuticaba, aquela fruta que só dá no Patropi, que explica a baixa produtividade (e competitividade) da indústria manufatureira nacional. Com ela Drucker põe o dedo na ferida da nossa reincidente falta de alinhamento entre os incentivos dados e os resultados pretendidos, erro crasso que se agravou muito nestes anos de desvario petista. Trata-se do pior tipo de analfabetismo funcional: o de dirigentes que, no exercício de suas funções, tomam decisões mal informadas com efeitos perniciosos de longo prazo.

O desmonte acelerado da indústria nacional foi parido nas oficinas da política econômica equivocada do Patropi

Se, por um lado, a industrialização por substituição de importações no Brasil se fez sob pesada proteção tarifária por tempo excessivamente longo, por outro, os ganhos de produtividade da indústria nacional foram sendo abocanhados pelo governo via taxação excessiva. Dobrar o preço de um carro pelo peso dos impostos, durante décadas, vai ao âmago a questão. Trata-se de um duplo erro: protege demais a indústria ao custo de impedi-la de adquirir musculatura competitiva pelo esvaziamento do celeiro dos lucros, a tradicional fonte de recursos para investir ou honrar empréstimos. Nas últimas décadas, a prova do crime é a participação dos investimentos no produto interno bruto (PIB) muito abaixo dos 25% necessários.

O Senai e o próprio BNDES não foram capazes de compensar essa disfunção sistemática da atuação governamental. A qualidade do Senai na capacitação da mão de obra foi prejudicada pela alta rotatividade, induzida pela legislação trabalhista, com impacto fatal sobre a produtividade. No caso do BNDES, não houve capilaridade dos recursos em direção às pequenas e médias indústrias, cujo crescimento poderia ter sido bem maior do que foi, inclusive na contribuição que poderiam ter dado às exportações do País.

Quando se fala em carga tributária sufocante na indústria de transformação (47,4 centavos por real faturado, segundo estudo da Firjan com base em dados do governo), nada como fazer uma análise comparativa internacional *in loco*. Missão de industriais fluminenses à China tinha como primeira pergunta a seus colegas chineses quanto pagavam de imposto. E a resposta causava inveja: apenas três centavos por dólar faturado. Os reduzidos custos e direitos trabalhistas deixaram nossos empresários boquiabertos, já que lá os operários estariam supostamente no Poder.

Saltando do Oriente para o Ocidente, é natural que queiramos saber o peso da tributação sobre o setor manufatureiro nos EUA, no Canadá, na Europa e nos países de nossa região, como Chile, México e Argentina. A grande surpresa é que praticamente não pagam impostos. Ou pagam muito menos do que nós. A incidência tributária vai bater no final da linha, no comércio, nos serviços e na renda. Ninguém quer matar a galinha dos ovos de ouro, de cujas entranhas nasce a riqueza.

Merece registro, a título ilustrativo e de comparação com a indústria de transformação, a carga tributária de outro setor na economia brasileira. A da agropecuária somada à indústria extrativa, em 2012, era de apenas 6,3%, ao passo que a da indústria manufatureira atingia os píncaros de 47,4%, quase nove vezes mais. A lição evidente é que o dinamismo da agropecuária se beneficiou não só das pesquisas da Embrapa, mas também de um tratamento tributário diferenciado, que lhe permitiu ter lucratividade para investir, inovar, exportar e elevar em muito a sua produtividade ao longo das últimas décadas. Exatamente o oposto do que ocorreu com a indústria de transformação nacional.

Além do sintomático Refis serial, revelador de que a taxa de extração tributária já ultrapassou seu limite, temos também a comprovação, nos dias atuais, da curva de Laffer: a taxação excessiva acabou reduzindo a arrecadação. A falta de racionalidade de nosso sistema tributário já foi devidamente identificada: a burocracia pode ser pior que as alíquotas; não existe visão de seus efeitos ruinosos de longo prazo; os serviços no Brasil são pouco taxados, a despeito de responderem hoje por quase 70% do PIB e não atende aos requisitos da boa teoria econômica em termos de simplicidade e neutralidade. Esta última não distorce os preços relativos. Pesquisas comprovam que países com forte interferência do governo no sistema de preços pagam o preço das baixas taxas de crescimento, como ocorreu conosco no passado e agora.

Pior: o governo não se empenhou em levar a sério esforços de marketing num sentido amplo (políticas de comércio exterior e acordos bilaterais). E muito menos em criar condições para deslanchar um vigoroso e amplo processo de inovação sustentada, capaz de nos inserir competitivamente no comércio mundial. Simplesmente mandou a comprovada sabedoria de Drucker às favas.

A Europa, diferentemente dos EUA, tinha também um sistema tributário caótico, que se foi ajustando ao longo do tempo. Tem hoje o melhor IVA (imposto sobre valor adicionado) do mundo. O nosso foi cópia do confuso sistema tributário francês, que houve por bem abandonar o IPI em 1953, mas se esqueceu de avisar à Receita Federal do Brasil, que não se contenta só com ele.

Afinal, temos como nos livrar dessa jabuticaba? Sim, se dermos crédito a Andy Rubin, o criador do sistema para telefones celulares Android (os *smartphones*). Segundo ele, uma nova revolução industrial está em curso baseada na plataforma oferecida pela internet. A partir dela, dos códigos abertos e das impressoras 3D, é possível construir inúmeras coisas do mundo físico que têm tudo que ver com a atividade industrial. E essa trilha pode transformar-se numa larga avenida.

Em suma, com (muito) menos impostos e uma boa dose de inteligência operacional, a luz poderá voltar a brilhar no fim do túnel.

O ENCOLHIMENTO (ASSUSTADOR) DA INDÚSTRIA
O Estado de S. Paulo- 30 Setembro 2015

A desindustrialização do País se agravou muito nos últimos anos. A participação da indústria manufatureira no produto interno bruto (PIB) foi bater em apenas 10,9%, em 2014, de acordo com o IBGE, em sua nova metodologia de cálculo. A antiga e a nova coincidem, entretanto, no ano de 2008, num porcentual em torno de 16,5%. Essa queda brutal de quase seis pontos porcentuais em apenas seis anos (2008 a 2014) deixou o Brasil na desonrosa disputa pelos últimos lugares. O Brasil faz feio mesmo em relação a países de sua órbita regional, como México, Argentina e Venezuela, cujos porcentuais são, respectivamente, 17,8%, 15,3% e 13,5%.

Leis e medidas que fizeram murchar a indústria nacional

Pesquisa anterior (Regis Bonelli *et alii*, de 2013) havia chegado a um porcentual de 15% para o ano de 2011. Segundo os autores, tendo em conta que o fenômeno da desindustrialização havia ocorrido no mundo todo exceto na Ásia, este porcentual, ainda que abaixo do desejável, era aceitável. Certamente que os 10,9% do IBGE para 2014, e prováveis 10,3%, projetados pela Fiesp para 2015, riscam do mapa o aceitável, devendo ser substituído por assustador, pois o exterminador do futuro da indústria nacional está em plena atividade. E ele se chama governo brasileiro, como veremos a seguir.

Além do chamado trio mortal de câmbio desajustado, juro alto e carga tributária elevada, as razões dessa brutal contração vão bater no clima empresarial adverso (efeito PT) e em custos adicionais, no pior momento, à atividade industrial para o barco estar afundando. O grupo dos vilões do súbito encolhimento é formado por um quinteto fatal: a condução com viés ideológico da política de comércio exterior; a Norma Reguladora de Segurança no Trabalho para Máquinas e Equipamentos n.º 12 (NR-12); a certificação de produtos; as benesses excessivas e os encargos da legislação trabalhista; e o *timing* descompassado dos auditores fiscais e ambientais. A insegurança jurídica que causaram liquidou a disposição de investir dos empresários.

Vejamos cada um deles. Tomemos, primeiramente, a política de comércio exterior míope, que nos levou a assinar acordos comerciais, nestes anos petistas, com apenas seis países de pequena expressão comercial, enquanto o Chile o fez com 65 nações, incluindo parceiros como os EUA e a Europa.

A NR-12 estabelece uma série de normas, diretrizes e regulamentos a serem seguidos e ainda um conjunto de exigências descabidas. Entre outras lacunas, não foram postas à disposição linhas de financiamento para as indústrias, já que o custo é pesado. Passou por cima do Decreto Presidencial n.º 7.602, que manda financiar, mas não está regulamentado. As normas a serem seguidas têm custo que pode chegar a até R$ 50 mil. Não houve observância da Portaria n.º 186/10, do próprio Ministério do Trabalho e do Emprego, que ordena avaliar o impacto econômico-financeiro da norma regulamentadora antes de implementá-la. Trata do mesmo modo empresas de diferentes tamanhos. Obriga o fabricante nacional a atendê-la mesmo quando o importador da máquina não precisa obedecê-la em seu País (e em quase todos os demais), até por elevar o valor a ser pago em até 30%. Essa exigência foi por fim suspensa, e poucas outras mais em que prevaleceu o bom senso.

A NR-12 baseou-se no fato falso de que o Brasil seria o quarto País do mundo com maior número de acidentes de trabalho, quando, na verdade, 50% deles aconteceram no trajeto do trabalhador de casa até a empresa. Nenhum País inclui tais casos nessa categoria. O maior interessado na segurança do trabalhador é o próprio empresário. Montou-se uma legislação paternalista praticamente sem paralelo no mundo. Empresários alemães fizeram cara de espanto diante de certas exigências da NR-12. De 2010 a 2014, o número de autuações mais que sextuplicou e o de máquinas interditadas, quadruplicou. Um município mineiro teve todas as suas máquinas interditadas. A despeito da liberação posterior de 80% delas, máquinas continuam a ser interditadas em outras partes do País, reduzindo ainda mais a produção.

Quanto à certificação de produtos, que, em princípio, contribuiria para a competitividade de nossas empresas no mercado externo, houve falhas gritantes. A despeito de leis e normas, não foi posto à disposição financiamento e ainda foi exigida a Certidão Negativa de Débitos (CND), que tornou inviável o processo no caso de muitas empresas que reconhecem seus débitos e não podem pagar e nem se modernizar por absoluta falta de recursos. Aquelas que não conseguiram certificar-se simplesmente não conseguem mais vender seus produtos no mercado. O resultado é perda de faturamento, elemento sempre presente na hora de fechar uma fábrica, como vem ocorrendo em ritmo alarmante.

Dentre as muitas mazelas oriundas de uma legislação trabalhista arcaica que vem reduzindo o emprego, merecem registro seu viés antiprodutividade e a premiação do mau trabalhador. A frequência dos pedidos de dispensa para levantar o FGTS contribui para a elevada rotatividade da mão de obra, com efeitos perversos sobre a produtividade. E também impede a elevação sustentada do salário real do trabalhador a médio e longo prazos, sequela comprovada pela atual crise vivida pelo País.

Em relação ao timing descompassado da presença dos auditores fiscais e ambientais nas fábricas, houve um duplo efeito negativo. No primeiro caso, pela interrupção da produção com a interdição de máquinas. No segundo, pela extrema morosidade do licenciamento ambiental. Ambos retardaram em muito os planos de expansão dos empresários. Impõe-se, de parte a parte, uma parceria de esclarecimento, com prazos flexíveis, para permitir à indústria superar a crise, e não aprofundá-la, como se vem verificando.

E assim, qual samba do crioulo doido, se conta essa triste história do iminente extermínio da indústria de transformação brasileira. Mais que hora de atravessar o samba e interromper seu enredo catastrófico.

SÃO TOMÉ ÀS AVESSAS
Diário de Petrópolis – 3 Outubro 2015
Tribuna de Petrópolis – 4 Outubro 2015

É muito conhecida a passagem bíblica (João 20:30) em que São Tomé não acredita que os demais apóstolos tenham visto Jesus ressuscitado. Sua descrença era total. Em suas próprias palavras: "Se eu não vir o sinal dos cravos em suas mãos, e não puser o meu dedo no lugar dos cravos, e não puser a minha mão no seu lado, de maneira nenhuma o crerei". Oito dias mais tarde, Jesus reaparece aos apóstolos, com Tomé presente, e manda que toque em suas chagas. Tomé, arrependido, exclama, acreditando: "Senhor meu, e Deus meu!" Disse-lhe, então, Jesus: "Porque me viste, Tomé, creste; bem-aventurados os que não viram e creram".

Quando ver e acreditar deixam de fazer sentido óbvio

Pois bem, o que nem Tomé, nem Cristo poderiam supor é a existência de seres, supostamente racionais, que veem e mesmo assim não acreditam.

Este é o caso do tresloucado documento tornado público pela Fundação Perseu Abramo, centro de estudos mantido pelo PT, com críticas severas ao ajuste que não houve, repito, que ainda não houve, conduzido pelo ministro da Fazenda, Joaquim Levy, eivado de propostas na linha da nova matriz econômica, aquela que levou o País para o buraco em que estamos metidos. Trata-se de um legítimo exercício de *voodoo economics*, termos utilizados na literatura econômica mundial para designar propostas sem pé nem cabeça tanto em matéria de teoria como de política econômica. O economista Pedro Rossi, da UNICAMP (sempre ela em matéria de teoria econômica de pé quebrado), teve a pachorra de afirmar que "O risco que temos com esse ajuste recessivo é dar uma marcha à ré social". Ignora solenemente que quem engrenou essa marcha à ré foi a própria Dilma a despeito de todos os alertas, dois anos atrás. Por pouco não terceirizou a culpa na base da herança maldita de FHC.

Mas a alucinação não fica por aqui. Numa solenidade de lançamento do Índice Global de Inovação, realizada na sede da Firjan no Rio, em 30 de setembro passado, Jorge Gerdau, ao enfatizar a importância fundamental da parceria da academia com as empresas para transformar conhecimento (via pesquisa) em produtos e serviços úteis demandados pela sociedade, nos brindou com a seguinte pérola. A Universidade Federal do Rio Grande do Sul, em reunião da reitoria com os diversos departamentos que a compõem, decidiu não realizar parcerias da academia com as empresas. Não foi a primeira universidade brasileira a embarcar em tal disparate. Certos acadêmicos da UFRJ, no passado, viam essa parceria como algo que iria conspurcar suas pesquisas acadêmicas. Diziam mesmo: "Não estou aqui para botar dinheiro no bolso de empresário!" Só se esqueceram de que ao não darem sua contribuição para transformar conhecimento em produtos e serviços, como se faz nos países mais avançados do mundo, também não geram empregos nem pagamento de salários necessários para produzir tais produtos. Pode?

A economista Monica de Bolle, em sarcástico artigo publicado em *O Globo*, de 01.10.2015, intitulado *O cérebro 'desenvolvimentista'*, nos fala dessa síndrome de São Tomé às avessas. E pergunta, com toda razão: "É razoável que economistas de boa formação abandonem os preceitos básicos de sua profissão para apregoar o indefensável?" Ainda segundo ela, "capitalismo", "mercado", "expectativas" deixam essa turma em curto-circuito cerebral. Só se acalmam com o "endividar-se mais ainda para crescer" ou com o "expandir o crédito público para impulsionar o investimento". Ou seja, mais do que não funcionou.

Os exemplos da ex-URSS e da China, com suas burocracias calcinadas e inoperantes, não lhes ensinaram nada. Aqui ao lado, temos o exemplo da Venezuela, com as prateleiras de seus supermercados vazias, e a reviravolta na própria Cuba também não lhes ensinaram nada. Bom lembrar que a Venezuela – falida – pôs em prática uma política econômica muito ao gosto de nossos tresloucados economistas do PT. De fato, o pior cego é o que não quer ver.

DILMA, PRISIONEIRA DE DESAJUSTES
Diário de Petrópolis – 7 Novembro 2015
Tribuna de Petrópolis – 8 Novembro 2015

As últimas notícias sobre as propostas do PMDB para o tão necessário ajuste das contas públicas parecem indicar que o partido, finalmente, se deu conta daquilo que precisa ser feito para colocar a casa em ordem. Acordou, pelo jeito, para o fato de que está em má companhia junto ao PT tanto do ponto de vista político quanto em matéria de política econômica. Se não, vejamos.

Para ficar mais fácil comparar a sanidade do PMDB com a irresponsabilidade das ações do governo, listamos a seguir as propostas do primeiro e, entre parênteses, as maluquices do segundo. São elas: (i) limite para as despesas públicas (aumento de impostos); (ii) controlar a dívida pública com inflação no centro da meta de 4,5% ao ano (dívida continua crescendo e a inflação já é mais que o dobro de 4,5% em 2015); (iii) política de desenvolvimento centrada na iniciativa privada (agenda antiprivatização); (iv) busca de acordos regionais de comércio com EUA, Europa e Ásia (o governo prioriza o capenga Mercosul); (v) acabar com vinculações constitucionais ao orçamento, como recomendam órgãos internacionais (aumento das despesas obrigatórias, impeditivas do ajuste); (vi) despesa orçada deve ser executada (despesas ultrapassando os limites legais); (vii) programas estatais serão avaliados por um comitê independente (o governo avalia sozinho os programas sociais com viés politiqueiro); (viii) convenções coletivas de acordos trabalhistas poderão prevalecer sobre as normas legais (deixar quase como está, em prejuízo dos próprios trabalhadores quanto a salários e manutenção dos empregos); (ix) redução do número de impostos e unificar a legislação do ICMS (aumento de impostos para fechar as contas com a recriação da CPMF); e (x) racionalizar a

Os efeitos deletérios da visão ideológica dos fatos

burocracia dos licenciamentos ambientais (governo defende, sem implementar, a fixação de prazos para a concessão de licenciamentos ambientais).

Pois bem, diante de fatos óbvios e desviantes da solução, a Sra. Dilma respondeu com a seguinte pérola: "Não estamos prisioneiros de ajustes". Pensando bem, e levando em conta que já perdemos um ano nesse vai-e-vem sem rumo do (des)governo Dilma, ela até que tem razão. De fato, ela é prisioneira de desajustes de seu primeiro mandato que continuam de vento em popa neste segundo. Se o leitor pensou em algum tipo de disfunção mental, acertou na mosca. Fica difícil imaginar outra causa primária.

Lula, nesse meio tempo, não perdeu a oportunidade de afrontar a lógica. Afirmou que "ganhamos uma eleição com um discurso e, depois, tivemos que mudar o nosso discurso e fazer aquilo que a gente dizia que não ia fazer, e isso é um fato". Não é. O discurso mudou, mas a prática tresloucada continua na mesma batida, haja vista as "pedaladas" que ocorreram em 2015...

Já FHC, em entrevista ao programa *Conexão Roberto D'Ávila*, manteve, como de hábito, o bom senso. Segundo ele, "O problema é eles (PT) entenderem o que se passa, que esse populismo latino-americano leva os países ao desastre, a Venezuela está acabando como País. Eles vão continuar a tomar essas mesmas posições? (...) Acho que o PT foi engolido por uma utopia regressiva, mas pode reagir. Precisa pensar no futuro, em ideias novas". Pede mesmo um gesto de grandeza de Dilma: uma renúncia condicionada a que o congresso aprovasse as medidas cabíveis e necessárias, como as listadas acima.

Infelizmente, as esperanças de FHC são vãs. Dilma já declarou que está presa aos desajustes que ela cultiva e mantém desde o primeiro mandato. Quanto ao lulopetismo, o viés ideológico em matéria de política econômica e de comércio exterior leva a crer que o filme de terror a que estamos assistindo vai continuar em cartaz. Mais que hora do PMDB se aliar ao PSDB e colocar o PT na oposição, que parece ser sua especialidade. E limpar o terreno para as reformas indispensáveis tão necessárias ao País.

SONEGÔMETRO OU ENGANÔMETRO?
O Estado de S. Paulo – 11 Novembro 2015

Completou uma década o Impostômetro, uma iniciativa da Associação Comercial de São Paulo. Seu objetivo era e é conscientizar o cidadão brasileiro da sobrecarga tributária que lhe pesa sobre os ombros. Aquela corrida alucinante, registrada no painel, dos bilhões de reais arrecadados pelas três esferas de governo dá a quem passa a certeza de que pagamos demais e recebemos muito pouco em troca dessa montanha de reais que vai para os cofres públicos.

A gula tributária sem limites do Estado brasileiro

Segundo o Instituto Brasileiro de Planejamento e Tributação (IBPT), em 1994 o brasileiro tinha que trabalhar 3,5 meses por ano para pagar ao fisco, 4,5 meses em 2004 e 5 meses em 2014. Em apenas duas décadas foi exigido de cada cidadão um mês e meio a mais de trabalho para saciar a voracidade arrecadatória do (des)governo. Não espanta, pois, a reação da população apoiando, com quase um milhão de adesões na internet, a campanha #NãoVouPagaroPato, da Fiesp e da Firjan. Corte de gastos é o que a sociedade está a exigir. Essa é a receita que funciona para tornar a máquina pública eficiente, a fazer mais com o que já tem demais.

Nesse meio tempo, foi lançado, no último dia 22, pelo Sindicato dos Procuradores da Fazenda Nacional (Siprofaz), o Sonegômetro, um indicador do que é sonegado no pagamento de impostos no País. Já teria atingido R$ 420 bilhões até outubro deste ano. Somos informados de que com esse valor o governo teria arrecadado treze vezes mais do que conseguiria com a recriação da CPMF. Também nos dizem que daria para pagar várias vezes as "pedaladas" fiscais de 2014, estimadas em R$ 40 bilhões pelo Tribunal de Contas da união (TCU). Pelo jeito, estaria tudo bem se todos os impostos estivessem sendo devidamente pagos. Uma daquelas conclusões simples – e erradas – para um problema muito mais complexo.

A primeira conta a ser feita é somar o valor do Sonegômetro com o do Impostômetro, que já bateu, na mesma data, em R$ 1,629 trilhão. O resultado ultrapassa pouco mais de R$ 2 trilhões até outubro do corrente ano. Fazendo uma estimativa até o fim de 2015 para os dois indicadores, somados eles atingiriam cerca de R$ 2,5 trilhões, para um PIB que deverá cair 3% em relação ao de 2014, ou seja, para R$ 5,4 trilhões. Dividindo o valor anterior pelo do PIB encolhido, a carga tributária bateria em quase 46% do PIB, algo único no mundo. Tudo muito simples: no seu expediente da parte da manhã, o contribuinte trabalha para pagar os impostos (quase metade do seu dia de trabalho!) e, na parte da tarde, ele se ajeita com o que restar para sobreviver.

Mas não é só isso. Pelo jeito, não foi feita uma distinção crucial, em especial no atual (e prolongado) período de crise a que o País foi levado por incompetência do governo Dilma. Uma coisa é não declarar o imposto devido, o que configura sonegação. Outra, muito diferente, é declarar e não conseguir pagar os valores declarados. Hoje é praticamente impossível tirar uma nota fiscal sem que a Receita tome conhecimento. Só que para manter a empresa viva a prioridade tem sido pagar salários e fornecedores, além de itens como energia, indispensáveis ao seu funcionamento. E esse é um fenômeno que se vem agravando, ratificado pelo fechamento de inúmeras empresas, em especial no setor da indústria manufatureira. A questão central é buscar entender o porquê desse assustador estado de coisas.

Os baixos preços de que fala Marx no *Manifesto Comunista*, decorrentes da concorrência capitalista, comandada pela burguesia, parece que ainda não chegaram ao Brasil. Em entrevista minha recente, fui arguido sobre esse ponto (www.youtube.com/watch?v=B_sq54ECQCk[*]) pelo entrevistador, que queria saber a razão de minha posição discordante no caso brasileiro. A razão é cristalina: aqui os preços chegam até a dobrar para acomodar os impostos embutidos (e bem escondidos!) no preço final de bens e serviços.

O Siprofaz ainda não se deu conta de que tal descalabro prejudica não só o consumidor, como também o lucro do fabricante, retirando-lhe recursos para futuros investimentos. Daí o baixo crescimento da produtividade no Brasil,

---
* Acesso em 2/Maio/2016.

associado, sem duvida, à elevadíssima taxa de extração tributária a que está sujeita, em especial a indústria, o que não ocorre com o agronegócio, cuja carga é de quase 1/8 da incidente sobre a indústria de transformação, esta já em adiantado processo falimentar. Ou de quase extinção, se não reagirmos.

É nesse sentido que o Sonegômetro mais se parece com o que podemos chamar de Enganômetro. O brutal volume de recursos que não estaria entrando nos cofres públicos é um sintoma da doença que está sufocando a economia nacional, e bem merece um neologismo: tributite aguda. Ele é enganoso por refletir justamente o que deveríamos estar pagando a menos. Ou até menos ainda, se quisermos voltar a crescer a taxas bem mais expressivas que as dos últimos quarenta anos, que foram de apenas 1% ao ano em termos de renda real *per capita*. Isso nos coloca na desconfortável situação de empobrecer relativamente às demais nações. Ou de acrescentar mais uma à nossa coleção de décadas perdidas.

Estudo coordenado pelo economista Paulo Rabello de Castro fazia uma simulação econométrica em que a redução anual de nossa carga tributária (38%) de um ponto porcentual ao longo de dez anos permitiria o País a voltar a crescer na faixa de 5% a 6% ao ano. Isso significa voltarmos a um patamar em torno de 28% de carga, que é o que o México e o Chile ostentam hoje – e vão muito bem, obrigado, num ritmo de invejável crescimento comparado ao poc-poc – ou seria PAC-PAC, aquele fatídico Plano de (des)Aceleração do Crescimento? – do pangaré brasileiro cavalgado pelos governos petistas.

Edward De Bono, renomado criador do conceito de pensamento lateral, nos alerta para o risco de continuarmos a cavar mais fundo no mesmo buraco em que estamos afundando. Para chegar ao ouro é preciso cavar em outro local e ter em mente quão enganoso pode ser o Sonegômetro.

POR QUE AS NAÇÕES FRACASSAM?
Diário de Petrópolis – 6 Fevereiro 2016
Tribuna de Petrópolis – 7 Fevereiro 2016

Já faz bastante tempo que um colega da faculdade de economia, comentando as mazelas nacionais, me disse que o problema com o Brasil é que não conseguimos sedimentar as conquistas. Vira e mexe e lá estamos nós de volta ao ponto de partida. Esses últimos cinco anos de Dilma são o retrato perfeito do retrocesso. Contrariamente ao lema de JK, cinquenta anos em cinco, ela conseguiu a proeza de fazer o oposto num quinquênio de marcha à ré desvairada. Diversos indicadores, em especial os sócio-econômicos, comprovam o estrago que foi feito pela incompetência de mãos dadas com a roubalheira. Como diria o próprio Lula, nunca antes na História deste País se viu algo dessa monta. Obra do PT e de suas lideranças que diziam estar atuando na defesa dos interesses dos trabalhadores. Uma piada de (muito) mau gosto.

> *O fracasso não está escrito nas estrelas. Ele é obra humana*

Mas como explicar fenômenos desse tipo? Existem duas correntes que buscam dar uma resposta à questão do que faz os países ficarem ricos ou pobres: uma aposta suas fichas na qualidade das instituições (tese defendida em livro pelos professores Daron Acemoglu e James A. Robinson) e a outra defende a hipótese geográfica (encampada por Jared Diamond em meticuloso artigo). Na verdade, elas se completam, já que até o próprio Diamond admite que os dois professores conseguem explicar algo em torno de 50% das diferenças em prosperidade entre as nações com base na hipótese institucional, embora tenham deixado de fora razões que desvendariam os outros 50%.

Por boas instituições, os professores Acemoglu e Robinson entendem aquelas que permitem aos habitantes de um País progredir, em especial disporem de poder político para exigirem das autoridades que cumpram seus deveres em benefício do interesse público, a saber: saúde, educação e infraestrutura de qualidade, inflação sob controle e ambiente favorável ao espírito empreendedor de cada cidadão. Já a hipótese geográfica de Diamond foca na geografia dos países, suas vantagens e desvantagens. As regiões tropicais, por exemplo, são afetadas pelo clima adverso, baixa produtividade da agricultura e doenças tropicais, que reduzem a vida útil de cada trabalhador, tornando-o menos produtivo do que os das regiões temperadas do planeta.

A melhor maneira de extrair o significado maior das duas posições é incluir o fator tempo no processo. De fato, as grandes civilizações tiveram início nas regiões temperadas. Nas regiões extremamente frias ou quentes, o *homo sapiens* (e a mulher sapiens, da Dilma) era vítima das condições extremamente adversas do meio-ambiente. (Eu ainda me lembro de um excelente professor de História que eu tive me dizendo que a impressão de certo tipo de livro era difícil no Brasil até meados do século XX em função da incapacidade de as tintas importadas resistirem ao calor tropical).

Note, caro leitor, que tudo isso mudou muito. O ar condicionado permitiu criar um ambiente de trabalho (e produção) semelhante ao das regiões temperadas. A própria agricultura, cujas sementes não podiam ser plantadas aqui sem adaptá-las às novas condições de solo e temperatura, caminhou devagar até que os avanços das pesquisas fizeram o milagre. A Embrapa, no Brasil, desbravou essa nova era. Por volta de 1970, a produtividade brasileira era um quinto ou um quarto da americana e hoje é equivalente ou até superior.

O fator tempo permitiu que os fatores geográficos adversos fossem neutralizados, fazendo com que a qualidade das instituições seja, cada vez mais, o fator determinante da riqueza ou da pobreza das nações. De fato, análises quantitativas respaldam a conclusão de que 50 a 70% do sucesso dos países dependem da qualidade de suas instituições, em especial do capital humano acumulado. A boa notícia é que momentos de crise como o atual abrem as portas para mudanças profundas, rápidas e há muito necessárias. O verde da esperança não pode morrer.

RISCO DE MAIS DÉCADAS PERDIDAS
O Estado de S. Paulo – 21 Abril 2016

Pensar o impensável – um futuro de décadas perdidas – nos alerta para a necessidade de tomar providências estruturais o quanto antes. (Meu artigo "Armadilhas institucionais imobilizantes", no Estadão de 30/6/2015, explora essa questão da moldura institucional paralisante: corrupção sistêmica, dívida pública explosiva, carga tributária escorchante, subinvestimento, bur(r)ocracia e ampla economia informal). A ameaça é real. O descaminho trilhado pelo PT nessa direção já fez estragos monumentais.

A histórica marcha lenta do Patropi republicano

A rigor, não é de hoje que estamos crescendo abaixo do nosso potencial, com perda de posição relativa, como comprovado no livro *Ficando para trás – Explicando a crescente distância entre a América Latina e os Estados Unidos* (2008), organizado por Francis Fukuyama. A posição do Brasil relativamente à renda média *per capita* americana pouco mudou desde 1970.

Por quê? Eis a questão: ainda que haja controvérsias, a melhor resposta está no livro do professor Daron Acemoglu, do Massachussetts Institute of Technology (MIT), *Por que as nações fracassam*. Em linhas gerais, o que ele afirma é que o desenvolvimento resulta da qualidade do aparato político-institucional dos países. Em especial da educação de qualidade e dos incentivos ao exercício efetivo da cidadania e do espírito empreendedor, emperrado entre nós pelo cipoal da bur(r)ocracia e pela carga tributária sufocante. Os indicadores do *Doing Business* sempre nos são muito desfavoráveis desde seu ano inicial de 2004, com piora nesses anos dilmistas. E certamente o seriam antes se tivessem sido computados nas décadas anteriores.

A melhor ilustração do que seja a qualidade das instituições de um País são os casos das duas Coreias e das duas Alemanhas. Nelas, temos o mesmo povo, a mesma língua, a mesma cultura, a mesma raça; a única diferença são as instituições, ou seja, o aparato político e econômico. Os alemães ocidentais, logo após a reunificação, referiam-se a seus irmãos da Alemanha Oriental como um bando de preguiçosos ineficientes. Eliminado o setor privado, todos passaram a ser funcionários públicos, com baixo nível de iniciativa individual. Quanto mais obedientes ao bur(r)ocrata-chefe, maior era a recompensa para subir na hierarquia do partido. Se pensou no Brasil atual, caro leitor, acertou na mosca.

A Coreia do Norte, comparada à do Sul, torna cristalino como as instituições comunistas castram um povo em que tudo o mais é semelhante. Enquanto esta última atingiu renda *per capita* de Primeiro Mundo no espaço de cerca de uma geração, com empresas de porte internacional e tecnologia de ponta, a do Norte tem tido dificuldades de alimentar seu próprio povo. Quase aceitou receber alimentos dos EUA em troca de interromper seu delírio nuclear.

O Brasil de hoje é vítima de um aparato político (instituições) que sufoca o crescimento de sua economia. Assim como se descobriu na antiga União Soviética e na China que a luta de classes era o motor enguiçado da História, cabe a nós também trocar o nosso por outro para avançar de fato, livrando a Nação do astronômico custo Brasil. Se tivermos a capacidade de encolher o governo, com base numa reforma política em profundidade, com a adoção do parlamentarismo (com cláusula de desempenho) e simplificação dos entraves legais, tributários, previdenciários e burocráticos, para resgatar o tempo perdido, aí, sim, deixaremos de colecionar décadas perdidas.

Podemos, nesse caso, seguir com segurança o conselho de Peter Drucker, para quem farejar o futuro nas frestas do presente – ou inventá-lo – é a garantia de prever certo. Foi o que ele fez após estudar as tendências demográficas dos EUA e da Europa. Anteviu que o aumento da longevidade das pessoas iria abrir um imenso mercado de bens e serviços para idosos. Também aconselhou Jack Welch a se concentrar em produzir apenas os dois produtos mais rentáveis em seus diversos segmentos de mercado. Foi assim que ele conseguiu a proeza de dar um salto quântico no faturamento da mastodôntica GE nos 20 anos em que esteve à frente da empresa.

Esses dois exemplos nos servem bastante bem. O crescimento da população de idosos nos alerta para o fato de ser imperioso ampliar para 65 anos a idade mínima para a aposentadoria. E ainda mudar o critério de reajustes dos aposentados na faixa de um salário mínimo: manter seu poder aquisitivo, mas sem conceder aumentos reais, como ocorreu em período decenal recente, em que dobrou em termos reais. A reativação do investimento público passa por esses dois itens em volume considerável.

Quanto a concentrar recursos nas áreas mais rentáveis, o caminho inescapável é a reindustrialização do País. Não só é possível como é condição *sine qua non* para a retomada do crescimento em bases sustentáveis, cujos fundamentos são a inovação e a elevação substancial da produtividade. Exatamente o que nos faltou nos últimos 30 anos. Essa é a visão do economista coreano Ha Joon Chang, Ph.D. por Cambridge, onde leciona Economia, em sua instigante entrevista ao jornal Valor de 29/1. Ele vai fundo: não acredita em mundo pós--industrial, pois a indústria continua a ser a "maior fonte de novas tecnologias". Com razão, ele nos alerta que "países com alta produtividade em *commodities* e serviços lançam mão das tecnologias desenvolvidas na indústria para elevar a produtividade em outros setores".

Apostar nossas fichas nas ações indispensáveis de combate à corrupção é condição necessária, mas não suficiente, para ir adiante. É mister restaurar o clima de confiança favorável ao investimento e à rentabilidade, passaportes para a inovação e a elevação da produtividade. Mais: entender o lucro como fonte de recursos para implementar esses dois requisitos vitais para recuperar o tempo perdido. Em suma, reindustrializar não é a bandeira de um setor, mas do País como um todo para nos livrar de um futuro de décadas perdidas.

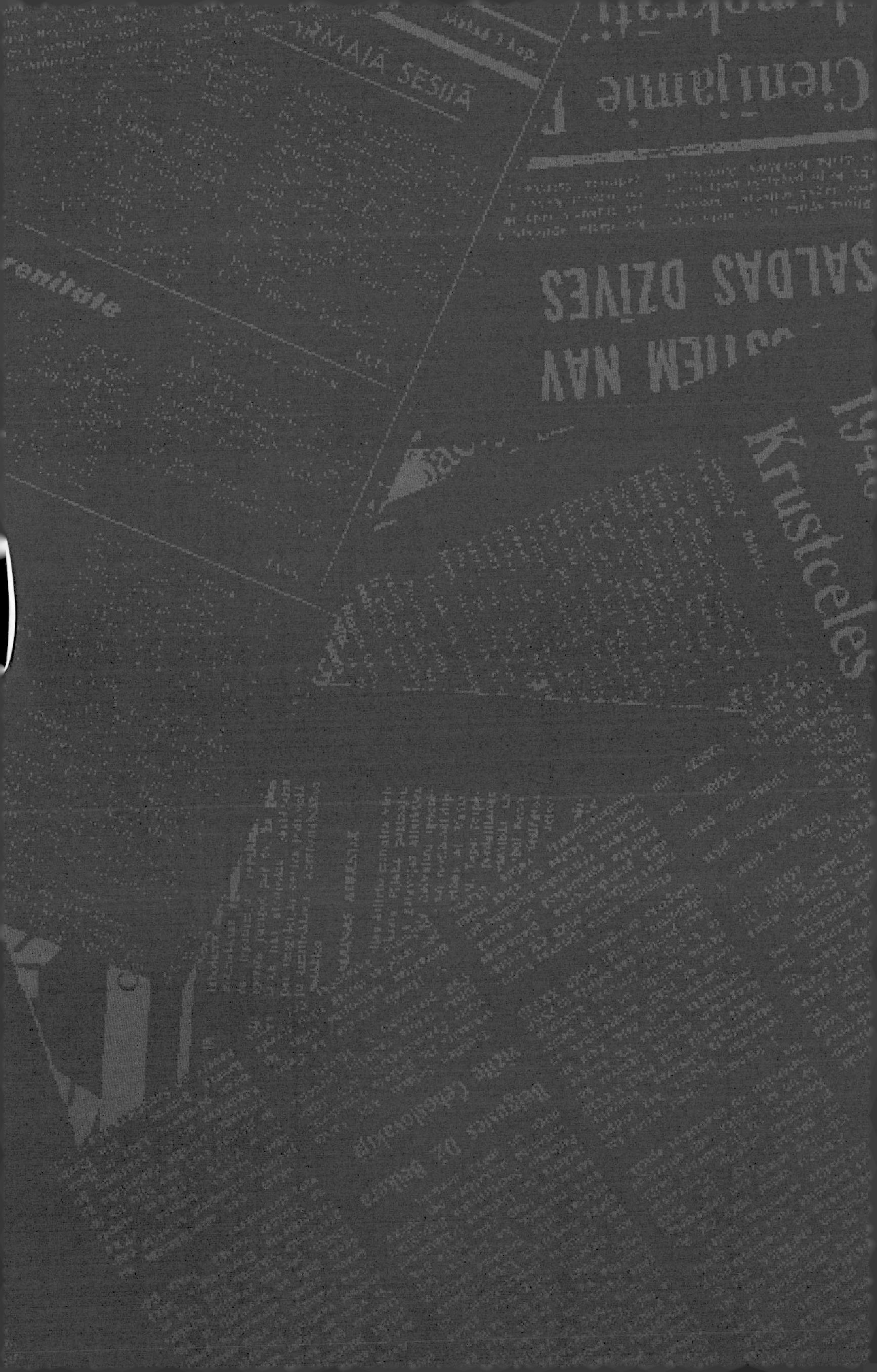
Cienījamie
SALDAS DZĪVES
Krustceles

EMPREENDEDORISMO

FIDALGUIA E ESPÍRITO EMPREENDEDOR
Diário de Petrópolis – 13 Outubro 2012
Tribuna de Petrópolis – 14 Outubro 2012

Meu entusiasmo pela figura do empreendedor resulta de sua capacidade de criar e realizar. A própria origem grega da palavra entusiasmo (*en-theos*) é reveladora: *en* (dentro) e *theos* (Deus), aquele que traz Deus dentro de si, ou aquele que é inspirado por Deus. De fato, a história pessoal dos grandes empreendedores deixa claro seu entusiasmo e sua capacidade de criar novos mundos a partir de nada ou quase nada, como foi o caso, no Brasil, das Baterias Moura. Nascida um tanto "perdida" na pequena cidade de Belo Jardim, no agreste pernambucano, a cerca de 200 km do Recife e a 2500 km do centro nervoso da indústria automobilística brasileira em São Paulo, tinha tudo para dar errado e é hoje "apenas" a maior fabricante de baterias do País.

Fidalguia e espírito empreendedor têm ligação umbilical

O empreendedor transforma seu sonho em realidade contra tudo e contra todos, pelo menos nos primeiros momentos em que resolve levar adiante seu sonho "maluco". A reação típica de amigos e familiares é na base do "Você está doido?!" Trata-se de uma expressão com passagem obrigatória pelos ouvidos do empreendedor em seus tempos heróicos. Mas ele vai em frente como se fosse um surdo seletivo. Não ouve aquilo que vai lhe tirar o foco. Ou criar ruídos em suas antenas.

A palavra *empreendedor* tem origem no francês – *entrepreneur*. Adotando a técnica do esquartejador de ir por partes, essa poderosa palavra pode ser desmembrada em três componentes: *entre-pre-neur*. *Entre* significa entrar; *pre*, primeiro e *neur*, centro nervoso. Ou seja, ele é aquele que entra primeiro no centro nervoso de um negócio, criando-o a partir do zero ou reformulando-o radicalmente de modo a abrir um novo mercado até então não percebido pelos demais. Para resumir: enquanto uns choram, ele vende lenços.

Cabe ainda um esclarecimento quanto ao que é fundamental para o sucesso do empreendedor. Curiosamente, ter capital, crédito, escolaridade formal elevada, ser jovem ou maduro, pertencer ao sexo masculino ou feminino, nada disso é pré-condição de sucesso. Diante de seu espanto, você deve estar se perguntando: o quê, então, de fato, conta para ele chegar lá? A resposta é muito simples: comportamento pró-ativo e uma imensa capacidade de aprender na escola da vida, ou seja, muita escolaridade informal. A escolaridade formal não desenvolve necessariamente nas pessoas essa capacidade de aprender por elas mesmas. O professor por vezes exerce junto ao aluno o papel de muleta permanente. A reação do acadêmico e do empreendedor, em especial no Brasil, diante de algo que desconhecem é mais que ilustrativo em termos dos resultados práticos e da velocidade de um e de outro para atingir sua meta. O acadêmico vai-se sentar e estudar cuidadosamente o assunto ao passo que o empreendedor vai-se levantar da cadeira e contratar alguém para lhe dar a resposta de que necessita. O "doutor" Camargo, da Camargo Correa, multinacional brasileira da construção civil, resumiu essa postura numa frase memorável: "Sempre trouxe para trabalhar comigo gente muito mais competente do que eu". Também uma lição de humildade.

Meu objetivo ao escrever o meu livro *Revele-se Empreendedor – Os segredos de quem faz acontecer* – foi despertar nas pessoas seu lado empreendedor que, contrariamente ao que diz a sabedoria convencional sobre o tino comercial nato, pode ser desenvolvido tanto para satisfação pessoal e – por que não dizer? – como para o bem do País. Eu mesmo me considero uma pessoa que passou por essa dolorosa, mas gratificante, transformação pessoal de ir além do acadêmico, que estudou economia regional durante quatro anos na Universidade da Pensilvânia, para dominar esse novo mundo em que o espírito empreendedor está no comando. No meu caso pessoal, combinar essas duas experiências de vida foi tremendamente enriquecedor. De toda forma, tendo-se ou não formação acadêmica, o que importa é desenvolver nossa capacidade de nos levantar da cadeira, de nos mexer, de fazer acontecer.

Padre Antonio Vieira, o imperador da língua segundo Fernando Pessoa, arrolou os dez predicamentos (predicados) da fidalguia transcritos a seguir:

"Há fidalguia que é substância, porque alguns não têm mais fidalguia que a sua substância; há fidalguia que é quantidade: são fidalgos porque têm muito de seu; há fidalguia que é qualidade, porque muitos, não se pode negar, são muito qualificados; há fidalguia que é relação: são fidalgos por certos respeitos; há fidalguia que é paixão: são apaixonados de fidalguia; há fidalguia que é "ubi" (lugar): são fidalgos porque ocupam grandes lugares; há fidalguia que é sítio e desta casta é a dos títulos, que estão assentados e outros em pé; há fidalguia que é hábito (indumentária): são fidalgos porque andam mais bem vestidos; há fidalguia que é duração: são fidalgos por antiguidade. E qual destas é a verdadeira fidalguia? Nenhuma. A verdadeira fidalguia é ação. Ao predicamento da ação é que pertence a verdadeira fidalguia: as ações generosas e não os pais ilustres são as que fazem fidalgos. Cada um é suas ações e não é mais nem menos".

Fidalgo, ao pé da letra, significa "filho de algo", e não filho de alguém (importante). O empreendedor é, sobretudo, filho de suas ações, de suas obras. Mereceria, sem dúvida, o reconhecimento do Padre Antonio Vieira em seu mais alto grau: a essência da fidalguia. Um mundo melhor só pode ser construído se a fidalguia da ação for nosso Norte orientador. Já deu para perceber, caro leitor, que fidalguia e espírito empreendedor são parentes muito próximos.

ANALFABETISMO FUNCIONAL
Diário de Petrópolis – 25 Maio 2013
Tribuna de Petrópolis – 26 Maio 2013

Um conhecido jornalista de *O Globo* manifestou, recentemente, seu desconforto com o palavreado analfabetismo funcional. Um tanto longo e pedante, embora reconhecesse a tragédia nacional que está por trás destas palavras. Tenho um uma visão diferente sobre essa terminologia. É muito bom, num sentido fundamental, que ela nos incomode em seus próprios termos. O invólucro já nos alerta para o conteúdo mortal de seus efeitos para o País. E as providências urgentes a serem tomadas.

A incapacidade de entender o que foi lido e o custo social e econômico daí resultante

Uma definição objetiva de analfabeto funcional é o indivíduo que não sabe – realmente – ler, escrever e fazer conta. Ele não domina plenamente as habilidades de interpretar um texto, de se expressar adequadamente em linguagem escrita e de realizar operações matemáticas com pleno domínio. Dito de modo mais conciso: não aprendeu a pensar com clareza. Não é preciso muita imaginação para avaliar o tamanho do estrago que é ter hoje apenas um brasileiro em quatro alfabetizado funcionalmente na nossa era da sociedade do conhecimento, assim denominada corretamente por Peter Drucker. Embora haja três gradações de alfabetizado funcional, refiro-me aqui ao nível pleno, assim definido pelo INAF – Indicador Nacional de Alfabetismo Funcional.

Uma pitada de História nos ajuda a compreender o drama do pouco caso da república em relação à educação de qualidade no Brasil. A cidade do Rio de Janeiro tinha 50% de sua população alfabetizada em 1889, ano final do Império. O País como um todo tinha cerca de 20% de sua população alfabetizada. O compromisso de Pedro II com a educação era de tal ordem que, além de ter criado inúmeras escolas públicas no Rio de Janeiro, comparecia regularmente ao Colégio Pedro II para acompanhar e fiscalizar o ensino que estava sendo ali ministrado. Já naquela época, o padrão de excelência daquela instituição era reconhecido. No resto do País, como o ensino ainda não era abrangente, sendo destinado ao extrato da população de maior poder aquisitivo, é razoável supor que fosse de boa qualidade. (Bom lembrar que Dom João VI criou escolas para meninos e meninas pobres e o próprio Pedro II concedia muitas bolsas de estudos para estudantes carentes, o chamado bolsinho imperial.) Conclusão: em 120 anos de república, avançamos pouco em matéria de alfabetização funcional. De um em cinco para apenas um em quatro! São muitas as más consequências dessa incapacidade de pensar com clareza.

A mais séria de todas é que a probabilidade de tomar decisões equivocadas, ou mal informadas, aumenta muito, com efeitos desastrosos a médio e longo prazos nas mais diversas áreas. No plano político, por exemplo, conseguimos montar uma legislação eleitoral e partidária que faz com que os políticos se sirvam dos partidos ao invés de servi-los. O resultado é que a vida político--partidária brasileira vem piorando a cada eleição. Na economia, estamos nos distanciando das boas práticas herdadas de FHC para enveredar para ajustes pontuais que não vão ao cerne do problema. (A trajetória recente do México é ilustrativa. Muito mais antenado do que nós na defesa de seus interesses, ele vem fazendo seu dever de casa com muito mais competência. No comércio internacional, assinou tratados com regiões e países que realmente têm futuro. Sua carga tributária de 19% é a metade da nossa. Ou seja, vem fazendo a coisa certa, que já se reflete em sua renda per capita e no padrão de vida de seus habitantes enquanto nós ficamos para trás.)

Duas curtas histórias reais dão a medida do que é e do que poderá ser. A primeira ilustra o lado negativo e a segunda, os frutos que teríamos colhido se nossa população fosse devidamente alfabetizada em termos funcionais.

A primeira delas ocorreu com a *Papillon*, uma indústria que fabrica caixas de papelão. Decidida a implantar a ISO 9000, um conjunto de normas técnicas para a gestão contínua da qualidade nas empresas, ela se deu conta que, em determinado momento, o processo emperrou. Estuda daqui e dali para saber o porquê e se chegou à conclusão que as funcionárias eram funcionalmente analfabetas a despeito de terem pelo menos oito anos de escolaridade. A empresa parou o programa por um ano para alfabetizar funcionalmente suas colaboradoras e assim levar a bom termo a implantação da ISO 9000. Uma tristeza e uma alegria. A tristeza foi constatar a péssima qualidade do ensino recebido na escola pública, que as tornou incapazes de ler e compreender instruções. A alegria foi constatar que as mesmas pessoas, submetidas a um ensino de qualidade, responderam à altura. Não é, portanto, um problema de QI.

A segunda é de cunho positivo, para não dar ao artigo o tom de que o País vai acabar depois de amanhã. Um professor amigo meu fez parte de uma banca examinadora de três teses na área de TI (Tecnologia da Informação) de alunos de EAD (Ensino a Distância) oriundos da Baixada Fluminense. Ele se surpreendeu com a qualidade das teses e as aprovou com louvor. Em conversa posterior, eu lhe chamei a atenção para uma característica intrínseca do ensino a distância que supre deficiências tradicionais do ensino presencial. Ou seja, o aluno, diante da tela do computador, tem que se concentrar no que está fazendo sem colega(s) ao lado para distraí-lo. Tem que LER textos e livros didáticos bem preparados. É obrigado a responder POR ESCRITO os exercícios e trabalhos que lhes são exigidos. Na verdade, faz um exercício, ao longo do curso, de aprender a pensar, o que exige silêncio e concentração, condições que o ensino presencial nem sempre oferece. Certamente estes três alunos não compõem os 38% dos alunos de curso superior no Brasil que são considerados funcionalmente analfabetos segundo dados do INAF supra citado.

Por um lado, ficou claro o preço absurdo que pagamos como Nação por não ter proporcionado ao povo educação de qualidade; por outro, há que se reconhecer que existem instrumentos capazes de nos livrar do atraso em tempo relativamente curto, inclusive no ensino presencial. Os celulares comprovam que a inclusão digital será rápida. Lancemos mão de todas as armas!

OS DOIS PILARES DA EDUCAÇÃO
Diário de Petrópolis –16 Novembro 2013
Tribuna de Petrópolis – 17 Novembro 2013

Afirmar que a educação é a pedra fundamental para a construção de um grande País soa como obviedade. Como sempre, entretanto, entre um princípio geral e sua aplicação prática há sempre uma distância que não pode ser ignorada se quisermos ser bem-sucedidos. A dupla origem da palavra educação nos fornece o caminho das pedras. Ela resulta de duas outras: *educare* e *educere*. A primeira, *educare*, tem a ver com orientar, nutrir, decidir, de modo a fazer a transição do educando de onde ele está para onde se quer chegar. Algo

Indo além da educação meramente livresca

que vai de fora para dentro. A segunda, *educere*, vai de dentro para fora no sentido de despertar as potencialidades do aluno, criando espaço para que ele as faça acontecer. Esse vocábulo tão especial deveria ser escrito com um hífen – *EDUC-AÇÃO* –, aquele traço de união que daria liga a seus dois sentidos, pondo ainda em relevo a palavra *AÇÃO*, a matéria-prima que embute no processo educacional a substância de que os povos precisam para desenvolver seu Espírito Empreendedor. Caso contrário, fica capenga.

Uma história real ocorrida com um amigo meu numa das cidades da serra fluminense ilustra maravilhosamente bem essa questão. Convidado para uma reunião de mestres, pais e alunos na escola de sua filha, ele se pôs, de início, a observar o que se passava. Os professores, pelo jeito, eram adeptos do muro de lamentações. O tom recriminatório em relação ao comportamento e ao desempenho dos alunos reinava soberano. E nada de falar das razões por que isso vinha ocorrendo. Em determinado momento, ele perdeu a paciência e foi direto ao ponto nevrálgico: os problemas levantados eram decorrentes do fato de os alunos não saberem o que queriam da vida e da escola não os estimular a tomar uma decisão em relação ao seu próprio futuro. Informou ao distinto público que nos países bem-sucedidos esta é uma prática precoce na vida dos alunos. Já que estava com a macaca, virou-se para a plateia e fez um desafio para comprovar o que disse: "Levantem o braço aqueles que sabem exatamente o que querem da vida". Para surpresa do próprio, nenhum dos presentes se manifestou. Ninguém levantou o braço!

O quadro patético do parágrafo anterior nos permite entender o que estava ocorrendo com a atual geração de jovens e, mais ainda, com a dos pais deles e os efeitos negativos daí advindos para qualquer Nação refém desse tipo de armadilha em seu processo educacional de mão única.

Entre os países latino-americanos, talvez a única exceção seja o Chile. Mesmo a Argentina, sempre apontada como tendo um bom padrão educacional, melhor que o brasileiro, não tem conseguido fazer avançar seu processo de desenvolvimento em bases sustentáveis. Os altos e baixos são a marca registrada do País, que quase atingiu o *status* de desenvolvido no início do século passado. Naquela época, o referencial de País avançado para nós era a Argentina e não os EUA. Certamente a visão de mundo transmitida pelas escolas argentinas a seus alunos não deve ter preenchido os dois requisitos acima mencionados. A influência marxista, ainda hoje, ao pôr em relevo a luta de classes ao invés da colaboração inteligente entre elas parece ser a pá de cal nas esperanças por um desenvolvimento sustentável.

O caso brasileiro, cuja natureza é menos radical que os extremos argentinos, também é preocupante em função do elevado percentual de analfabetos funcionais que vem produzindo: quase 75% da população em geral e cerca de 38% dos universitários. Soma-se a esse quadro nada alentador a baixa taxa de investimento (18 a 20% do PIB) que nos condena a ficar para trás em relação aos EUA, aos países europeus e mesmo no contexto dos países emergentes. Fenômeno cristalino em todo esse processo é o brutal problema de gestão que assola nossas escolas públicas. É, certamente, menos um problema de mais recursos para a educação do que como aplicá-los melhor. Um cartaz erguido recentemente por um professor em greve no Rio de Janeiro diz tudo: *ABAIXO A MERITOCRACIA*, praticamente sinônimo de *VIVA O MAU ALUNO!* É bastante difícil imaginar que alguém que pensa assim possa realmente despertar as potencialidades de seus alunos. O resultado é mesmice.

OÁSIS DA MATEMÁTICA
Diário de Petrópolis – 28 Dezembro 2013
Tribuna de Petrópolis – 29 Dezembro 2013

Já foi até título de peça teatral: *Brasileiro – Profissão Esperança*. Confesso que foi a frase que me veio à cabeça ao tomar conhecimento do feito memorável da Escola Estadual Terezinha Pereira numa cidadezinha, de apenas 4600 moradores, chamada Dores do Turvo, na Zona da Mata de Minas Gerais. Ela conseguiu a proeza de ser a campeã, por nove anos seguidos (2005 a 2013), ao ter, mais uma vez, o melhor desempenho na Olimpíada Brasileira de Matemática das Escolas Públicas (OBMEP), competindo com 20 milhões de alunos em todo o País. O Prof. de matemática Geraldo Amintas de Castro Moreira e mais cinco colegas da área formam o grupo que tornou possível o que parecia inalcançável face aos competidores de porte em outras cidades do País. Para o Prof. Geraldo "Matemática não tem segredo: é treino, trabalho e criatividade". Tento passar para os alunos a noção de que os números, as contas, porcentagens fazem parte do quotidiano das pessoas". Ir ao açougue, ao supermercado ou tomar um táxi são atividades de quem está praticando matemática, como ele exemplifica corretamente.

Uma visão prática da matemática e seu impacto positivo na vida dos alunos

A foto com a cara da garotada, fera em matemática, em torno da diretora e professores da escola, revela um semblante de alunos alertas de quem está curtindo entender o mundo com os instrumentos que este vasto campo do conhecimento põe à nossa disposição, a poderosa alavanca (da matemática) que Arquimedes pedia para poder mover o mundo. Só isso tudo.

Ao mesmo tempo, nos perguntamos por que é tão difícil disseminar experiências como essa Brasil afora. A construção dessa bela exceção já nos foi explicada pelo Prof. Geraldo: treino, trabalho e criatividade. Quem conhece o método japonês Kumon, baseado em aprendizado individualizado, autodidatismo, material didático de ritmo suave progressivo e boa orientação por parte do professor, se dá conta de que o Prof. Geraldo conhece, e bem, o caminho das pedras para chegar lá. No campo da língua, o Kumon, ao pôr em relevo leitura, interpretação de textos e redação, também garante, como complemento indispensável, o domínio de saber pensar, essa falha tão evidente nas decisões que tomamos quotidianamente. No nosso caso, ela vai das coisas mais simples (procedimentos burocráticos) às mais complexas como a condução da política econômica, tão eivada de preconceitos ideológicos nesses últimos anos.

Não há como, nessa questão, deixar cair no esquecimento a obsessão de Pedro II com a educação de qualidade. O próprio Laurentino Gomes, em seu último livro *1889*, sobre nossa república sem compromisso com a *res publica*, reconhece o trabalho que vinha sendo feito. Dizer que faltou quantidade no processo, como ele faz, não procede, levando-se em conta a época. Se as raízes são de boa qualidade, a planta vai crescer forte, bonita e dará bons frutos. Além do início autoritário e ditatorial, seguindo a cartilha de Auguste Comte, cujo canto da sereia era a proposta de uma ditadura científica, os intelectuais republicanos se deixaram dominar por uma visão racista. O atraso brasileiro resultaria da miscigenação exagerada de nossa população, passando por cima, com a leveza do pensamento torto, de quem não via na educação pública de qualidade o "x" da questão. Segundo eles, a matéria-prima era de má qualidade. Uma república que nasceu com vergonha de seu próprio povo.

Neste ponto, não há como deixar de mencionar o caso do melhor aluno da escola citada acima, Evandro Júnior Firmiano da Silva, filho de um lavrador com uma empregada num pequeno laticínio local, que leva duas horas por dia para chegar à sala de aula num ônibus escolar. Note, caro leitor, como um mínimo de infraestrutura (ônibus escolar) e uma escola com professores capacitados e comprometidos podem fazer a diferença. Infelizmente, este não é o quadro geral da educação brasileira hoje. Não valorizamos nossos professores e a própria formação deles está contaminada, em parte significativa, por uma visão ideológica pouco interessada em ensinar ao aluno a pensar por si mesmo. Estimular a visão crítica não pode excluir a visão prática que uma boa formação matemática é capaz de dar. Conhecer números, saber fazer contas e dominar porcentagens vai formar gente capaz de não se deixar encantar pelo ovo da serpente ideológica que tanto mal nos fez e à própria América Latina.

O ALFABETIZADO DISFUNCIONAL
Diário de Petrópolis – 1 Março 2014
Tribuna de Petrópolis – 2 Março 2014

Analfabetismo funcional é um conceito que nos incomoda em seus próprios termos por não expressar, a partir deles, com clareza meridiana, a tragédia que encerra. O analfabeto funcional é a pessoa que junta letras e palavras, mas não entende realmente o texto que está lendo. Existem três gradações de analfabeto funcional, indo dos casos mais leves aos mais graves, em que pouco ou quase nada é processado em termos de entendimento. O alfabetizado funcional pleno sabe ler, interpretar, escrever e fazer conta. Trata-se de alguém que aprendeu a pensar por si próprio. Está apto a viver e dar sua contribuição à sociedade do conhecimento de que nos falou com tanta argúcia e propriedade Peter Drucker. A rigor, o Brasil só tem um em cada quatro habitantes que pode ser considerado funcionalmente alfabetizado. Nosso drama só não é maior porque temos uma população de 200 milhões de habitantes, ou seja, podemos contar com cerca de 50 milhões aptos a satisfazer às exigências do mundo moderno. De certa forma, dá para o gasto, pois isso significa uma população equivalente a da França ou a da Inglaterra, países que se destacaram na construção do mundo moderno, em que a força bruta vem perdendo terreno para a força do conhecimento, da inovação e da criatividade.

O iluminado em seu labirinto formal, ou como emperrar o desenvolvimento do País

Depois de muito pensar nas mazelas brasileiras, e no desperdício de nossa própria população ao funcionarmos ¾ abaixo de nosso potencial por razões ligadas à péssima qualidade da educação ministrada em nossas escolas públicas, eu me dei conta que o Brasil ainda produz um tipo estranho que podemos definir como o alfabetizado disfuncional. Nelson Rodrigues faria uma festa macabra, com boa dose de humor cáustico, para caracterizar essa figura que nos lembra os personagens do realismo mágico de Gabriel García Márquez. Este último, estranhamente, parece ter incorporado o espírito de uma de suas figuras grotescas ao reiterar sua admiração por Fidel Castro. Não dá para entender esse namoro com alguém que parou um País no tempo por mais de meio século. Típico alfabetizado disfuncional. Havana é, hoje, o cenário perfeito para um filme ambientado na década de 1960. A História *não* absolverá Fidel Castro.

A caracterização do alfabetizado disfuncional exige certo cuidado, pois o tipo em questão é cheio de sutilezas, também disfuncionais. Este consegue ler e entender um texto, ou avaliar uma dada situação, mas a seu modo. Pouco importa que os demais enxerguem o óbvio que só ele não percebe. E não pense que ele é incapaz de se municiar de uma argumentação gongórica, cheia de volteios, para defender sua posição de iluminado que os demais mortais não alcançam. Um exemplo gritante do fenômeno foi a decisão de desempate dada por um ministro do STF favorável aos embargos infringentes no mensalão, a despeito do que era evidente para a opinião pública bem (ou mal) informada.

Outros exemplos, no plano mais amplo da condução desastrosa da economia, abundam. Passamos quase uma geração convivendo com taxas de inflação elevadíssimas, que massacravam quem menos podia aguentar o tranco, com a desculpa que fatores estruturais impediam o controle efetivo da fera até que, finalmente, emplacamos o Plano Real. O alfabetizado disfuncional tem essa capacidade de encadear argumentos estapafúrdios tão sutis que chega a ponto de enganar a si próprio. A recente decisão de outro ministro do STF concedendo liminar favorável aos funcionários públicos que ganham acima do teto salarial máximo permitido por lei é outra triste peripécia do gênero.

No plano governamental (união, estados e municípios), o alfabetizado disfuncional, em posição de destaque, também faz das suas com sequelas que todo brasileiro sente na pele. Será que o formalismo que ainda domina nosso ensino nos torna despreparados para o pão-pão, queijo-queijo que foi o princípio orientador da educação dada a Pedro II por seus preceptores? Se ele se livrou da peste, a coisa tem jeito. Precisamos agir rápido.

CLIMA HOSTIL A QUEM FAZ ACONTECER
Diário de Petrópolis—19 Abril 2014
Tribuna de Petrópolis—20 Abril 2014

Leandro Konder, filósofo marxista, professor da PUC-Rio nascido em Petrópolis, em entrevista que li há muitos anos, teve a honestidade intelectual de dar o seguinte depoimento. Ainda jovem, inebriado por Marx, via o mundo em preto e branco: patrão não valia nada e o trabalhador era uma figura (quase) angelical. A vida e o passar dos anos fez com que ele reformulasse sua visão dessas duas figuras: havia patrões corretos, outros mais ou menos e aqueles que não valiam nada; essa classificação também era válida para os trabalhadores. Nem anjos, nem demônios, apenas humanos, com as grandezas e misérias próprias da condição humana. Konder ganhou o meu respeito a despeito de eu ter lido *O Capital* de cabo a rabo e concordado com Raymond Aron, autor do célebre *Marxismo – O ópio dos intelectuais* (de 1957!) em sua definição de Marx, depois confirmada pela História do final do século XX: "Creio não haver doutrina tão grandiosa no equívoco, tão equívoca na grandeza". E, não obstante, Aron admirava nele seu repúdio ao servilismo, princípio abandonado por muitos dos seguidores de Marx diante do Estado.

Como amaldiçoar o Espírito Empreendedor

Adriano, imperador romano, já reconhecia quão prejudicial aos negócios a guerra acabava sendo, em especial naquele tempo histórico em que o vencedor levava tudo, inclusive longos anos de duro trabalho de criação de riqueza subitamente surrupiada pelo mais forte. A *Pax Romana* certamente refletia a preocupação dos romanos com a destruição causada por suas conquistas militares. Pode-se entender a longa duração do Império Romano pela importância dada à manutenção de um clima favorável aos negócios, vale dizer, um ambiente de segurança jurídica, respeito à propriedade privada e ao esforço de quem assume riscos consideráveis para montar e manter uma empresa. A despeito das lições da História, não é este o clima vivenciado hoje pelos empresários e empreendedores em nosso País. A percepção do que está ocorrendo já acendeu a luz vermelha no Palácio do Planalto. A presidente Dilma não está nada tranquila com o elevado grau de desgaste de sua imagem junto ao empresariado. O desvio de rota de sua política econômica pôs em cheque sua fama de gerentona. Economistas competentes já vinham alertando para os efeitos danosos de longo prazo dos desatinos agora evidentes.

A isso se soma uma legislação trabalhista contrária aos interesses de longo prazo dos próprios trabalhadores por premiar com benefícios indevidos àqueles cujo desempenho deixa muito a desejar. Um empresário amigo me relatou o caso de uma funcionária nada exemplar que trabalhou apenas oito meses, levando como indenização cerca de três salários e ainda mais cinco meses de seguro-desemprego. Em sua faixa salarial, ela poderia se dar ao luxo de, após oito meses de trabalho, passar mais oito meses sem trabalhar. A conta vai direto para todos nós que pagamos impostos. Visivelmente, estamos diante de um quadro trágico em que o mau funcionário é premiado, ao passo que o funcionário responsável jamais se beneficiará dessas mordomias.

O que ocorre hoje no Brasil é a receita certa para dar errado. Empresários e empreendedores se sentem acuados por um clima que lhes é hostil por cobranças tributárias, encargos trabalhistas excessivos e outras exigências impossíveis de serem cumpridas sem levar as empresas ao prejuízo. O baixo nível de investimento do setor privado (e do próprio governo) resulta de custos elevados, baixa produtividade e desperdícios de toda ordem, como parece ser o caso do setor de energia (perdas de cerca de 30%). Ajustes salariais generosos e impostos escorchantes numa economia em que o PIB cresce a passo de cágado por falta de investimentos compõem um futuro sombrio: baixa criação de empregos e salários reais a caminho da estagnação. Patrões, empregados e respectivos sindicatos têm tudo para sair perdendo a não ser que se unam para superar as dificuldades.

HORA DE PENSAR FORA DO QUADRADO
Diário de Petrópolis – 25 Abril 2015
Tribuna de Petrópolis – 26 Abril 2015

O momento vivido pelo País exige ousadia. É hora de superar limites que se alojam, sorrateiramente, dentro de nossas mentes. Para tanto, nada melhor do que dar ouvidos a Edward de Bono, o mestre do pensamento lateral. Ele insiste na importância fundamental de analisar um problema sob vários ângulos, e de fora para dentro. A solução genial surge, com frequência, dos escorregões do pensamento científico ou lógico. Eu me explico: o exame detalhado de inúmeras inovações e invenções comprova a presença do acaso ou de lateralidades (literalmente, coisas que estavam ao lado, fora do foco principal) como fator crítico de sucesso. Ou seja: existe estreita relação entre lateralidade e criatividade. A presteza, ou mesmo a teimosia, da mente em detectar essas oportunidades é que faz o milagre.

Em busca da inovação, da competitividade e da produtividade

O caso de Marconi com a telegrafia sem fio é ilustrativo de como o pensamento lógico pode matar o nascimento de uma descoberta. Ele se propôs a enviar uma mensagem sem fio entre Londres e Nova York. Os especialistas afirmavam que ondas sem fio se propagam em linha reta. E que, portanto, a curvatura da terra impediria que ele enviasse sua mensagem entre essas duas cidades. Felizmente, Marconi teve a ousadia de desafiar a ortodoxia científica e de realizar seu experimento. E conseguiu. Mais tarde se descobriu que existe uma camada na atmosfera da terra que recebe as ondas enviadas e as faz retornar à terra, tornando possível a comunicação sem fio. O lado de cima, a atmosfera terrestre, reservara essa surpresa aos cientistas. E que só foi descoberta porque Marconi pôs a mão na massa e fez a experiência, mesmo contrariando os ditames da ciência na época. Na verdade, confirmou-se o primado científico da propagação das ondas em linha reta. O que não estava no *script* é que, a certa distância da terra, havia uma espécie de "parede" onde a onda batia e voltava em linha reta contornando desse modo a curvatura da terra.

Um outro exemplo foi uma famosa reportagem escrita por um dos ícones do jornalismo literário, o ítalo-americano Gay Talese. O título era "*Franklin Sinatra está resfriado*". Trata-se de uma entrevista do famoso cantor, pelo próprio Talese, que jamais aconteceu. O que o entrevistador fez foi usar a técnica da borboleta, voando em volta de seu objeto de desejo. Ele fez inúmeros contatos com pessoas que conheciam Sinatra intimamente. Comeu o mingau pelas beiradas até que não sobrou quase nada. Se tivesse realizado a entrevista, provavelmente teria escrito uma boa reportagem, mas bem menos rica do que a que acabou fazendo. Sinatra teria lhe dado a visão de mundo dele sem a riqueza dos depoimentos dos que o viam de fora para dentro. O que mais impressiona nessa história é como um obstáculo se transformou numa alavanca.

Arquimedes, o famoso matemático e inventor grego, anteviu tudo isso quando afirmou: "Dê-me uma alavanca e um ponto de apoio, e eu moverei o mundo". No nosso caso, é frequente nos confundirmos quanto ao que é realmente o ponto de apoio. No caso de Sinatra, quantos repórteres teriam desistido de entrevistá-lo já que ele se negava terminantemente a fazê-lo? Não teriam o tal ponto de apoio. Seria uma folha em branco ao invés de um texto de excelente qualidade como o de Gay Talese. O ponto de apoio enriquecedor da "entrevista" foi justamente a recusa, e não a concordância, de Sinatra. Uma ausência que permitiu a Talese escrever uma reportagem que se tornou uma lenda e um ponto de referência obrigatório entre jornalistas.

O desastre político (e econômico) por que estamos passando, na visão de Edward de Bono, seria também a hora exata de pensarmos na oportunidade esquecida que está ao nosso lado. Para responsabilizar o congresso, não seria o momento de adotar o parlamentarismo? Um parlamento que não só faria leis, mas que saberia também acompanhar a execução delas. Mais que hora.

BREJO SANTO ILUMINADO
Diário de Petrópolis – 6 Junho 2015
Tribuna de Petrópolis – 7 Junho 2015

Brejo Santo merece um adjetivo que tenha a força de um substantivo: iluminado! A substância vem de luz, que brilha com a força do saber nessa pequena cidade cearense distante 521 quilômetros de Fortaleza. Sua experiência de sucesso na educação desbanca não só a sabedoria convencional como a posição de outras cidades localizadas em regiões bem mais ricas do Patropi.

Ela realizou uma proeza digna de nota, dando uma reviravolta em seu ensino fundamental em poucos anos. O IDEB – Índice de Desenvolvimento do Ensino Básico, que combina taxas de evasão e repetência e desempenho escolar no ensino fundamental (1ª à 9ª série), atribuiu-lhe, em 2013, nota 7,2 contra a média nacional de 5,2. Quase 40% acima do resto do País e 20% superior à nota 6, que é o patamar estabelecido para desempenho pelos países desenvolvidos para suas escolas, que o Brasil pretende atingir só em 2022. Para um País que se habituou a contabilizar décadas perdidas em seu desenvolvimento capenga (a renda real per capita brasileira cresceu apenas 1% ao ano nos últimos 40 anos), é alvissareiro que Brejo Santo já tenha ultrapassado a meta de 2022 quase uma década antes.

Milagre na educação, em poucos anos, no interior do Ceará

Curiosamente, a mudança se deu a partir de 2009. Até então, ela era parte da geleia geral que caracteriza a baixa qualidade da educação nacional. Brejo Santo pôs em prática o consenso que hoje existe entre economistas de que o cerne do processo de desenvolvimento sustentado de um País é a qualidade de suas instituições (incentivos alinhados aos resultados pretendidos), em especial sua formação de capital humano. A cidade é governada por um jovem médico de 29 anos, agraciado com o Prêmio Nacional Prefeito Nota 10. Ele seguiu à risca essa receita, há muito conhecida, ao declarar: "Coloquei a educação no centro do meu projeto político, porque sei que isso terá impacto nos demais setores da vida local". Acertou na mosca!

Essa mudança radical na qualidade do ensino público é, portanto, possível, mesmo numa cidade em que a renda por habitante é 70% menor do que a média nacional. Merece registro o fato de que o dia nas escolas de Brejo Santo começa com leitura obrigatória. E certamente com exercícios de redação regulares, se julgarmos pelo desempenho dos alunos tanto em português como em matemática em que o aproveitamento é, em média, mais que o dobro do nacional. Trocado em miúdos, ou melhor, em grandes grãos de saber útil, isso significa que Brejo Santo está ensinando sua população jovem a pensar. Ou seja, qualificada para participar plenamente da sociedade do conhecimento.

Além disso, as regras são rígidas para alunos e professores, com metas e acompanhamento de resultados. Na Escola Maria Leite de Araujo, por exemplo, simplesmente 100% dos alunos atingiram o patamar adequado de aprendizado de matemática com a média municipal atingindo 72%, acima da meta de 70% estabelecida pelo governo federal.

Os métodos pedagógicos e os princípios éticos seguidos me trouxeram à mente o Colégio do Padre Moreira em Petrópolis, um português que o criou em 1886, como nos informa o Almanaque do Museu Imperial, de março de 2015: "O educandário era conhecido como rigoroso na prática da disciplina moral e pela excelente qualidade de seu ensino. Também se dava muita importância à igualdade entre as pessoas; não se conhecia privilégio de cor, de sangue, de condição social, de religião, de riqueza e nem de favoritismo. Por suas salas de aula, passaram os filhos da princesa Isabel, além de muitas outras personalidades". Quando ela e o conde d'Eu foram alertados pelo Pe. Moreira em relação às crianças pobres que frequentavam o colégio, talvez não adequado aos príncipes seus filhos, ouviu como resposta que era "justamente esse contato que eles buscavam para seus rebentos". O Brasil esqueceu essas lições. Mas nada nos impede de pô-las em prática de novo. Brejo Santo mostrou que é possível.

PIOR TIPO DE ANALFABETISMO FUNCIONAL
Diário de Petrópolis – 25 Julho 2015
Tribuna de Petrópolis – 26 Julho 2015

Confúcio recomendava restabelecer, primeiro, o real significado das palavras para se reformar os maus costumes de uma Nação, e permitir o real entendimento dos problemas e de suas soluções. Nessa linha, é bom lembrar que elite significa o que há de melhor numa sociedade ou numa determinada área ou atividade. O dicionário não diz tratar-se do grupo de indivíduos mais ricos, como jura de pé junto o Lula. Chico Mendes, nesse sentido, era parte da elite da defesa do meio ambiente, um homem cuja conta bancária era muito modesta. Na verdade, lutou contra endinheirados cuja percepção de seus próprios interesses era distorcida no sentido de não ter um compromisso com a exploração sustentada da atividade florestal, coisa que a Suécia faz há séculos sem degradar seu meio-ambiente.

A vocação para assassinar a galinha dos ovos de ouro

Vou-me permitir usar o significado de analfabetismo funcional nesse sentido mais amplo usado acima. Ou seja, aquele tipo de pessoa (ou grupo) incapaz de perceber seus interesses com visão de longo prazo. Uma espécie de vocação para assassinar a galinha dos ovos de ouro. Assusta, e muito, no Brasil, essa mórbida capacidade para fazer a coisa errada na educação, na política, na economia, e em outros setores com as honrosas exceções de praxe. Este é o pior tipo de analfabetismo funcional: tomar decisões mal informadas com efeitos perniciosos de longo prazo.

Na educação, foram cerca de duas décadas aprovando alunos automaticamente, na vã tentativa de conciliar vida mansa dos estudantes com bons resultados de aprendizado. Qualquer avaliação internacional nos colocava, e ainda coloca, nos últimos lugares entre os países pesquisados. Na economia e na política, temos um histórico que mais parece um prontuário de delegacia que investigasse crimes contra o bem comum e o bom senso.

Essa perversa interação entre economia e política deixou cicatrizes desde a redemocratização nos últimos 30 anos. As lambanças de Sarney e Collor em matéria de política econômica foram notórias. Sarney ao ordenar imprimir em nossas notas aquele "Deus seja louvado" teria sido mais realista com um "Deus nos acuda". Collor, um desastre monumental, acabou em *impeachment*. Itamar, depois dos fiscais equivocados do Sarney, ainda queria mais um congelamento de preços de que foi demovido pela coragem de FHC. Por duas vezes, numa tarde em Brasília, FHC ameaçou entregar seu cargo de Ministro da Fazenda se tal ocorresse. Lutou e conseguiu implantar com sucesso o Plano Real, com transparência, num passo a passo sem congelamentos e tablitas, que ganhou a confiança da população pela ausência de surpresas desagradáveis tão comuns nos planos anteriores.

Lula, no primeiro mandato, ainda teve o bom senso de preservar o que vinha funcionando em matéria de política econômica compatível com avanços sociais expressivos. No segundo, começou a perder o rumo, que destrambelhou de vez com a indicação e posse de sua criatura Dilma com sua nova matriz econômica, uma variedade de *voodoo economics*, jargão dos economistas para designar políticas econômicas sem pé nem cabeça. O saldo foi muito negativo: pibinho, desemprego e perdas salariais. Tudo aquilo que o PT esconjurava. E foi assim que acabou passando um conto do vigário no próprio trabalhador.

Nesses últimos 30 anos, em termos de saldo positivo, não fomos, com boa vontade, além de 12 anos com a cabeça no lugar (FHC e metade do período Lula), e 18 (Sarney, Collor e Dilma) em que marcamos passo ou regredimos. Nos últimos 40 anos, a taxa de crescimento da renda real *per capita* do brasileiro cresceu apenas 1% ao ano, abaixo das médias mundial, da América Latina e quiçá da África. Fica o gosto amargo de um País que inventou uma espécie de filtro às avessas: só passa coisa ruim. A nota positiva é a reação da população nas ruas e o empenho do Ministério Público em apurar e punir. Para o País, o custo do analfabetismo funcional de quem exerce suas funções de modo incompetente foi brutal.

PENSAR COM EFICÁCIA É PRECISO
O Estado de S. Paulo– 6 Janeiro 2016

Alinhar incentivos corretos aos resultados pretendidos é condição *sine qua non* para sermos um País realizador. Nosso maior especialista nesse descaminho da coerência ao longo de nossa História, em especial da republicana, foi Roberto Campos. Seus artigos, ensaios e livros refletem essa angústia de ter olho em terra de cegos. O desastre da Lei da Informática foi emblemático. E o corajoso artigo *Abertura já*, de Gustavo Franco (Estadão, 29/11/2015), ilustra mais um de nossos erros trágicos de política econômica na área externa. Preferimos o aconchego do (limitado) mercado interno ao mercadão internacional.

> *Não basta fazer certo, é preciso fazer a coisa certa*

Nosso propósito é buscar entender o fato de o brasileiro não ser treinado a pensar. A medida dessa calamidade é o fato de termos, a rigor, apenas um quarto da população funcionalmente alfabetizada. A importância de cultivar o hábito da leitura é uma daquelas obviedades que temos tido dificuldade de pôr em prática de modo abrangente. Nosso cacoete gramatical acentua a volúpia pela forma em detrimento do conteúdo. Repare, caro leitor, que a tônica de uma aula de inglês em filmes americanos ou ingleses é sempre debater um texto. A isso se soma a sábia tradição de resumir textos de 500 em apenas 80 palavras, o que lhes treina a concisão e a percepção para ir ao âmago das questões. A gramática nasce do texto no processo de aprender a destrinchar o pensamento do autor.

Ainda me lembro do conceituado Instituto Carlos A. Werneck, no início da década de 1960, em Petrópolis, do dia em que meu professor de português (na prática, quase só de gramática) faltou e o diretor do colégio foi substituí-lo. Ele leu e debateu conosco um texto sobre o Rio Paquequer, que banha a região serrana fluminense. Qual cachimbo imaginário, que deixa a boca torta, meu raciocínio, na época, seguiu pela mesma vereda e me induziu a concluir "brilhantemente" que ele havia perdido uma bela oportunidade de dar uma boa aula de gramática...

A segunda obviedade, questionável, de meus tempos de estudante era a seguinte: leia muito para escrever bem. A verdade é que ler muito não basta. É mandatório seguir a máxima de Simone de Beauvoir: "Escrever é um ofício que se aprende escrevendo". Só aí me dei conta de que ler bem nos treina a seguir o pensamento do autor, mas é insuficiente para desenvolver o nosso. O fundamental é escrever com frequência.

O Colégio São Bento, no Rio de Janeiro, exige duas redações por semana de seus alunos, o que explica seu sucesso secular em ensinar a pensar. E o que teria sido o Brasil se tivéssemos ensino público de qualidade. Optamos pela "pedagogia" da aprovação automática, a garantia de ocupar os últimos lugares nas avaliações internacionais de linguagem, matemática e ciência. A mágica besta de ter bom resultado sem esforço.

Quanto ao exercício de aprender a pensar, nada como a pesquisa do Prof. Cláudio de Moura Castro, sobre o Senai, realizada quando estava no Ipea (1972). No início, fez pouco caso. Pensou que iria se deparar com mais uma escolinha do Prof. Raimundo. Em seguida, se surpreendeu com a metodologia do aprender fazendo do Senai e seus resultados. Ainda hoje, na indústria, um profissional treinado no Senai é respeitado pela formação de qualidade que recebe.

Cabe ainda comemorar, no caso, a convergência da inteligência prática com o raciocínio abstrato. O aluno oriundo de uma família de baixa escolaridade não traz de casa familiaridade com este último. Mas o aprender fazendo acaba por lhe dar a confiança e o domínio dos princípios gerais (abstratos) que estão por trás da prática do dia a dia. Com o passar do tempo, ele se sente tão equipado para pensar em termos abstratos quanto o jovem proveniente de famílias cujos pais tiveram acesso ao ensino superior e, portanto, foi habituado desde cedo ao uso desse poderoso instrumento.

O próprio professor Castro confessou ter frequentado na juventude o chão de fábrica de uma metalúrgica, onde ele ia gazetear as aulas da sua entediante escola. Ele se livrou das gramatiquices e pôs a mão na massa da vida como ela é. Essa experiência incomum do tipo oficina do Senai foi uma bênção. Fez depois um doutorado em Economia nos EUA e é hoje autoridade em educação mundialmente respeitado. Nessa área, ocupou cargos de primeira linha em instituições internacionais. E continua escrevendo muito, e bem. Sua última batalha é contra o Plano Nacional de Educação, uma peça equivocada e inócua da "pátria (des)educadora" do governicho Dilma.

Pensar com clareza e objetividade é a base sólida para agir, em especial para saber a diferença entre eficiência e eficácia, de que nos fala Peter Drucker. Fazer bem feito é importante, mas fazer a coisa certa o é mais ainda. Aquele hábito dos rabinos de dar contexto ao ato de pensar. Ao invés da resposta óbvia de que o cavalo mais rápido chegaria antes, eles diriam que isso dependeria de saber se o cavalo está indo na direção correta (eficácia). Essa costuma ser a pergunta que não nos fazemos, mas que Roberto Campos se fazia.

Cabe, nessa linha, mencionar o exemplo de Brejo Santo, no interior do Ceará. Em cinco anos a cidade saiu da vala comum do tétrico desempenho das escolas públicas municipais para o primeiro lugar na avaliação do Ideb. Esse desempenho excepcional resultou da determinação de um jovem prefeito médico que fez da educação seu projeto político. O café da manhã dos alunos é ler e debater um bom texto. A nota obtida em 2013 pela cidade foi 7,2 (de 0 a 10), ante a média de aproveitamento nacional de apenas 5,2. E bem acima da meta nacional de 6 para 2020.

Mas ser um País realizador exige combinar educação de qualidade com espírito empreendedor, ou seja, com a capacidade de agir, de fazer acontecer. Encolher o governo e superar o preconceito contra a atividade empresarial, elemento-chave do crescimento da produtividade, é o passo a ser dado para elevar o emprego e o salário real do trabalhador em bases permanentes, o sadio oposto do que o PT prometeu e não entregou.

LIDERANÇA E COMPETÊNCIA
Artigo avulso

Ainda me lembro bem do choque inicial que tomei quando o facilitador de um seminário de que participei questionou a liderança por competência. Para mim, esse era o requisito número um de um líder. Ele começou enfatizando o fato de que qualquer deslize cometido pelo dito cujo poderia desmoralizá-lo, pois seus liderados tendem a encará-lo como um semideus que está sempre presente, que tudo pode e tudo sabe. Pensa que percebe melhor que todo mundo o que deve ser feito. Pessoas que conhecem a fundo seu setor ou

> *Quem pensa que sabe tudo mata o espírito de equipe*

ramo de atividade vão se sentir desconfortáveis em trabalhar com ele. Sua tendência a ensinar Padre Nosso ao vigário vai aflorar com frequência, tornando a convivência com quem realmente entende de sua área muito difícil. Os melhores acabam se afastando, abrindo espaço para que colaboradores de nível inferior, ou bem inferior, passem a compor a equipe do líder todo-poderoso. José Serra, em artigo brilhante, nos fala das antileis do PT. Ele resume o quadro acima na seguinte antilei: "Nenhum ministro meu entende mais de sua pasta do que eu, Dilma".

O líder que funciona tem que ter visão estratégica e capacidade de implementá-la. Sabe que sua administração será tanto melhor quanto maior for a operacionalidade de sua equipe. Quando se trata de situações muito complexas como presidir um País, essa preocupação em montar uma equipe cinco estrelas se torna condição *sine qua non* de seu sucesso. Mas isso requer boa dose de humildade do líder em reconhecer em sua equipe competências e habilidades superiores às suas nas diferentes áreas de sua atuação. Um bom exemplo foi o processo e as pessoas que construíram o sucesso do Plano Real sob a batuta – e não o tacape – de FHC. Diferentemente dos planos anteriores, tudo foi feito às claras com a população sendo informada de cada passo. E daí a confiança que despertou nas pessoas em geral. O insucesso do (des)governo Dilma é diretamente proporcional à mediocridade de sua equipe desde o início. Os nove ministros destituídos por corrupção dão bem a medida da falta de critérios com que seu ministério foi montado. De mais a mais, quem se dá ao respeito e é altamente qualificado não aceita ser tratado de modo grosseiro.

Aécio Neves e Eduardo Campos, nos oito anos em que governaram seus estados, revelaram ter visão estratégica e capacidade de fazer acontecer. Já a trajetória de vida de Marina Silva não parece atender a este segundo requisito. Quanto à sua visão estratégica, seu longo período de filiação ao PT causa apreensão. Bom termos em mente que o PT foi contra o Plano Real e também contra a Lei de Responsabilidade Fiscal, dois pilares fundamentais de um novo tempo para a população espoliada pela inflação elevada e persistente, e que exigia respeito no trato do dinheiro público. A lei da Ficha Limpa também não despertou maior entusiasmo no PT. E nem poderia face às circunstâncias de então e de hoje. Tais posições do PT revelam, isso sim, cegueira estratégica.

Na verdade, o que estamos constatando nesses últimos quatro anos de Dilma é o desmonte de importantes conquistas de um passado relativamente recente. O apoio, agora negado, de Marina aos Conselhos Populares parece ser um resquício da velha doença petista do assembleísmo, ou seja, muita reunião e pouco resultado. A inoperância de Dilma, cujos dotes gerenciais beijaram a lona faz tempo, pode ter em Marina uma sucessora de padrão semelhante. Votar só na base da emoção é a última coisa de que o Brasil precisa na atual etapa. A palavra razão vem da raiz latina *ratio*. Ela nos recomenda estabelecer a relação que de fato existe entre dois fatos ou conceitos; ou entre conceito e fato a ele ligado. Aécio tem por trás de si a equipe competente que já foi posta à prova na implantação do Plano Real. E que pode corrigir os desvios de rota do PT e ir além. É disso que o Brasil precisa para superar a marcha lenta. Ou então de um governo de união nacional, se houver desprendimento de todos.

O LONGO CICLO DA EDUCAÇÃO CAPENGA
Artigo avulso

Menotti del Picchia, ácido crítico literário, nos idos da década de 1960, esteve na concha acústica do Museu Imperial, onde pronunciou memorável conferência. Presente, retenho na memória o caso com que nos brindou sobre um estudante de medicina, no Rio de Janeiro, diante de uma prova final oral. Da matéria daquela cadeira, pouco sabia, mas, esperto, tirou pleno proveito da paixão do catedrático por Eça de Queirós. Entrou na sala de aula ostentando a capa do último romance do escritor chegado de navio de Lisboa, tendo certeza que o professor ainda não o havia lido. Saciou a curiosidade do mestre retratando com esmero a trama do livro. O professor, extasiado, bebia suas palavras. E, ao final, deu-lhe nota 10. O palestrante arrematou o caso com o seguinte comentário: "E saiu por aí a povoar cemitérios..."

Menotti del Picchia e o povoador de cemitérios

Esta história real me veio à mente quando comecei a pensar nos nossos ciclos do pau-brasil, do açúcar, do ouro, do petróleo e de outros que seriam a redenção econômica e social do País. Eles passaram e nós ficamos para trás. No fundo, refletem uma mentalidade de que riqueza é algo externo a nós, e não, aquilo que colocamos dentro de nossas cabeças. Evidentemente, a educação nacional não é levada a sério com a mesma fé com que apostamos na Mega-Sena. O último Chefe de Estado no Brasil que acompanhava o dia a dia dos estudantes, assistindo aulas e sabatinado os alunos, foi Pedro II no século retrasado. Fiz um esforço, sem sucesso, de me lembrar de algum presidente brasileiro na república dentro de sala de aula interagindo com os alunos. Coisa bem diferente de inaugurar uma escola, ou faculdade, ou mesmo universidade, fazendo o discurso protocolar, acenando depois para o público, e ponto final.

Merecem registro fotos do presidente Obama participando de aulas em cursos de ensino fundamental nos EUA. Ou do próprio Bush, fazendo o mesmo, quando foi surpreendido pela destruição das Torres Gêmeas, em Nova York, em 11 de setembro de 2001. Fica evidente que republicanos e democratas estão de pleno acordo quanto à importância dada à educação. Pagam para ver. As doações milionárias de grandes empresários americanos a instituições de ensino e filantrópicas são uma tradição que vem desde o século XIX. Era e é comum doarem de 80 a 90% de suas fortunas, deixando apenas 10 ou 20% para os herdeiros. Bill Gates já confirmou a tradição. Contrariamente ao que muitos pensam, as razões não estão ligadas ao imposto de renda.

Diferentemente de nós, eles acreditam que investir em educação, em especial em conhecimento prático, rende polpudos dividendos para todos. Os *land-grant colleges* nos EUA, instituições de ensino de práticas agrícolas e de mecânica, se difundiram desde meados do século XIX, contribuindo imensamente para o salto de qualidade e de produtividade da agricultura americana. O Brasil, mais de um século depois, criou a Embrapa - Empresa Brasileira de Pesquisa Agrícola, com resultados espantosos, pois nossa produtividade passou a rivalizar com a americana. No início da década de 1970, nossa produtividade por hectare era de um quarto a um quinto da americana.

Por que esse brutal sucesso do conhecimento aplicado na agricultura brasileira não se disseminou por todos os segmentos da economia brasileira? Eis a questão.

Cienījamie
SALDAS DZĪVES
Krustceles

PERSONALIDADES

PEDRO I, RETRATO DE CORPO INTEIRO
Jornal do Brasil – 7 Setembro 1992

Transformar em realidade o sonho de independência de Tiradentes, mantendo o País unido, não foi obra fácil. A comemoração dos 170 anos de nossa Independência, neste mês de setembro, é uma boa oportunidade para revermos a ótica unidimensional e não raro distorcida com que é frequentemente apresentado o personagem principal daquele 7 de setembro de 1822 – D. Pedro I.

Sua História tem o fascínio dos romances dos cavaleiros andantes, daqueles que em sua passagem abrem novos horizontes e criam novos mundos. O nascimento, em 1798, na sala Dom Quixote do Palácio de Queluz, próximo a Lisboa, era já prenúncio de suas múltiplas andanças. Muito jovem ainda, com apenas nove anos, atravessou o Atlântico junto com sua família que transmigrou para o Brasil por sábia decisão de seu pai, o futuro D. João VI. Foi criado no bairro de São Cristóvão, em contato direto com todos os segmentos da sociedade. Conheceu o povo de alto a baixo. Assim aprendeu a amar a nova terra e a se fazer querido junto à população.

A luta de boa-fé, mas difícil, pela limitação do poder real

Mas, afinal, quem foi D. Pedro I?

A História oficial tem sido parcial em seus registros. Prefere a superfície à substância. O retrato que nos mostra não é de corpo inteiro. Com frequência acentua o lado impulsivo, apaixonado e por vezes autoritário de Pedro I, como se sua figura histórica não passasse de um monte de emoções desconexas. Costuma deixar de fora quase tudo que ultrapassa sua dimensão romântica. Pouco se fala do homem que se identificou abertamente com as ideias liberais de seu tempo, a ponto de ser contra a escravidão e a favor do trabalho assalariado, por entender que o instituto servil corrompia não só o escravo, mas também o senhor; do músico, que teve uma abertura sua regida pelo grande Rossini; do general de gênio, que soube conduzir brilhantemente a campanha constitucionalista contra D. Miguel, seu irmão absolutista; e do legislador que deixou sua marca em duas dentre as primeiras cartas constitucionais adotadas no mundo, a nossa e a portuguesa.

Pedro I foi também – e muito – marcado pela dualidade. Ao se fazer essa afirmação, não se quer desculpá-lo, mas, sem ter isto claro, é impossível compreender o modo como atuou em nossa História. Foi, de fato, política, geográfica e até fisicamente dividido. No plano político, ele sofreu os efeitos de ter sido criado na tradição absolutista portuguesa e de ter feito uma opção constitucional. Na geografia, um oceano separava o Brasil de Portugal. As implicações geopolíticas eram claras, trazendo à tona a dificuldade, se não a impossibilidade, de manter os dois países unidos. Fisicamente, nem mesmo a morte livrou Pedro I da dualidade. Seu coração está depositado em Portugal, na cidade do Porto, e os ossos foram trazidos para sua outra pátria, o Brasil, mais precisamente para a cidade de São Paulo.

Se ele, por vezes, errava no varejo, nunca se equivocou no atacado. Nos grandes momentos de sua vida, soube fazer a opção correta. Nunca se prestou à inglória tarefa de tentar fazer retroceder os ponteiros da História. Caminhou e ajudou a caminhar na direção certa. Foi assim no memorável dia do Fico, em que não fugiu à responsabilidade, em que não se omitiu perante a terra que o acolhera em plena adolescência e juventude. Assim foi quando preferiu proclamar nossa independência a reduzir o Brasil novamente à humilhante condição de colônia, como queriam as Cortes portuguesas. Foi assim quando preferiu aceitar o princípio da limitação do poder real a continuar nas vias tortuosas do absolutismo. Assim foi quando preferiu abdicar, em 1831, a jogar o Brasil numa provável guerra civil. E foi assim, ainda uma vez mais, quando não titubeou em dar combate armado ao absolutismo de seu próprio irmão para que a Constituição portuguesa não se transformasse num pedaço de papel rasgado.

Mas este homem, que homenageamos a cada 7 de setembro, fez muito mais do que simplesmente proclamar nossa independência. Empenhou-se em construir instituições que pudessem dar solidez à nova nação que surgia no concerto das demais. Refiro-me aqui a um capítulo muito especial da biografia de Pedro I: a Constituição que nos legou. Visões simplistas preferem desmerecê-la por ter sido outorgada e não promulgada. Este, entretanto, não é o cerne da questão. O que importa saber, a respeito de qualquer texto constitucional, é se ele dispõe de instrumentos eficazes de cobrança de responsabilidade e de punição dos desmandos perpetrados pelos governantes de um País, vale dizer, por aqueles cuja obrigação é defender e resguardar o interesse público. É isto que separa o faz-de-conta da coisa séria. Foi certamente por reconhecer que nossa Carta Imperial dispunha desses dispositivos que o insuspeito constitucionalista Afonso Arinos afirmou ter sido a melhor Constituição que o País já teve.

O momento histórico ora vivido por todos nós deixa à mostra as feias entranhas da república. A ausência de regras ágeis para administrar as crises comprova, mais uma vez, sua incompetência institucional. As distorções são de tal ordem que muitos aceitam o engodo de que é preciso provar em cartório a culpa do presidente. Esquecem que governo é questão de confiança. Uma vez perdida a confiança, o governo, o gabinete, não teria mais como sobreviver.

Os países mais avançados do mundo atual não abrem mão deste princípio. Afinal, poder bom é poder fiscalizado e prontamente punido, quando necessário. Nossa Constituição Imperial, ao admitir a dissolução da Câmara dos Deputados, com a convocação imediata de novas eleições, permitia a rápida e incruenta destituição dos maus governos. Este dispositivo eliminava, no nascedouro, os malefícios que tais governos certamente causariam e operacionalizava, com um século de antecedência, proposta semelhante desenvolvida por Karl Popper como sendo a única realmente capaz de preservar o interesse público. Em poucas palavras: o povo tinha vez e voz. Assim o fazia porque dele não tinha medo. E não tinha medo do povo porque colocava o interesse público em primeiro lugar – requisito básico para que um País dê certo.

No combate à corrupção, a lei de 15 de outubro de 1827 dá testemunho das preocupações de Pedro I com o tema. Era uma lei draconiana na responsabilização dos ministros, secretários de Estado e conselheiros por crimes contra a coisa pública. A punição exemplar era a regra, que a corrupta prática republicana brasileira jamais quis seguir. E somente a certeza da total impunidade reinante explica o completo descalabro a que chegamos.

Mas, se a hora é difícil, não deve haver espaço para o desanimo. O plebiscito está próximo. Já temos dia marcado para traçar um novo destino para este País. Assim como 9 de janeiro de 1822 foi o dia do Fico, 21 de abril de 1993 bem poderá ser o dia do Basta.

ATUALIDADE DE PEDRO II
Jornal do Brasil – 1 Janeiro 2006

Pedro II é como uma daquelas estrelas que se foram, mas cuja luz continua a nos iluminar. Comemoramos 180 anos de seu nascimento neste dezembro que passou. Ele soube manter a casa arrumada a ponto de o brasileiro não ter tido um problema de baixa autoestima no século XIX. Desmoralizou a sabedoria convencional do tipo "cada povo tem o governo que merece". Deu testemunho diário de amor entranhado ao Brasil. Teria sido ele obra do acaso? Uma espécie de Stradivarius institucional cujo segredo de fabricação morreu com seu construtor? Ou estaríamos condenados a vivenciar aquele belo e terrível verso de Fernando Pessoa que diz: "Estou hoje perplexo, como quem pensou e achou e esqueceu"?

A defesa do interesse público nas mãos de quem sempre velava por ele

Pode parecer estranho, mas o Brasil já se deu ao trabalho de planejar seus chefes de Estado. A comprovação disto pode ser encontrada nas instruções aos preceptores de Pedro II formuladas pelo seu segundo tutor, o marquês de Itanhaém, a outra estrela, aquela que iluminou os caminhos de Pedro II. Manuel Inácio de Andrade Souto Maior Pinto Coelho exerceu essa função por sete anos, desde 1833, bem mais tempo do que José Bonifácio de Andrada e Silva, que o foi por apenas dois anos.

Itanhaém estabeleceu o molde em que Pedro II foi cunhado. Tratava-se de um profissional cioso da tarefa de que foi encarregado. Começa pela máxima do "Conhece-te a ti mesmo", ressaltando a importância de fazer com que o futuro imperador compreendesse bem o que é a dignidade do ser humano e que "o monarca é sempre homem, sem diferença alguma de qualquer outro indivíduo humano".

Não quer que seu aluno "seja um político frenético para não prodigalizar o dinheiro e o sangue dos brasileiros em conquistas e guerras e construção de edifícios de luxo". Finalmente, pede que lhe repitam, todos os dias, para cuidar seriamente dos deveres do trono, cobrando de seus ministros as devidas providências, pois suas "iniquidades e caprichos são sempre a origem das revoluções e guerras civis". E ainda que lhe criassem o habito de ler diariamente os jornais da Corte e das províncias e também que ele, no futuro, recebesse "com atenção todas as queixas e representações que qualquer pessoa lhe fizesse contra os ministros de Estado". Qualquer dúvida quanto à seriedade com que Pedro II exerceu sua função de ouvidor-mor, basta lembrar que todos os sábados, de 17h às 19h, abria os portões do Paço de São Cristóvão, onde recebia qualquer pessoa sem necessidade de marcar audiência prévia.

Pedro II pôs em prática as lições do mestre. Exerceu com maestria o Poder Moderador em busca da plenitude democrática. A modernidade de Pedro II se evidencia na atenção dada à consolidação, por quase meio século, de nossas instituições, a saber: liberdade de imprensa, de expressão, de pensamento e de iniciativa individual; defesa intransigente do interesse público; atenção à qualidade da educação; alternância dos partidos no Poder; primado do Poder Civil, com civis ocupando rotineiramente as pastas militares; controle externo do judiciário; estabilidade da moeda; cobrança de responsabilidade às classes dirigentes, gerando dessa forma um clima de respeitabilidade interna e externa do Estado imperial brasileiro.

Merece registro à parte o fato de a moderna literatura econômica atribuir à qualidade das instituições de um país peso maior na sustentação do crescimento a longo prazo do que os fatores puramente econômicos. Muito estranho, nesse mais de um século "republicano", é a falta de compromisso com a qualidade de nossas instituições. Todos pagamos um preço descomunal por não dispormos de mecanismos que ponham fim rápido a maus governos.

A ALMA (ESPERTÍSSIMA) DE LULA
Diário de Petrópolis – 6 Fevereiro 2016
Tribuna de Petrópolis – 7 Fevereiro 2016

Teve grande repercussão nas redes sociais e na imprensa escrita e falada a entrevista dada por Lula a seus blogueiros de confiança. Disse ele: "Se tem uma coisa que eu me orgulho, neste País, é que não tem uma viva alma mais honesta do que eu. Nem dentro da Polícia Federal, nem dentro do Ministério Público, nem dentro da Igreja Católica, nem dentro das igrejas evangélicas. Pode ter igual, mas eu duvido". Certamente, uma cena patética. Lembrava mesmo um dos episódios da Escolinha do Prof. Raimundo, em que a patetice dos alunos brilhava. Os alunos, no caso, eram os blogueiros que conseguiram ouvir o despautério sem cair na gargalhada. Nada surpreendente por se tratar de uma plateia ideologicamente amestrada.

Quando a esperteza fala mais alto do que a inteligência

Mas pior que isso foi sua declaração a jornalistas, nos funerais do Papa João Paulo II, em 2005, quando lhe perguntaram se havia aproveitado a oportunidade para se confessar e comungar. Afirmou que não precisava, e emendou: "Sou um homem sem pecados". Exatamente como você, caro leitor, eu imaginava que o único homem sem pecados fosse Cristo. Mas não, havia um segundo que nós, pobres mortais, ainda não sabíamos de sua existência. Tratava-se do presidente do Brasil, na época, nos comunicando sua certeza quanto a um tipo esdrúxulo de santidade, já que nem mesmo os santos, reconhecidos como tal pela Igreja Católica, jamais tiveram a ousadia de se rotularem como seres sem pecados. Muito pelo contrário.

Lula sequer se deu conta, em sua falta de cultura religiosa (entre outras) que estava se colocando no mesmo patamar divino reservado a Cristo. E aí a coisa se complica. Querer ser igual a Deus é cometer o maior dos pecados, justamente no momento em que se declarava ser um homem sem pecados. Contradição das contradições. Claro que ele nem se deu conta de que estava caindo na pior das armadilhas pecaminosas para o ser humano, aquela que nos impede de reconhecer nossas próprias imperfeições e falhas.

Saindo agora do plano divino e voltando às pretensões descabidas do ser humano, cabe examinar a honestidade de Lula. De nossa parte, é evidente que o Sr. Lula levou no ato o troféu de maior cara de pau do País, deixando ruborizado o próprio Maluf. Para citar apenas o caso mais rumoroso, o da Petrobrás, em que a empresa foi saqueada em R$ 6 bilhões, alguma alma viva brasileira acreditaria que seus asseclas (José Dirceu & Cia.) teriam tido a ousadia de meter a mão nessa montanha de dinheiro sem conhecimento do chefão? Pode-se até imaginar que valores muito menores pudessem ter sido surrupiados sem que o andar de cima soubesse. Jamais valores desse porte!

Na verdade, essa dupla virtude da santidade e da honestidade não se sustenta diante dos fatos escabrosos que as diversas operações do Ministério Público e da Polícia Federal estão desvendando. Em especial, a Lava-Jato que poderá levar o próprio Lula de roldão no caso do famoso apartamento tríplex no Guarujá como crime de ocultação de patrimônio, segundo o Ministério Público.

Mais grave ainda foi o conto do vigário que passou nos trabalhadores ao prometer um paraíso na terra que vem se revelando um inferno astral. A obra do PT foi uma daquelas cujos pés são de barro. Não resistiu ao teste do tempo. Por incompetência e despreparo dos quadros do partido, a gestão da coisa pública foi-se esfarelando. Os indicadores nas áreas econômica e social mostram que já regredimos no tempo algumas décadas atrás.

Para fechar o quadro, a pior das desonestidades do sr. Lula é defender, agora, uma política econômica que manda às favas o tão necessário ajuste das contas públicas. Quer mais crédito e investimento num País quebrado. Ir por esse caminho nos garante um futuro muito parecido com o da Venezuela, onde inflação e prateleiras vazias nos supermercados estão comandando o triste espetáculo. Existem, sim, Sr. Lula, muitas almas vivas no Brasil, os trabalhadores em especial, que o superam em matéria de honestidade.

CABEÇA DE JUDEU
Artigo publicado no Boletim do Empreendedor – 21 Abril 2008

Confesso, caro leitor, minha surpresa quando comecei a me familiarizar com a literatura sobre a sabedoria judaica através dos séculos. Pessoas de formação católica como a minha acabam tendo uma visão um tanto estereotipada dos judeus. Além dos saberes múltiplos que já tinham, eles continuaram acumulando outros tantos nesses últimos 2000 anos da era cristã. Sua própria sobrevivência através dos tempos muito se deveu a essa capacidade de buscar não só a riqueza material, mas também a espiritual.

O aparente mistério das realizações dos judeus no mundo

O livro que me abriu os olhos em relação ao tema foi escrito pelo rabino Nilton Bonder. Seu título é autoexplicativo: *O Segredo Judaico de Resolução de Problemas*. Trata-se de uma pequena obra-prima. Seu subtítulo é um alerta aparentemente contraintuitivo: *A Utilização da Ignorância na Resolução de Problemas*. Mapear nossas ignorâncias a respeito de qualquer problema ou situação nos permitirá tomar decisões de muito melhor qualidade. Os rabinos costumavam perguntar a seus discípulos o que chegava mais rápido: um cavalo lento ou um cavalo veloz? Depende de estarmos ou não no caminho certo, respondiam eles, buscando dar contexto à resposta. Este cuidado nos permite reduzir os efeitos letais da zona de ignorância sempre presente em nossas decisões. O cavalo lento pode, nesse caso, ser o mais rápido.

Um provérbio ídiche ilustra a relação de respeito que os judeus têm com o dinheiro: "O que há de mais pesado neste mundo? Um bolso vazio". A visão simplista do judeu pão-duro nos impede de ir mais fundo. TUDO neste mundo gosta de ser tratado com respeito e carinho. Não só seres vivos, mas até máquinas. Quem tem alguma experiência de chão de fábrica, como é o meu caso, sabe que máquinas maltratadas dão problemas sempre. Boa manutenção é o carinho exigido pela máquina para funcionar a contento. Tratar dinheiro com respeito faz parte do segredo de atraí-lo.

Eu me lembro de uma professora de geografia do meu curso ginasial que afirmou que os judeus eram o único povo que mantinha características raciais distintas face aos demais. Com o passar dos anos, constatei que não havia base alguma para tal afirmação, pois existem judeus de todas as tonalidades, do negro ao branco de olho azul. Por outro lado, existe, sim, uma desproporção entre o número de judeus ou meio judeus ganhadores de prêmios Nobel em relação ao percentual detido pelos demais povos. Quase ¼ dos ganhadores são judeus, subindo para 37% se forem computados apenas os prêmios recebidos pelos americanos da mesma etnia. Qual seria a explicação?

A meu ver são fatores de ordem religiosa e cultural. A sobrevivência dos judeus a tantas perseguições exigiu-lhes o uso de razão e emoção de modo muito sofisticado para continuarem neste planeta. A dita preferência divina manifesta no que se convencionou chamar de povo eleito também deve ter desempenhado seu papel. Imagine um indivíduo possuído da consciência da necessidade de estar intelectual, material e espiritualmente preparado para lidar com situações que podem lhe ser fatais. E que ainda acredita ser um dos eleitos (inclusive como povo) escolhidos por Deus para receber Sua proteção. Havemos de convir que este quadro mental favorece a construção de uma autoestima inexpugnável, geradora de um desempenho excepcional capaz de produzir tantos ganhadores de prêmios Nobel. Cabeça de judeu tem explicação.

A RAINHA E O PRESIDENTE
Jornal do Brasil – 25 Março 2009

O filme *A Rainha*, dentre outros méritos, teve o de desmistificar a figura da rainha da Inglaterra como um penduricalho inútil mantido no arcabouço institucional inglês. Embora o filme esteja centrado na crise provocada pela morte súbita da princesa Diane, ele nos permite ver nas entrelinhas a solidez das instituições políticas (e monárquicas) inglesas a despeito dos abalos provocados por outras razões pela morte da depois chamada Princesa do Povo.

As cenas inicial e final do filme ilustram bastante bem o ponto que quero pôr em relevo. Vencidas as eleições pelo Partido Trabalhista de Tony Blair, ele, acompanhado da mulher, se dirige, visivelmente nervoso, para sua primeira audiência com a rainha Elizabeth II, para formalizar o novo governo de Sua Majestade. Ao subir as escadas do palácio em direção à sala em que será recebido por ela, o oficial que o acompanha aproveita para lhe dar algumas instruções sobre como se comportar diante da rainha. Assim que entrar na sala em que será recebido, deverá fazer uma primeira reverência à soberana e mais uma ao cumprimentá-la. Alerta-o também que, ao sair, não deverá dar-lhe as costas, retirando-se sempre de frente para a rainha. Assim que o futuro primeiro-ministro se senta, ela lhe diz: "Você é o meu décimo primeiro-ministro. O primeiro a se sentar onde você está foi Winston Churchill". E arrematou com humildade: "Aprendi muito com ele". A audiência continua num tom mais protocolar e ele sai dali autorizado a formar um novo governo.

Essa cena inicial pode não deixar muito confortáveis aqueles que estão habituados ao cerimonial republicano de suposta igualdade entre todos. Para

> *Inclinar a cabeça diante da rainha é uma homenagem ao interesse público simbolicamente representado por ela*

entender melhor o que se passou - e a falta que nos faz -, é preciso ter em mente que nas monarquias o soberano é o chefe de Estado por excelência, ou seja, representa a Nação, personifica o interesse público e exerce aquela posição sem dever favores a grupos econômicos ou a partido político que o teria eleito como ocorreria, por exemplo, num regime parlamentarista republicano. A atual constituição portuguesa aceita essa idéia monárquica ao obrigar o seu presidente eleito a se desvincular formalmente do partido que o elegeu. Reconhece, pois, explicitamente, que o chefe de Estado não deve ter coloração partidária na medida em que representa a todos os portugueses, em especial o interesse público. Na simbologia monárquica moderna, a reverência que o primeiro-ministro faz à rainha é para lembrá-lo sempre de se curvar diante do interesse público e que ele está ali para servi-lo, coisa que qualquer democrata genuíno pode aceitar sem se sentir diminuído. Note, caro leitor, que o primeiro-ministro, num contexto parlamentarista monárquico, não tem como fazer propostas indecentes ao monarca em troca de apoio político ou de grupos econômicos porque é impossível fazer-lhe uma proposta melhor do que ele já tem. Ela deve fidelidade ao povo, que lhe paga a conta: R$ 2,50 cada um por ano!

A cena final mostra a rainha andando em passo rápido com Tony Blair pelos jardins do palácio em que ela é informada de uma de suas ações específicas de governo: reduzir o número de alunos por professor nas escolas inglesas em benefício da qualidade. Trata-se de um Poder Executivo que se exerce prestando contas semanais de seus atos a alguém que representa cada inglês e cada inglesa com isenção muito maior do que se tivesse sido eleito. Ao separar chefia de governo da de Estado, o monarca funciona também como fiscal do Poder Executivo, que fica de saia justa para propor qualquer maracutaia.

Finalmente, mas nem por isso menos importante, é preciso deixar claro nosso desastre institucional representado pelo regime presidencialista. No nosso caso, o presidente é, ao mesmo tempo, chefe de governo e de Estado, ou seja, ele fiscaliza a si próprio, vale dizer, presta conta de seus atos ao seu próprio umbigo. Muito menos semanalmente. Fica evidente a qualidade intrínseca muito superior de um Poder Executivo exercido na forma do parlamentarismo monárquico. E lembrar que o jogamos fora. Pense nisso, caro leitor.

OBAMA E O BARÃO DE COTEGIPE
Tribuna de Petrópolis – 28 Maio 2011

Foi muito comemorada a eleição de Barack Obama a presidente dos EUA por ter sido o primeiro negro a ocupar o cargo. Curiosamente, não foi nesses termos que o próprio Obama se definiu diante das câmeras de TV. Tive a oportunidade de ouvi-lo declarar que não era branco nem preto, mas mulato. Mãe branca e pai negro. Provavelmente se colocando como um ponto de união física entre duas raças cuja trajetória nos EUA foi marcada por um tipo de segregação aviltante. Legalmente, o negro americano chegou a ser definido como ¾ de homem. Isso para não mencionar a legislação dos estados americanos, em especial os do sul após a guerra da secessão, que criou todo tipo de empecilho jurídico ao pleno exercício da cidadania pelos negros. Por mais de século, vigorou a doutrina do "iguais mas separados", com o devido respaldo da Suprema Corte americana, até que o movimento pelos direitos civis dos anos de 1960 levou a mesma corte a votar por unanimidade extraída a fórceps pela integração racial nas escolas, pondo um ponto final àquela hedionda lei.

Um barão mulato foi Primeiro-Ministro do Império entre 1885 e 1888, mais de um século antes de Obama ser presidente

De toda forma, negro ou mulato, foi um momento único na História americana. Assumindo-se como mulato, Obama também renegava a tradição de seu País onde uma simples gota de sangue negro era suficiente para que uma pessoa fosse declarada negra. Era como se fosse uma espécie de impureza que um branco não poderia carregar em seu sangue.

O caso brasileiro foi bem diferente. A mística do mulato e da mulata faz parte de nossa cultura desde muito cedo em nossa colonização. Gilberto Freyre e outros nos chamam a atenção para a ocupação moura da península ibérica por sete séculos que teria feito com que o português se habituasse e se encantasse com a morenice das mulheres árabes. A miscigenação entre negros e brancos no Brasil reproduziu na cor da pele a beleza que já havia conquistado os lusitanos nos séculos anteriores ao descobrimento. As leis brasileiras nunca chegaram perto da paranoia de definir o negro juridicamente como um ser sub-humano, como ocorreu nos EUA. Não obstante, a influência cultural americana é tão forte que já nos fez até copiar instituições que nos são estranhas e, agora, até padrões de relacionamento entre brancos e negros que não se encaixam em nossas tradições. Alguma dose de sangue negro já rotula o indivíduo como negro na visão dos movimentos negros em nosso País. Ao invés de celebrar a miscigenação, preferimos, mais uma vez, copiar o modelo gringo de segregação entre raças. Pior: tendemos a ignorar o fato concreto que a população que realmente vem crescendo no Brasil é a parda, evidenciando um aprofundamento, para o bem de todos, das relações afetivas inter-raciais.

Vamos agora a uma outra comemoração, infelizmente esquecida, do que aconteceu em nosso País entre 1885 e 1888, em que um mulato, o Barão de Cotegipe, ocupou o cargo de primeiro-ministro do Império. Portanto, 120 anos antes o Brasil já teve um Chefe de Governo mulato, coisa inimaginável nos Estados Unidos daqueles tempos em que o máximo que um negro poderia almejar era ser um serviçal da Casa Branca, jamais seu morador número 1. E muito menos bailar em seus salões com a primeira-dama americana, coisa que a princesa Isabel fazia aqui nestas terras morenas ao dançar com o engenheiro André Rebouças e outros negros que frequentavam os bailes do Império. Mais que isso: visitantes estrangeiros sempre observavam a presença de mulatos e negros em cargos importantes na administração imperial, coisa impensável lá na Europa e nos EUA. Melhor ainda: o Brasil, apoiado em sua população negra, miscigenada e de origem portuguesa, conseguiu, ao final do século XIX, criar um País respeitado internacionalmente, tendo produzido internamente políticos de cuja qualidade sentimos falta até hoje diante do trágico quadro político-partidário republicano atual. O nosso Cotegipe recebeu também título de nobreza com grandeza pelos relevantes serviços prestados à Nação em diversas oportunidades antes de ser alçado ao posto de Primeiro-Ministro.

Nossa criatividade produziu uma nobreza em aberto: nossos títulos não eram de sangue, mas nominais. Morriam, democraticamente, com quem os recebia. Pois bem, proclamada a república, foi para a gaveta o primoroso plano de assentamento de ex-escravos em terras devolutas ao longo das ferrovias preparado pelo visconde de Ouro Preto, último primeiro-ministro do Império, e apoiado com entusiasmo pela princesa Isabel. Pior: os intelectuais republicanos se enamoraram de teorias que atribuíam o atraso do País ao grande contingente de negros em nossa população. A saída, para eles, era embranquecer o País, ao invés de levar a sério a questão de educar o povo, nosso real calcanhar de Aquiles até hoje. É triste constatar o pouco caso com que a república trata a questão da educação nacional que nos faz ocupar desonrosos últimos lugares em testes internacionais de avaliação da qualidade dos sistemas educacionais em diferentes países. Na verdade, o avanço dos direitos civis dos negros brasileiros foi retardado com a chegada de um novo regime sem compromisso com sua africanidade. Não é difícil imaginar os avanços que teriam ocorrido nesse processo de inclusão social do negro que já havia sido deslanchado sob as hostes do parlamentarismo monárquico com Cotegipe mais de um século antes de Obama chegar ao Poder. Pena que foi interrompido.

O CUSTO DO INTELECTUAL
Diário de Petrópolis – 2 Março 2013
Tribuna de Petrópolis – 3 Março 2013

Comecemos com o exemplo ilustrativo de dois grandes intelectuais do século XX. Bertrand Russell, grande filósofo e matemático inglês, por volta de 1923, resolveu dar um bordejo pela Rússia, para conhecer a recém-instaurada revolução comunista de 1917. Saiu de lá horrorizado com o que viu e jamais se prestou ao papel de defensor do suposto novo mundo. Bem diferente foi a trajetória política de Jean-Paul Sartre, escritor e filósofo existencialista francês. Inicialmente, em sua obra, deu peso máximo à responsabilidade individual sem maior atenção às imposições do social. Primado do individual sobre o social. Depois, encantou-se com o marxismo, onde reina o primado do social sobre o individual, tentando fazer um casamento impossível, tipo água e óleo, entre o existencialismo e o marxismo, um projeto que obviamente jamais levou a bom termo. Acabou seus dias nas ruas de Paris distribuindo um jornalzinho maoísta de quinta categoria pró-Revolução Cultural. E isso após ter defendido antes, por anos a fio, o parto sangrento da História (com o sangue dos outros, obviamente) comandado por Stálin na antiga URSS – União das Repúblicas Socialistas Soviéticas. Foi de mal a pior como naquela foto com manchete do jornal O Globo – "China: de Mao a Piao", no final da década de 1960.

Dado o fato de ambos terem sido contemporâneos e de elevado calibre intelectual, cabe perguntar: por que Russell anteviu o que viria com tanta antecedência e Sartre se perdeu completamente no plano político?

Partindo deste caso pontual, podemos estender a pergunta ao caso dos intelectuais de diferentes países e buscar entender as razões de alguns perceberem

> *Seria o português uma língua em que os floreios formais induzem à perda de substância?*

a armadilha precocemente e outros persistirem nela para além do óbvio ululante do nosso Nelson Rodrigues. Foi este o caso da nossa intelectualidade em seu caso de amor político com Sartre e Marx, que jamais vingou no mundo de língua inglesa como corrente dominante do pensamento político. E, em consequência, menos ainda na prática. Certamente não cabe uma única resposta à magnitude dessa questão. Mas, nos limites de um artigo de jornal, eu gostaria de explorar uma delas referente ao modo como cada povo aprende, ou não, a pensar e agir ao estudar a própria língua pátria. Vamos a ela.

Um depoimento de uma conhecida minha, que fez um doutorado em sociologia numa grande e famosa universidade americana, pode nos dar uma primeira pista. Depois de muito insistir com seu professor de sociologia americano, ele a autorizou a fazer um seminário sobre a obra de um conhecido sociólogo brasileiro – e não se trata de FHC – de quem ela gostava muito. E aí teve início o drama. Ao traduzir para o inglês, com sua característica ordem direta (sujeito-verbo-predicado), partes da obra do dito cujo, começou a se dar conta de que lhe faltava substância. Antevia um seminário sem maior conteúdo. Ajeita daqui e dali, e acabou montando uma exposição deglutível da "obra", que não despertou maior interesse junto à plateia e ao professor. Outra pergunta: por que ela só se deu conta do conto do vigário em outra língua?

Estaria eu insinuando, caro leitor, que estaríamos condenados à falta de substância ao escrever em português? Certamente que não. Machado de Assis e Nabuco comprovam que a língua portuguesa tem concretude para gringo nenhum botar defeito. Interessante em ambos é o estilo conciso e a ordem direta nas frases curtas, sobretudo em Machado. Quando lemos Rui Barbosa e Euclides da Cunha, sentimos fortemente a presença do estilo gongórico onde reina a linguagem rebuscada, a ordem indireta, o paroxismo sensorial e, por vezes, o não-racional. Daí ao descolamento em relação à realidade é um passo curto. Não foi este o caso de Machado e Nabuco que previram claramente, por exemplo, o beco sem saída em que o País ia se meter com a proclamação de uma república sem espaço para a *res publica*, ou seja, sem compromisso com a defesa do interesse público. O descaso secular com a qualidade da educação nacional é a prova cabal. Já Rui Barbosa e Euclides da Cunha foram republicanos de primeira hora, depois inquietos com os rumos do novo regime e, no caso confesso de Rui Barbosa, francamente arrependido. Este também deixou sua marca na desastrada implantação do mercado de ações no País (o encilhamento) com a sequela da confiança perdida por décadas.

Não há como negar a influência do intelectual nos rumos que um País pode tomar. O custo dele para a sociedade pode ser monumental quando se toma o bonde errado da História. Lenin, já desde o início, Mao e Fidel Castro foram repetidamente alertados para o fato de que a coisa não ia funcionar. Na ex-URSS, levaram cerca de 70 anos e em torno de cinco décadas na China e em Cuba para retomarem o rumo certo. O tempo perdido teve um custo astronômico para essas sociedades cujos intelectuais não foram capazes de perceber as consequências maléficas de suas opções equivocadas.

Modelos político-institucionais que funcionam, e eles são exceções no mundo, resultam não apenas de esquemas abstratos de pensamento, mas sobretudo de fatores ligados à cultura e História de cada povo. Foi por ignorar tais requisitos que falamos, ainda hoje, em refundar a república. A ideia de *res publica* é, sem dúvida, respeitável. Bom lembrar que os países europeus de regime parlamentar monárquico se mantiveram mais fiéis a ela do que as próprias repúblicas de lá. Fato comprovado hoje por indicadores econômicos, sociais, políticos e culturais. Que tal buscarmos em nossa experiência político-institucional do século XIX, sem preconceitos, a saída que tanto almejamos?

INTELECTUAIS LÁ E CÁ
Diário de Petrópolis – 1 Junho 2013
Tribuna de Petrópolis – 2 Junho 2013

Keynes, famoso economista inglês, afirmou certa vez que "Os homens práticos, que se julgam tão independentes em seu pensar, são todos na verdade escravos das ideias de *algum economista morto*". Estas sábias palavras valem também para todos os que, de um modo ou de outro, têm a capacidade de pautar nossa visão de mundo. Eles nos influenciam inclusive nas questões práticas do nosso dia a dia. Para o bem ou para o mal, há sempre um intelectual (ou pensador) de plantão lá no começo.

> *A responsabilidade dos intelectuais ao defender visões de mundo que não se sustentam a longo prazo*

Indo do plano individual para a alma coletiva, podemos nos indagar o que acontece com um País quando perde seus referenciais histórico-culturais e seus intelectuais resolvem macaquear instituições alheias e adotar "soluções" oriundas de realidades que lhes são estranhas. Sendo mais específico: qual o efeito sobre a alma nacional quando a autoestima de um povo vai para o brejo? Fernando Henrique Cardoso percebeu esse impasse quando admitiu que avançamos politicamente, mas que falta alma às nossas instituições. FHC ilustra à perfeição a questão em foco. Ele conhece bem os clássicos do pensamento de esquerda como Marx, Gramsci, dentre muitos outros. A busca para entender e definir linhas de ação prática para superar nosso processo de desenvolvimento retardatário levou-o, de início, a se entusiasmar pela teoria da dependência, aquele tipo de explicação de nossas mazelas via terceirização da culpa. Uma boa dose de teoria da conspiração na dialética centro-periferia mostrava as vísceras e até a "funcionalidade" de nossa dependência. Inteligente demais para acreditar em histórias da carochinha, FHC acabou se dando conta das insuficiências e equívocos dessa abordagem.

O caso brasileiro, nessa busca por uma saída, ilustra um duplo equívoco de cunho autoritário. Primeiro com o positivismo de Comte e depois com Marx. O primeiro a pregar uma ditadura científica, pois, segundo ele, assim como não há liberdade em física e química, também não deveria havê-la em política. O segundo, com a luta de classes como motor da História, abriu as portas para a ditadura do proletariado. Na verdade, para a ditadura.

 O positivismo de Comte virou uma curiosidade histórica, mas com duradouro impacto deletério na cabeça de nossos militares, e o enfoque marxista se revelou trágico nos próprios países em que o comunismo foi implantado. Nesse processo, se gastou muita tinta, papel e massa cinzenta para não se obter resultados minimamente satisfatórios. Nossos intelectuais foram se inspirar na fonte errada de pensadores europeus para sua reflexão político-econômica: muito Marx (ou apenas Marx?) e pouco Edmund Burke. Este explicitou sólidas reflexões críticas à Revolução Francesa e deu firme apoio à Revolução Americana, acompanhado depois por Hannah Arendt, crítica da primeira e admiradora da segunda. Lá, eles se preocuparam em ver o outro lado da moeda. Do lado de cá, os nossos intelectuais não deram a devida atenção ao que aconteceu aqui, muito especialmente, no século XIX. Não trabalharam o conceito de Poder Moderador e pouco valorizaram nossa vivência de cunho parlamentarista de quase quatro séculos. Passaram batidos pelos pilares da ampla liberdade de expressão, de imprensa e de pensamento e do modelo de gestão política que foi capaz de dirimir crises políticas sem romper o marco legal como aconteceu tantas vezes após a suposta proclamação da república.

 O perfil do intelectual em países que ficaram para trás revela angústias pessoais até mesmo em termos de sua capacidade de absorver e entender a literatura de cunho sócio-econômico-filosófico vigente nos países que ditam, ou ditavam, a pauta nesses campos do conhecimento. De posse do fogo sagrado, não se perguntaram se seus confrades prediletos de lá estariam enveredando por descaminhos que depois se revelaram becos sem saída, como foi o caso do comunismo na ex-URSS e na própria China. Ou em Cuba, aqui bem mais perto. Pior ainda, em nossas bandas, foi a insistência em exumar defuntos, modelos de sociedade que simplesmente não funcionam, como ocorre hoje na Argentina, na Venezuela e na Bolívia para infelicidade de seus povos. Chile, México, Peru e o Brasil, em parte, felizmente, conseguiram se manter fora do bloco da insensatez, uma novela sem final feliz. Ou tragédia anunciada.

Claro que esquerda, centro e direita devem, e precisam, conviver no espaço político sem que se tomem por donas da verdade. Que aceitem a importância da alternância dos partidos no Poder como característica central do jogo político genuinamente democrático. Exatamente como fazia Pedro II, ao induzir, via prerrogativa do Poder Moderador, essa alternância, nos deixando um legado esquecido a ser urgentemente resgatado. Em especial agora face ao projeto do PT de se perpetuar no Poder como se fosse o único fiel depositário dos anseios do povo brasileiro.

Cabe ainda aos nossos intelectuais a coragem de lutar por uma legislação político-partidária-eleitoral capaz de induzir nossos partidos políticos a terem programas e a votarem de acordo com eles. Aliás, um teste simples e direto para saber se um País realmente dispõe de Partidos, com P maiúsculo. E se seus políticos realmente servem ao partido ao invés de dele se servirem como acontece hoje com a imensa maioria de nossas agremiações políticas. Em suma, para saber se um partido tem identidade, ou seja, se é capaz de passar nesse teste, como foi o caso dos partidos Liberal e Conservador do Império, conforme demonstrou pesquisa do historiador americano William Summerhill.

Democracia substantiva não se mede pelo número de partidos existentes em um País, mas pela sua qualidade. Ou seja, a de serem capazes de lutar por propostas e leis de interesse realmente público sem cair no populismo, uma moléstia política que cobra um preço elevadíssimo às futuras gerações. E, sobretudo, que façam um monitoramento implacável do dia a dia dos atos de governo como ocorre nos regimes parlamentaristas. Tais ideias e práticas já foram parte de nossa tradição político-institucional. Que tal dar-lhes vida novamente para ressuscitar nossa moribunda vida parlamentar?

ROBERTO CIVITA E PEDRO II
Diário de Petrópolis – 15 Junho 2013
Tribuna de Petrópolis – 16 Junho 2013

Há pessoas que incorporam o Espírito Empreendedor, assim em tom maior, com letras maiúsculas. Este foi o caso de Roberto Civita. Por razões de origem familiar, teve uma formação de cidadão do mundo, dominando várias línguas que aprendeu em sua peregrinação por diversos países até sua chegada ao Brasil. Essa intimidade com a alma e a cultura de diferentes povos foi a pedra fundamental que deu sustentação à sua cabeça sempre aberta. Respeitava a diferença como um mecanismo enriquecedor da troca de ideias e, mais que isso,

As afinidades de duas histórias de vida a favor do Brasil

de sua ação transformadora sobre o mundo. A reprodução de suas notas para uma futura autobiografia me chamou a atenção para os dois pilares em que assentou sua vida: educação e liberdade de expressão. Na verdade, uma não sobrevive sem a outra. Bateu-se também pela livre iniciativa. Conhecia as chamadas falhas de mercado e, melhor ainda, as falhas de governo, em especial quando o Estado resolve virar empresário único. Os poderes econômico e político não podiam se concentrar nas mesmas mãos, pois sabia que dariam origem ao atestado de óbito da democracia.

Vamos agora fazer uma viagem a um tempo pretérito pleno de futuro preterido em que viveu uma figura muito especial de nossa História: Pedro II. Ao ler sobre a importância dada por Roberto Civita à educação e à liberdade de expressão me veio logo à mente sua irmandade espiritual com Pedro II, pois seus alicerces para a construção do futuro eram idênticos. A obra de Pedro II, com a chegada da república, foi interrompida. A crônica dos atentados à liberdade de expressão e do descaso com a educação de qualidade retrata bem nossa vidinha republicana de pouco compromisso com o interesse público. Duas histórias de vida de Pedro II comprovam que os dois foram almas gêmeas.

A primeira ilustra o clima vigente sobre a liberdade de imprensa no Segundo Reinado. Incomodado com as críticas descabidas e ofensivas à princesa Isabel feitas por um jornalista, Pedro II chamou seu ministro da Justiça querendo saber o que poderia ser feito contra as infâmias do jornalista. Respondeu o ministro: "Nada, majestade. Em nosso País, a liberdade de expressão é um direito constitucional garantido". Meses depois, foi a vez do ministro ser alvo das críticas ferinas do mesmo jornalista. Pediu, então, ao imperador que fosse tomada alguma providência enérgica contra as calúnias de que era alvo. Recebeu de Pedro II a mesma resposta que ele, ministro, lhe dera poucos meses atrás. Magistral nessa história da vida real era um lembrando ao outro seu dever de governantes esclarecidos e o compromisso de ambos com a liberdade de imprensa.

A outra, do mesmo quilate, foi a resposta de Pedro II a seu ministro descontente com sua demora em sancionar o aumento salarial dos ministros e a presteza com que assinara o aumento para os professores. Quis saber do imperador por que sempre colocava no fim da pilha de despachos o aumento dos ministros e a rapidez com que concedeu o aumento para os professores tão logo lhe chegara o pleito. Pedro II respondeu na bucha: "Muito simples, meu caro ministro. No futuro, quando eu precisar de ministros competentes, eu os terei pagando bem aos professores". De fato, se medirmos o salário dos professores no Rio de Janeiro em gramas de ouro, naquela época e hoje, ficamos estarrecidos com a queda que houve. Como a educação na Corte era responsabilidade direta do Estado Imperial, chegamos em 1889 com metade da população do Rio de Janeiro devidamente alfabetizada.

Confesso que não sei se Roberto Civita conhecia essas duas histórias da vida de Pedro II, que certamente lhe seriam caras. Mas não há dúvida quanto ao tempo perdido como Nação por não levarmos a sério em nossa suposta vida republicana esses dois pilares em que se assentam as grandes nações.

ARISTÓTELES, MAQUIAVEL E A INTERNET
Diário de Petrópolis – 20 Julho 2013
Tribuna de Petrópolis– 21 Julho 2013

Caiu-me nas mãos outro dia o excelente livro do filósofo Emmanuel Carneiro Leão, *Filosofia Grega – Uma Introdução*. Chamou-me a atenção a seguinte afirmação do autor: "Tanto para os gregos como para Aristóteles, a política é a mais elevada forma da vida humana". Muito em linha, com o velho dito de ser a mais nobre das atividades humanas justamente por ter como objeto o interesse público, o bem comum. Séculos mais tarde, Maquiavel se rebela contra esse conto de fadas e afirma que o Estado existe para se autopreservar, ou seja, para atender aos interesses de quem está com as rédeas do Poder nas mãos. Dito assim de modo tão cru, motivou a repulsa de católicos e protestantes, bem como de liberais e comunistas. E aí surgiu a internet com sua invasiva transparência que deixou os políticos despidos diante da opinião pública. Quem, afinal, tem razão quanto ao papel do Estado?

Da visão idílica da política para a diabólica, e o papel da internet como mecanismo de transparência na aldeia global

Uma breve revisão histórica ajudará a entender o que se passou. No caso da praça pública grega, onde as decisões políticas eram tomadas, havia transparência e participação da população livre. Quando nos lembramos que 2/3 da população de Atenas eram compostos de escravos sem participação alguma nesse processo, parece que Maquiavel tinha razão. Por outro lado, há que se reconhecer que a experiência grega foi o berço da democracia, cujo processo de aperfeiçoamento, para incluir todos os cidadãos, percorreu um longo e tortuoso caminho ao longo de séculos.

Dadas as circunstâncias da época, não há como negar que o conceito original grego foi um imenso avanço. Aqui nos valemos da demografia, tão ao gosto de Peter Drucker, para entender o enclausuramento do processo de decisão política detectado por Maquiavel quando a população das cidades começou a crescer muito, tornando difícil tomar decisões em praça pública regularmente como faziam os gregos. O processo foi-se desvirtuando até chegar ao absolutismo cuja expressão máxima foi "*O Estado sou eu*" de Luís XIV, rei de França, que deixou de presente (de grego) para seus herdeiros a fornalha em que estava sendo assada a Revolução Francesa, cuja origem é relativamente simples: os afetados pelas decisões do andar de cima não eram ouvidos, mas eram chamados a pagar a conta cada vez mais pesada.

Como explicar, então, o caso da Inglaterra cujas cidades também cresceram muito, mas nem por isso seus políticos se tornaram surdos aos dramas da população em geral. Até Marx reconhece a integridade dos fiscais de fábrica ingleses em plena Revolução Industrial, que certamente contribuiu para coibir os terríveis excessos daqueles tempos de jornadas desumanas de trabalho. Mas, de fato, não foi só isso. Há que se reconhecer a vitalidade do Parlamento inglês, que cobrava dos governantes ida semanal ao local em que se reunia para darem satisfação dos atos de governo. A tradição do gabinete sombra, em que os deputados de oposição fazem um acompanhamento das diversas pastas ministeriais no seu dia a dia, impedia – e impede até hoje – que houvesse um fosso entre a população e seus representantes. Em suma, não havia clima nem razões na Inglaterra para o surgimento de uma revolução nos moldes em que ocorreu na França.

Justamente por reconhecer a importância da política na construção do bem comum, a prática política inglesa nunca se deixou levar por uma visão açucarada do Poder. Assinavam embaixo da famosa máxima de Lord Acton: "Poder corrompe e Poder absoluto corrompe absolutamente". Tinham plena consciência de que a política tende a apodrecer seus agentes a despeito das boas intenções, aquelas que dizem pavimentar o caminho para o inferno. E que a eterna vigilância, a cobrança sistemática dos atos de governo é o único modo de evitar o mau cheiro que tende a tomar conta da vida política em diferentes épocas e lugares quando tal não ocorre, como no nosso caso.

A esta altura, caro leitor, deve estar se perguntando onde entra a internet nesse quadro ainda incompleto. Que papel positivo poderá exercer?

Ao longo da História, os povos bem resolvidos em termos político-institucionais são exceções. Em boa medida, esse quadro negro resulta de processos políticos em que a transparência era artigo raro. Prestar contas regulares sobre as peripécias dos governos, mais raro ainda. A "tranquilidade" dos poderosos foi rompida para sempre com a chegada da internet. Os jatinhos usados em causa própria por ministros e deputados em nosso País viram manchetes dos principais jornais. (A novidade foi que tiveram que ressarcir os cofres públicos.) As maracutaias desconhecidas pelo distinto público, também. O poder da sociedade de se articular era muito limitado até a chegada das redes sociais viabilizadas pela internet. A praça pública grega pode, hoje, incluir todos no processo de decisão. No nosso caso, leis que se arrastavam há anos foram aprovadas rapidamente.

Não obstante a transparência seja condição necessária, ela não é suficiente. Não é razoável descrer de políticos e partidos e ponto. Há que ter mecanismos que façam funcionar as instâncias de representação política. Finalmente, tornou-se possível a participação da população como um todo nas decisões que a afetam. O estado americano da Califórnia, por exemplo, lança mão de consultas populares sobre os mais diversos temas. Nada nos impede de ir na mesma direção até porque recorremos a elas bem menos do que seria desejável. Podemos mesmo vislumbrar no futuro algo muito próximo da democracia direta. O voto pela internet, validado pelas impressões digitais de cada cidadão, se tornou possível. Após séculos de História, a autopreservação do Estado via defesa dos interesses do andar de cima parece estar chegando ao seu ocaso. A triste constatação de Maquiavel pode estar com seus dias contados, abrindo espaço para que o Estado seja o paladino da defesa do interesse público. Mesmo.

MANDELA E SEU NÚMERO
Diário de Petrópolis – 14 Dezembro 2013
Tribuna de Petrópolis – 15 Dezembro 2013

Tão logo passei a conhecer melhor esse gigante cristão chamado Nelson Mandela, fui tomado por um sentimento de profunda admiração e reverência. A ele, como ao nosso Pedro II, ambos de elevada estatura física e moral, pode ser aplicada a frase memorável de Shakespeare: "Cada polegada de sua estatura daria para um homem". Havia nobreza, de fato e de direito, no porte de Mandela. Obviamente, a mais importante é aquela que vem da alma, sem desmerecer os que a têm por razões de família e que sabem se portar à altura de seu legado.

Parece até mistério da cabala revelado

Mandela tinha as duas. Príncipe, poderia ter se tornado rei de sua etnia, mas preferiu ir à luta na defesa da dignidade de todo o povo negro de toda a África do Sul. Nos quase 30 anos em que esteve preso, jamais se deixou tomar pela amargura e pelo ressentimento. Leu muito, estudou muito e, como ele mesmo afirmou, se burilou. Por anos a fio, em função de sua condenação absurda à prisão perpétua e a trabalhos forçados, quebrou pedras sem se deixar jamais quebrar. Olhava seus carcereiros olho no olho com a altivez redobrada de príncipe que combate o bom combate. Os brancos, do andar de cima e do de baixo, vislumbravam diante dele a aura de um ser humano diferente, mais livre dentro da cela do que eles do lado de fora.

Em um dos filmes sobre sua vida e de seus companheiros de prisão, tem uma cena memorável em que ele cita *Invictus*, um belo poema de William E. Henley, cujos versos finais retratam sua filosofia de vida: "Eu sou o mestre do meu destino / Eu sou o capitão de minha alma". Movido por tamanha determinação, ele se tornou uma figura lendária que granjeou o respeito e o apoio da comunidade internacional. A África do Sul sofreu boicote econômico de diversos países e foi aos poucos perdendo suas bases de sustentação. Até mesmo a poderosa *De Beers*, maior fabricante de diamantes do mundo, adotou políticas de integração que não seguia a cartilha do governo branco racista. O isolamento internacional da África do Sul e a crescente resistência da população negra tornaram inevitável a libertação de Mandela.

Livre das grades da prisão, sua primeira atitude foi tomar um cafezinho com seu carcereiro que, a essa altura, já se tornara seu admirador. Naquele momento, ele estava pondo em prática uma de suas diretrizes humanitárias. Segundo ele, "O perdão liberta a alma. Por isso é uma arma tão poderosa". Como primeiro presidente negro de seu País eleito democraticamente, deu duas provas de maturidade política aliada a um profundo senso prático para não paralisar a máquina administrava sul-africana.

A primeira foi com os funcionários brancos que trabalhavam no gabinete presidencial de Frederik W. de Klerk, seu antecessor branco, que já estavam arrumando suas gavetas, ao vê-lo chegar, na certeza de que seriam dispensados e substituídos por negros. Reuniu-os, dizendo-lhes que, se quisessem ir embora, poderiam fazê-lo, mas que a contribuição deles seria bem vinda na construção de um País multirracial se optassem por permanecer em suas funções. A segunda foi uma carta dele autorizando a incorporação à sua guarda pessoal de um grupo de seguranças brancos que haviam servido à de Klerk. "Mas esses caras atiravam na gente nas ruas!", reagiu o chefe negro da referida guarda. A resposta de Mandela foi que era preciso consolidar um novo País de todos, não só de negros ou apenas de brancos.

Curiosamente, seu número de prisioneiro era 46664. Começa e termina como um 4, numeral cujo significado é, sintomaticamente, muita energia, estabilidade, sentimento de comunidade e apego à casa e à família. No meio de sua vida em números, está o 666, que é considerado o símbolo da besta na Bíblia, personificada pela política racista que tanto mal causou ao seu País. Justamente ele, que dissera "Eu lutei contra a dominação branca e lutei contra a dominação negra" diante do tribunal que o condenou à prisão perpétua em 1964. A África do Sul hoje não é um mar de rosas, mas também não se transformou num oceano vermelho de sangue, como aconteceu com outros países africanos após a independência. Dizer-se cristão é fácil, difícil é pôr-se à prova e sê-lo ao pé da letra como fez Nelson Mandela. Este foi o seu legado.

A CARA DA DILMA
Diário de Petrópolis - 8 Fevereiro 2014
Tribuna de Petrópolis - 9 Fevereiro 2014

Millôr Fernandes, perspicaz como sempre, se rebelava contra o consenso em torno da afirmação de que "uma imagem vale por mil palavras". E desafiava: "Digam isso sem palavras!" Não estava, entretanto, negando a força de certas imagens, como aquela foto, reproduzida por diversos jornais, da presidente Dilma sendo recebida por Fidel Castro. O encontro "histórico" se deu logo após seu regresso de Davos, onde seu discurso e a realidade do País entraram em choque percebido por uma plateia bem informada de empresários e banqueiros internacionais que não acredita em histórias da Carochinha.

O encantamento diante do desastre chamado Fidel Castro

O semblante da presidente Dilma era de visível encantamento ao contemplar a figura de Fidel Castro. O ditador cubano, depois de mais de meio século no Poder, conseguiu a proeza de produzir indicadores econômicos piores do que aqueles que Cuba ostentava em 1959(!), ainda no tempo do ditador precedente Fulgencio Batista. Mesmo os das área social, educação e saúde, são sofríveis e questionáveis. Em especial para quem acredita que educação de qualidade está umbilicalmente ligada à liberdade de expressão, pensamento e imprensa e sabe que o atendimento à saúde para turistas e para os quadros do alto escalão do Partido Comunista Cubano é muito melhor do que o recebido pela população em geral, que convive com as agruras da falta de medicamentos básicos. Quem visitou Cuba já constatou *in loco* a falta de muitos produtos que aqui encontramos em qualquer supermercado ao alcance do bolso das pessoas de menor poder aquisitivo, como a carne de frango dentre outros.

O que assusta no olhar embevecido de Dilma é a reverência implícita diante do principal responsável pelo estado falimentar da economia e do regime cubanos. Assim como a antiga União Soviética foi para o brejo, é fácil prever que o caso cubano é apenas uma questão de tempo. Extasiar-se diante de um fracasso retumbante é falta de sintonia com a realidade. Pior ainda, diante de nossa infraestrutura em frangalhos, foi investir quase um bilhão de reais num porto cubano com o argumento manco de que beneficiou empresas brasileiras. Investidos aqui, teriam beneficiado mais ainda nossas empresas e o próprio País que tanto carece desses investimentos. A despeito do embargo americano, é importante ter claro que os problemas da economia cubana são decorrentes de decisões equivocadas do regime comunista cubano, na mesma linha da política econômica do (des)governo Dilma.

A afinidade de Dilma com Cuba me faz lembrar de uma amiga que viveu lá por três anos e conheceu Fidel Castro pessoalmente e o dia a dia do País, típico *mañana country*, em que as coisas são sempre deixadas para o dia seguinte, em boa medida, pelos vícios do regime, onde o que conta é a fidelidade ao ditador de plantão sem compromisso com eficiência e eficácia. A melhor história que me contou foi a visita que fez a um amigo dela, diretor do imenso Jardim Botânico de Havana. Ao chegar, disse que iria coar um excelente café brasileiro que lhe trouxera de presente. O amigo, um tanto constrangido, disse que tinham um problema: "*No tenemos azúcar!*". Seria como faltar café no Brasil! Este episódio é bastante ilustrativo de como é gerida a economia cubana.

Cá para nós (e para a torcida do Flamengo), não estamos tão distantes assim em matéria de deixar para amanhã. Três anos de perda de tempo para privatizar aeroportos por razões (burras) de ordem ideológica. Os dois PACs (Programas de Aceleração do Crescimento) empacaram e mais parecem o poc-poc de um cavalo pangaré. E a presidente ainda tem a cara de pau de dar entrevista dizendo que pagou a conta do restaurante em Lisboa com dinheiro dela. Vai ver a polpuda diária que recebe do Tesouro Nacional para viagens internacionais foi direto para sua poupança. E nós, isso sim, pagando a conta.

DOM PEDRO GASTÃO, ISABEL E WILLIAM
Diário de Petrópolis - 22 Fevereiro 2014
Tribuna de Petrópolis – 23 Fevereiro 2014

Tive o privilégio de estar presente à inauguração da Escola Dom Pedro Gastão do SESI, no dia 14/02/2014. Estavam lá o prefeito, o presidente do Sistema Firjan, a presidente da Regional Serrana da Firjan e membros da Família Imperial, especialmente convidados para a ocasião. Os discursos foram breves e objetivos na justa homenagem a Dom Pedro Gastão, defensor do meio-ambiente e da educação de qualidade, uma tradição que vem de seu bisavô Dom Pedro II. Ao fazer uso da palavra, Dom Pedro Carlos, o filho mais velho, representando a família, ressaltou o lado "aprender fazendo", marca registrada há décadas da proposta pedagógica do SESI e razão de seu sucesso. Foi lembrada a figura de Dom Pedro Gastão a cavalo passeando pela cidade, sempre gentil e obsequioso com as pessoas que o procuravam. E aberto para o futuro, que é a própria cara da escola que leva seu nome. São 25 salas de aula equipadas com o que há de mais moderno: computadores, data-show, lousa eletrônica, laboratórios de Ciências e Informática, Sala SESI de Matemática, Biblioteca e áreas de lazer. E uma equipe de professores motivada e altamente qualificada. "As escolas dos meus netos no Rio de Janeiro não oferecem infraestrutura semelhante", afirmou Eduardo Eugenio da Firjan.

Uma escola cinco estrelas, o preconceito contra a princesa Isabel e a genuflexão elogiada do príncipe William

Esses fatos muito concretos me fizeram lembrar de um episódio relacionado envolvendo a princesa Isabel e seu marido, o conde D'Eu, que dá bem a medida da visão de mundo que compartilhavam. Ele, aqui em Petrópolis, fez questão de matricular seus filhos num colégio em que tivessem contato com brasileiros em situação difícil. O padre diretor chegou a dizer-lhe que se tratava de uma escola para crianças carentes, de qualidade reconhecida, mas não adequada aos príncipes seus filhos. Respondeu que ele e a princesa queriam justamente essa oportunidade para que seus filhos se familiarizassem com a realidade de quem enfrenta a dureza da vida desde cedo.

Curiosamente, a imagem que ficou da princesa Isabel foi de carola e a do conde D'Eu de alguém que explorava aluguéis em cortiços no Rio de Janeiro. Nada mais injusto em ambos os casos. Ela, que era a favor do voto feminino, também foi incisiva quanto à perda do trono: "Mil tronos houvera, mil tronos perderia para libertar uma raça". Melhor ainda: a educação que recebeu lhe ensinou a pensar na direção do futuro. Quanto ao conde, cabe lembrar que comia da mesma comida que os soldados na Guerra do Paraguai, que fez um oficial que foi almoçar com ele para reclamar do rancho engolir em seco e mudar de assunto. Além de libertar os escravos do Paraguai, ainda recebeu do marechal Deodoro, que não morria de amores por ele, até pelo contrário, o reconhecimento de que fora seu melhor comandante militar.

A má-fé e o machismo contra a princesa Isabel, que teria sido nossa Isabel I, eram de tal ordem que até o fato de ajudar a limpar, varrer e lavar descalça a igreja que frequentava era mal visto. Coisa indigna de uma princesa. Na verdade, estava, como de hábito, à frente de seu tempo. Basta lembrar uma foto que rodou mundo do príncipe William da Inglaterra, ainda moço, em férias de verão num acampamento de jovens no Chile, limpando um vaso sanitário como parte de suas tarefas no grupo. Como sempre, o que vem de fora é elogiado e apreciado, mas a prata da casa não é valorizada. O motivo de orgulho para nós é que a princesa Isabel já dava o exemplo há mais de um século antes de o príncipe William fazer algo semelhante.

Para nós brasileiros, quando nos damos conta da baixa qualidade da educação pública que a república nos oferece hoje em escolas mal equipadas e com professores desmotivados, por razões que todos conhecemos de sobra, não há como deixar de sentir muita saudade da época em que homens e mulheres públicos sabiam se comportar à altura de suas responsabilidades.

O IMPROVÁVEL FHC
Diário de Petrópolis – 22 Março 2014
Tribuna de Petrópolis - 23 Março 2014
Boletim de História Imperial nº 52 – 10 Abril 2014

Foi lançado, em português, no ano passado, o livro *O Improvável Presidente do Brasil*, escrito por Fernando Henrique Cardoso com Brian Winter, um americano conhecedor de nossa língua, colaborador convidado em razão de o livro ter sido originalmente publicado em inglês, em 2006. Foi muito bem recebido pelos leitores de língua inglesa, tendo obtido críticas favoráveis de jornais de larga circulação escritos no mesmo idioma. O texto tem linguagem coloquial e o sabor de recordações da vida privada e pública do nosso ex-presidente. Cobre um longo período, da infância, juventude, estudos e amigos da época de faculdade, passando pelo exílio, volta ao Brasil após a anistia, carreira política, presidência, o sucesso do Plano Real e outras políticas públicas que deixaram a indelével marca de FHC como um dos raros estadistas produzidos pelo Brasil após a proclamação da república. O próprio título do livro admite o lado improvável de ele ter sido o que foi: presidente da república. Essa questão crucial para o futuro do Brasil merece uma análise mais séria se quisermos entender a escassez crônica de estadistas na república.

A "escola" de Estadistas da república é medíocre; já o balcão de negócios do congresso vai de vento em popa

Claro que a primeira coisa que nos salta aos olhos é a fragilidade de nosso arcabouço político-institucional. Traduzido em linguagem direta, sem o politiquês da frase anterior, podemos dizer a mesma coisa afirmando que produzimos poucos políticos capazes de pensar na próxima geração e tantos que só se preocupavam com a próxima eleição. Esta frase, direta na veia, tem várias implicações que nos permitem entender por que o Brasil perdeu tanto tempo ao longo de sua História. Quando não se pensa na próxima geração, não se pensa em educação de qualidade, em saúde, em infraestrutura, em Poder sob rigorosa fiscalização para evitar desvios de todos os tipos que lhe são peculiares. Enfim, um retrato muito fiel de tudo aquilo que a sociedade brasileira repudiou energicamente nas manifestações populares de junho de 2013. Poderes executivo, legislativo e judiciário incapazes de se fazer respeitar pela sociedade por não fazerem o dever de casa.

Nossa primeira reação diante desse quadro é aquela velha de guerra e errada: foi sempre assim. Mas quando nos recordamos de Rui Barbosa, homem que conheceu a fundo os dois regimes, afirmando que o Parlamento do Império era uma escola de estadistas e que o congresso da república virou um balcão de negócios, já em 1915(!), é hora de repensar nossa sabedoria convencional fatalista. Ainda na república velha, os três melhores presidentes (Prudente de Morais, Campos Sales e Rodrigues Alves) foram conselheiros oriundos do Império, que formava estadistas. Uma herança bendita, como a de FHC. Esta constatação deveria nos deixar mais intrigados ainda face à nossa pobreza republicana em produzir esse tipo de homem público. Seriam apenas as virtudes pessoais deles que explicariam sua visão de estadistas? Não mesmo!

E aqui não há como escapar da qualidade de nossas instituições do tempo do Império, em especial o poder moderador, conceito que, um século antes, tornava operacional o princípio de Karl Popper de que o fundamental é que um mau governo dure pouco, e não que seja conduzido por filósofos, trabalhadores, empresários, intelectuais, ou seja lá que classe social for. Monteiro Lobato captou o espírito da época ao afirmar, em um artigo famoso, que a ausência de um fiscal zeloso do interesse público, Pedro II, fez com que homens ilibados se transformassem no oposto do que eram. As virtudes das instituições inglesas não se devem, basicamente, ao que os ingleses são como indivíduos, mas à eterna vigilância aos desvios de rota, com a devida conta a ser paga, sem dó nem piedade, pelo político que prevaricou. Exatamente o que deixamos de ter desde 1889. Um País que depende do acaso – do improvável – para ter um estadista no Poder não ficou para trás por acaso...

REGINA DUARTE TINHA RAZÃO
Diário de Petrópolis – 24 Maio 2014
Tribuna de Petrópolis – 25 Maio 2014

Outro dia, acabei assistindo, casualmente, a uma entrevista da Regina Duarte, a namoradinha do Brasil dos meus tempos de juventude. Logo me lembrei daquele famoso – e controverso – vídeo em que ela afirmava ter medo do Lula. Ato contínuo, fiz a ligação com o livro de Mira y Lopez intitulado *Os quatro gigantes da alma*, que são, segundo ele, o medo, a ira, o amor e o dever. Foi uma leitura de adolescência que me impressionou muito. Ele era filho de pais espanhóis, nascido em Cuba e falecido em Petrópolis. Deixou suas pegadas nas chamadas areias do tempo. Pensando nesses quatro gigantes, foi inevitável fazer um contraponto com o Brasil de hoje: o medo que tomou conta das pessoas; a ira a dar com pau, literalmente; a escassez de amor e o sentido do dever a ser cumprido mandado às favas pelos políticos. Um quadro assustador. É como se nossa alma coletiva tivesse se apequenado. Parece que não sobrou nada. Mas, como dizia um antigo samba, quando a coisa está ruim demais é sinal que vai começar a melhorar. Perder de vez a esperança não combina com o verde (bragantino) de nossa bandeira. Nessas horas, a mudança encontra espaço para acontecer. Relembrar ações do passado, como a vitória da lei de iniciativa popular da Ficha Limpa, nos enche de energia para alçar voos mais altos. Dom Filippo Santoro* teve papel de destaque na luta pela lei da Ficha Limpa. Dom Gregório Paixão, seu sucessor, vai adiante dando um passo ainda mais ousado em direção a uma reforma política em profundidade, convocando não só católicos, mas evangélicos e a própria sociedade civil para agirem.

Tão criticada e tão certa

* Na época, bispo diocesano de Petrópolis-RJ. (N. do A.)

Retomemos o vídeo da Regina Duarte. Sempre tive os dois pés atrás em relação ao sentimento do medo. Muito na linha do presidente Franklin D. Roosevelt que dizia: "A única coisa que devemos temer é o medo". Depois, lendo Mira y Lopez, aprendi que o medo racional deve ser levado em conta. Não faz sentido atravessar a Av. Presidente Vargas, no Rio de Janeiro, de olhos fechados. Pouquíssimos teriam tido a sorte de Jorge Luis Borges, o lendário escritor argentino. Quase cego no final da vida, ao atravessar a 9 de Júlio, a principal avenida de Buenos Aires, segurava no cotovelo de algum passante para que o levasse até o outro lado. Um belo dia, após a travessia, ouviu de quem ele havia segurado o braço o seguinte agradecimento: *"Gracias por ayudar a un ceguito!"*

O medo da Regina Duarte do Lula acabou tendo uma base racional. Com o passar do tempo, o País parece que acordou e começou a se dar conta do que ela já havia percebido antes. O segundo mandato do Lula, em especial após a crise de 2008, que teria sido um tsunami lá fora e uma marolinha aqui, abriu as portas para uma ação contracíclica do governo na economia, como aconselhava Keynes nessas circunstâncias. Ou seja, o relativo sucesso do aumento dos gastos públicos em minorar os efeitos da crise internacional levou o PT a se entusiasmar com o aprofundamento da intervenção do governo na economia sem levar em conta o efeito poderoso da forte regulação de nosso sistema financeiro como fator impeditivo de propagação da crise bancária. A gastança governamental como mola propulsora do crescimento veio ao encontro de um velho sonho petista sem se dar conta de que a conjuntura havia mudado. Dilma embarcou nessa canoa furada do governo faz-tudo com o entusiasmo incauto de quem pensa que entende de economia. E foi fundo, cometendo todos os erros crassos de política econômica que nos levaram a mais de duas décadas de inflação nas nuvens no passado.

Mas a inflação foi bater no supermercado, e as pessoas de menor poder aquisitivo começaram a sentir no bolso o resultado da incompetência petista. Em 2013, a cesta básica subiu quase 18%. E continua aumentando. O fato de a Dilma ter começado a derreter assustou o PT. A perspectiva do fim das maracutaias (palavra que Lula gostava de usar em suas antigas denúncias e que agora tem o apreço dos companheiros) deixou-os a todos (e todas, no jargão petista) apavorados. Nunca se mentiu tanto na História deste País como no último programa político do PT na TV. Restou-lhes amedrontar a população. Mas o medo racional de mais quatro anos de PT é legítimo. E a população quer mudança e competência. Regina Duarte estava com o faro certo.

LULICES E DILMICES
Diário de Petrópolis – 14 Junho 2014
Tribuna de Petrópolis – 15 Junho 2014
Gazeta Imperial – Junho 2014

Lula deu uma longa entrevista à revista *Carta Capital*, de 04.06.2014, que merece comentários críticos para colocar as coisas em seus devidos lugares. Entra também na ordem do dia deste artigo a criação dos Conselhos Populares por decreto da "companheira" Dilma. Lulices e dilmices, como verá o leitor.

A entrevista do ex-presidente, em linhas gerais, bate na tecla de que o Brasil começou em 2003 com a chegada dele e do PT ao Poder. Seu desconhecimento da História do País, passada e recente, se revela em vários trechos de sua falação. Comecemos por duas pérolas impressas na capa da revista. A primeira afirma que "Sim, o governo não soube se comunicar". Diante de uma mídia, interpõe a revista, "De pensamento único contra Dilma, Lula e o PT", diz ele. Na verdade, a mídia tem justamente brigado contra aquela história do controle social da mídia, ideia queridinha do PT, essa sim, filhote da serpente do pensamento único. A luta é, de fato, contra o pensamento torto do PT, que vem de longa data. Bom lembrar que o PT foi contra o Plano Real e a Lei Responsabilidade Fiscal até se dar conta que eram iniciativas em prol do bem comum. E aí nadou de braçada nas benesses daí oriundas num processo de apropriação indébita do que havia sido feito pelo PSDB e por FHC.

A segunda pérola, lulice da boa, é a seguinte: "O PT erra quando usa as mesmas práticas dos demais partidos. Não podemos permitir que meia dúzia de pessoas o deformem". Certamente se esqueceu do exemplo dado por ele mesmo no famoso aperto de mão a Paulo Maluf para eleger o desastrado

Desinformação, despreparo e asnices presidenciais

Fernando Haddad prefeito da cidade de São Paulo. Ou sua famosa defesa de José Sarney que, afinal, não é um cidadão como qualquer outro. Ambos, obviamente, exemplos nefastos do que há de pior na política nacional. Quer dizer, quando se trata dos interesses do PT, ele é o primeiro a usar as mesmas práticas dos demais partidos. Como vemos, trata-se de um fervoroso praticante da máxima "Faça o que eu mando, mas não faça o que eu faço". Lula tem dificuldade de entender a lógica simples do "se A é maior que B e B é maior que C, logo A é maior que C". Ele não resiste à pirueta final de afirmar que C, ele mesmo, é maior do que A, seja lá quem for, normalmente FHC. Não obstante, acerta na mosca quando combate o excesso de partidos (defesa da cláusula de barreira) e quando soube tirar proveito, sem jamais reconhecer, da herança bendita de FHC, coisa que a Dilma não soube fazer e explica seu insucesso.

No vácuo de seus conhecimentos da História pátria, provavelmente devido à preguiça de ler (ficava com sono...), Lula afirmou: "Na Guerra dos Guararapes, quando pretos e índios quiseram participar, a elite disse 'não, não vai entrar' (ou vão, como diria a elite), porque depois de terminar essa guerra vão querer se voltar contra nós". Alguém precisa explicar ao Lula que Henrique Dias foi o comandante negro do regimento negro, que demonstrou excepcional bravura em campo de batalha a ponto de ter sido recebido depois pelo rei Dom João IV, que, a pedido dele, perpetuou seu regimento de soldados negros. E que Filipe Camarão comandou uma tropa formada por índios. Nas duas batalhas dos Guararapes, portugueses, negros e índios conseguiram derrotar os invasores em situação da vasta inferioridade numérica em que havia três holandeses para cada combatente de nossas forças.

Por fim, o decreto da Dilma de criação dos Conselhos Populares, os famosos sovietes de Lênin, sob o disfarce de Política Nacional de Participação Social e respectivo Sistema. Além de contribuírem ainda mais para piorar a burocracia infernal do Patropi, já sabemos que estão fadados ao insucesso. A prova cabal foi o que ocorreu na extinta União Soviética e o que acontece na Venezuela de hoje, País paralisado pela inépcia governamental. Parece que a Dilma está mais perdida que cachorro em mudança. Mais uma dilmice...

BISMARCK, PEDRO II E LULA
O Estado de S. Paulo – 3 Setembro 2014

Karl Popper, um dos maiores pensadores do século XX, em célebre conferência proferida em agosto de 1982, em Alpbach, na Áustria, nos fala de três mundos. O primeiro é o mundo físico, dos corpos e dos estados, eventos e forças físicas. O segundo é o psíquico, das vivências e dos eventos inconscientes. E o terceiro é o que abarca os produtos do espírito humano, tais como livros, sinfonias, esculturas, sapatos, aviões, computadores etc. Para ele, este último é o que nos diferencia no mundo animal. Só nós, os humanos, conseguimos "verificar nossas próprias teorias quanto à sua verdade por meio de argumentos críticos". Trata-se da nobre função argumentativa da linguagem: cré com cré e lé com lé, na expressão popular.

Os erros fatais do presidente que pensou que o Brasil começou com ele em 2003

Quando pensamos em figuras como Bismarck e Pedro II, salta aos olhos o fato de se sentirem inteiramente à vontade neste mundo 3 de Popper, onde impera o registro escrito de ideias e fatos. Quanto a Lula, é evidente a sua falta de familiaridade com tais proezas da mente devidamente treinada, aquela que não sente sono ao ler um bom livro, como já confessou candidamente o próprio ex-presidente.

O que teria, então, Lula a aprender nesse domínio com figuras como o chanceler alemão Otto von Bismarck e o nosso Pedro II, além de compostura e respeito no trato do dinheiro público? Muita coisa. Mas antes cabe mencionar sua desinformação e sua falta de modéstia. É mais que reveladora sua língua solta ao se jactar de ter chegado à Presidência sem estudar. E seu conhecido pouco apetite de ler um livro e aprender com quem sabe mais do que ele até mesmo em benefício próprio, do País ou de seu tão caro (caríssimo para nosso bolso!) PT. Apenas pensar dessa forma (iletrada) já seria temeroso, mas dizer isso em público é inaceitável pelo efeito deletério na cabeça da juventude, já tão sem referenciais pelos quais se pautar. Em especial num País que perdeu o rumo em matéria de ética na vida pública. Afinal, que País chegou ao pleno desenvolvimento "pensando" desse modo?

Nessa linha, vem a propósito uma citação de Bismarck: "Com leis ruins e funcionários bons ainda é possível governar. Mas com funcionários ruins as melhores leis não servem para nada". O que Bismarck não previu e Lula implementou, ajudado por Dilma, foi a maquiavélica combinação de leis ruins com funcionários piores ainda. A proposta de emplacar os conselhos populares e os inúmeros cargos comissionados (e como!) por companheiros da pior qualidade exemplificam bem esse estratagema pernicioso. Poderia também ter aprendido com Lincoln a máxima de que ninguém engana a todos o tempo todo. A diferença é que o lenhador americano que chegou à Presidência dos EUA nunca se descuidou de se educar e de ler muito. E ainda deu uma resposta de imenso significado humano ao senador oposicionista que fez questão de lembrar-lhe, no dia de sua posse, que era filho de um simples sapateiro: "Agradeço, senador, ter me lembrado do meu saudoso pai neste momento. Torço para que eu tenha a mesma competência dele como presidente como ele a teve em seu ofício de sapateiro". Estivesse onde estivesse, o pai de Lincoln muito se orgulharia dessa resposta. Já à dona Lindu, dadas as circunstâncias atuais de grossa bandalheira, restaria enrubescer de vergonha...

No plano institucional da preservação da democracia e da liberdade de pensamento e de expressão (pobre funcionária do Santander!), a visão de Pedro II em relação à imprensa lhe faria muito bem, se tivesse lido um pouco mais. Para Pedro II, a imprensa se combate com a própria imprensa. Ou seja, é o livre trânsito das ideias e da informação que fará a verdade vir à tona. Mais de um século depois, Lula ainda não aprendeu a lição, haja vista as repetitivas tentativas, vale reiterar, de aprovar a lei de controle social dos meios de comunicação. Embarcou na canoa furada de que a verdade nada mais é do que a verdade da classe social que está no Poder, como propagava Gramsci, o teórico comunista italiano. Lula ainda se vanglória de ter aprendido com Marx, por certo de orelhada, que a luta de classes é o motor da História. Pelo jeito, não se deu conta de todo que é a colaboração inteligente entre classes sociais que leva ao pleno desenvolvimento não só material como espiritual.

Muito já foi dito sobre a demora de 20 a 30 anos das novas ideias em aportar no Brasil e mesmo na América Latina. Muito mais precisa ser dito sobre a lentidão com que nos livramos das ideias carcomidas do pensamento ideológico, aquelas que tendem a levar países inteiros à bancarrota. Além do que ocorre com a Venezuela e Cuba, outro triste exemplo são as livrarias de Buenos Aires, talvez a única grande capital do mundo onde textos marxistas ainda as inundam. Pelo que se sabe, os argentinos leem mais do que nós, mas estão lendo a coisa errada. Será que tomaram conhecimento da guinada da ex--URSS e da China em direção à economia de mercado?

Bismarck e Pedro II sabiam, como estadistas que eram, que a política e as políticas públicas precisam ser conduzidas com visão de longo prazo. Quando os interesses escusos de curto prazo predominam, é certo que a coisa vai desandar, como está ocorrendo. Basta ler os jornais e revistas. Ou ir ao supermercado conferir os preços. Forças da sociedade civil organizada, intelectuais, artistas de renome, dentre muitos, vêm, cada vez mais, se afastando do PT. O que restou foi gente condenada pelo mensalão, outros (muitos) encastelados no aparelhamento do Estado e os que não querem ver a malversação atroz do dinheiro público. Lula, Dilma e o PT ficaram tão espertos politicamente que é difícil diferenciá-los dos Sarneys e Malufs da vida. Karl Popper nos alerta que o fundamental é que um mau governo dure pouco. Um regime parlamentarista bem estruturado nos teria livrado dos governos que já acabaram, mas continuam, como o de Dilma, porque o mandato ainda não terminou.

INTELECTUAIS INORGÂNICOS
O Estado de S. Paulo – 29 Outubro 2014

Gramsci foi, sem dúvida, uma figura importante do pensamento e da filosofia da *praxis* (imperativo da atividade humana prática) marxista do início do século passado, cuja influência se estende até hoje na vida acadêmica, aqui e alhures. Foi um pensador que ousou apontar erros de Marx em sua visão da História. Não acreditava em leis históricas inexoráveis que levariam automaticamente a classe trabalhadora ao Poder. Também discordava de Lenin, que via no econômico o fator determinante da mudança e a cultura como peça ancilar do processo que levaria ao comunismo na etapa final.

Os malfadados descaminhos dos intelectuais pátrios

Nessa linha, desenvolveu o famoso conceito de hegemonia orgânica, a ser construída por intelectuais devidamente treinados oriundos da classe trabalhadora. O poder da burguesia, segundo ele, não emanava apenas do dinheiro, mas do poder das ideias embutido na cultura dominante. Não seria suficiente controlar os instrumentos de poder da sociedade política: a polícia, o exército, o sistema legal, etc. Era preciso ir além e se assenhorear, primeiro, dos pilares em que se assenta a sociedade civil: a família, o sistema educacional, os sindicatos etc.

A primeira é o reino da força e a segunda, do consentimento. Feita a cabeça da população, a conquista da sociedade política estaria naturalmente validada. Esse trabalho de conquistar mentes e corações caberia aos intelectuais, ditos orgânicos por Gramsci, em contraposição aos tradicionais, que estariam por ora no manejo dos cordões que perpetuam, via cultura, a manutenção do regime capitalista.

Parece-me que o melhor modo de entender a questão de fundo envolvida nesse processo é a tese desenvolvida por Hannah Arendt em seu brilhante livro

A Promessa da Política. Ali ela nos fala da ilustre tradição de liberdade política, nascida com Platão e Aristóteles, de respeito ao outro como *Homo politicus*. Ela nos chama a atenção para a praça pública grega, berço da democracia ocidental, onde as diferentes opiniões eram livremente debatidas e as decisões eram tomadas pelo voto igualitário dos cidadãos livres.

Também nos relembra a atitude do Império Romano, a despeito da força das armas, em relação aos povos conquistados. A *Pax Romana* conseguia abrir espaço para uma convivência relativamente pacífica, em que a eliminação física dos povos sob o domínio de Roma nunca se constituiu num objetivo sistemático do Império, salvo em alguns casos excepcionais, como o de Cartago.

Pois bem, essa ilustre tradição da vida política ocidental perdurou por dois mil anos até que pensadores como Hegel e Marx abriram as portas, no plano filosófico, para as trágicas experiências totalitárias que se materializaram com o nazismo e o comunismo. Em última instância, o que aconteceu é que suprimiram, na prática, o espaço de manifestação do outro, aquele que discorda de nós. É nessa vertente que Gramsci se enquadra quando propõe a formação de quadros rotulados de intelectuais orgânicos comprometidos com a visão de mundo da classe trabalhadora. A verdade passa a ser a da classe social dominante.

Para Gramsci, era fundamental trabalhar na sociedade em geral essa substituição de senhores: saem de cena os capitalistas e assume o palco o discurso ideológico da classe trabalhadora. Tudo se passa após um longo período em que esse processo se torna uma espécie de segunda natureza. A pedra no caminho, entretanto, foi a dura realidade. Ou seja, os estragos monumentais que ocasionaram na vida política e na economia dos povos que se viram submetidos à visão de mundo e às práticas concretas do comunismo.

Por muito tempo, as vozes que se opunham aos desatinos daí resultantes eram simplesmente sufocadas (e descartadas) com o argumento de que não passavam de espasmos do pensamento reacionário de direita. Raymond Aron, autor, em 1957, de *O ópio dos Intelectuais*, foi vilipendiado na França como vendilhão do templo proletário, se é que podemos usar esses dois termos juntos em tempos de ateísmo rompante. No entanto, foi ele, e não Gramsci, que, no final da vida, foi homenageado pela juventude francesa como um intelectual comprometido com a liberdade e a verdade.

Dois outros exemplos emblemáticos foram os cursos divergentes, na esfera política, de dois dos maiores intelectuais do século XX: Bertrand Russell e Jean-Paul Sartre. E ainda o caso de Confúcio. O primeiro visitou a Rússia em 1923, poucos anos após a Revolução de 1917, e saiu de lá horrorizado com o que viu. Jamais deu corda ao projeto comunista. Jean-Paul Sartre, por sua vez, aderiu de corpo e alma ao novo regime, terminando seus dias, pateticamente, em Paris, distribuindo um jornaleco pró-Revolução Cultural. Jamais conseguiu chegar a bom termo em sua química (impossível) de tentar casar existencialismo e marxismo. O primeiro é o primado do individual sobre o social e o segundo, o inverso. Confúcio, contrariamente ao que rezava a vulgata dos imperadores chineses de ordem e harmonia permanentes, pregava o dever moral dos intelectuais de criticar o dirigente, mesmo pondo em risco a sua vida, quando ele abusasse do Poder ou estivesse oprimindo o povo.

A História do século XX deixou clara a opressão brutal dos regimes comunistas sobre os povos que dominaram. Se na prática não funcionou, a teoria precisa ser reformulada para pôr as coisas em seus devidos lugares. No caso do intelectual orgânico gramsciano, o rótulo correto seria o de intelectual inorgânico, dado que a realidade política do mundo o expeliu de seu organismo (menos nas universidades brasileiras...). Na verdade, ontem, hoje e sempre, o compromisso do intelectual é sobretudo com a liberdade e a verdade. A liberdade no coração e a verdade na cabeça. Este, sim, seria o intelectual realmente orgânico. A classe social a que pertence não pode ser o seu Norte. Ir contra ela pode ser um imperativo ético que Confúcio, milênios antes, já havia percebido. O intelectual orgânico de Gramsci não passou de mais um dos descaminhos trilhados pela filosofia marxista no século XX.

MARX DE CABELO EM PÉ
Diário de Petrópolis – 21 Fevereiro 2015
Tribuna de Petrópolis – 22 Fevereiro 2015

Imagine, caro leitor, aquela vasta cabeleira de Marx completamente eriçada, como se tivesse tomado um susto brutal. E não foi por uma cena do filme *O Exorcista*, mas resultante de nossa pobre e irresponsável, digamos assim, quadratura política, impossível de ser arredondada. Na visão de Marx, o dono de fábrica extraía do trabalhador a chamada mais-valia, que embolsava, enquanto o operário ia empobrecendo. Resultado: rebelião do proletariado. No final, surgiria um mundo novo sem explorados e exploradores. Mas nada disso aconteceu. A ditadura do proletariado, da etapa de transição, se revelou ser apenas uma ditadura. E das mais brutais que a História já registrou.

> *A mais-valia extraída das empresas via impostos e dilapidada pelo governo*

O que Marx jamais poderia prever foi a inversão dos papéis ocorrida no Patropi: a carga tributária escorchante transforma as empresas (exploradas) em fábricas de tributos e a legislação trabalhista permissiva concede benefícios excessivos que desestimulam atitudes responsáveis por parte dos trabalhadores. Daí nossa raquítica taxa global de investimento que nos levou a ocupar os últimos lugares nos comparativos internacionais de indicadores sociais e econômicos, com destaque para o analfabetismo funcional em larga escala. Ou seja, o triste retrato de uma Nação cuja escola pública não ensinou (e não ensina) seus filhos a pensar. E que não proporciona um ambiente favorável ao florescimento do Espírito Empreendedor, onde está o cerne da criação de riqueza.

Roberto Campos colocou, em parte, o dedo na ferida ao afirmar: "O ideal das estatais brasileiras é reformular a doutrina de Abrahão Lincoln: não 'o governo do povo, pelo povo, para o povo', e sim dos funcionários, pelos funcionários, para os funcionários". O que ele não previu explicitamente foi o fato de ter-se tornado o mote de um partido político, o PT, que simplesmente aparelhou as estatais para fins de se financiar e encher os bolsos dos companheiros mais próximos. No lugar de funcionários, leia-se "elite" petista.

Mas o fenômeno é muito mais grave. Ele contaminou, além do executivo, outras esferas do Poder, como o legislativo e, em parte, o próprio judiciário. O sentimento de impunidade do andar de cima do PT, PMDB e PP é tão arraigado que o Petrolão continuou a pleno vapor ao longo de todo o lento processo de apuração do Mensalão. Mesmo após as manifestações populares de junho de 2013, e de sua óbvia mensagem de que a paciência popular tem limites, nossos deputados e senadores acharam por bem dar-se um aumento de 22%, fazendo saltar sua remuneração mensal de 27 para 33 mil reais mensais. (Conferir com o aumento do salário mínimo). Eles já são os legisladores mais bem pagos do mundo, ainda que longe de serem os mais competentes. Mandaram o mérito e a responsabilidade social às favas.

No que diz respeito ao judiciário, fica evidente outro sentimento, aquele dos que se acham intocáveis. Tem sentido juízes do TCU se darem, por unanimidade, um auxílio-moradia de R$ 4.300,00 mensais, mesmo para aqueles que residem em imóvel próprio? Este é um valor que mais de 90% da população não ganham no fim do mês. Qualquer dúvida pode ser dirimida colocando em votação nas ruas, para grupos de 10 passantes, se aprovariam tal abuso.

Cabe a todos, nas manifestações marcadas para 15 de março próximo, nas principais cidades do País, ir além do pedido de *impeachment* e exigir que sejam revogados o aumento de deputados e senadores, com seu efeito cascata nas assembleias e câmaras municipais, e o famigerado auxílio-moradia, com igual efeito, para quem, por certo, não precisa. Cidadania responsável não pode dar trégua a tais mordomias. Os cabelos de Marx continuam em pé.

PEDRO II E GETÚLIO
O Estado de S. Paulo – 10 Março 2015

Alan Ryan, em seu magistral *On Politics*, ou *Da Política*, afirma que nada é mais *res publicano* que o modo de conduzir na Inglaterra a vida política nacional, a despeito de ser uma monarquia. A preservação do interesse público pode ocorrer tão bem, ou até melhor, numa monarquia do que numa república. Entre nós, essa visão pé no chão não é comum, como se a oposição fundamental fosse entre república e monarquia, e não entre regimes políticos que preservam o bem comum e os que são incapazes fazê-lo, como é o nosso caso. A tragédia da educação brasileira em termos de qualidade é a prova contundente disso. A rigor, só um brasileiro em quatro é funcionalmente alfabetizado, o que significa que funcionamos três quartos abaixo de nosso potencial, em plena sociedade do conhecimento. Sem aprender a pensar, democracia, inovação, produtividade e competitividade estão condenadas à marcha lenta.

> *A preservação da res publica na monarquia parlamentar*

Dito isto, faço uma provocação para conduzir o fio da meada deste artigo: quem foi mais *res publicano* no Brasil, Pedro II ou Getúlio Vargas? O contraste entre essas duas personalidades de peso é pouco (ou nada?) explorado entre nós. Não obstante, as implicações de longo prazo de suas visões político-institucionais compõem cenários muito distintos do que foi e do que poderia ter sido a trajetória do desenvolvimento brasileiro. Não me apego aqui a saudosismos, mas a valores permanentes que moldaram a mente e as ações de Pedro II *vis-à-vis* os de caráter transitório presentes, como veremos, na visão de mundo de Vargas. Pedro II passa no teste do tempo; Vargas, não.

Comecemos com Pedro II. As Instruções do marquês de Itanhaém a seus preceptores explicam as raízes de sua obra após assumir o trono. Cinco pontos são os principais. O primeiro é que lhe ensinaram que o monarca é homem sem diferença natural de qualquer outro ser humano. O segundo é que a tirania e a violência da espada deveriam ser evitadas, mantendo o poder militar sob firme controle civil. O terceiro é a recomendação contra a decoreba, ensinando-lhe a pensar, valor que passou adiante ao criar o Colégio Pedro II. O quarto, pouco comentado, é que fosse instruído nos ofícios mecânicos para amar o trabalho como o fundamento de todas as virtudes. E o quinto, que lhe criassem o hábito de ler diariamente os jornais da Corte e das províncias. E ainda que ouvisse sempre as críticas, em especial a seus ministros, ritual semanal praticado como imperador, aos sábados à tardinha, na Quinta da Boa Vista, ao receber quem quer que fosse procurá-lo sem ter de marcar audiência prévia.

Tais preceitos foram para ele uma segunda natureza. São, de fato, os pilares da confiança do povo em seus dirigentes, receita infalível para que as instituições funcionem a contento no curto, a médio e a longo prazos. Eis aqui a alma (perdida) que falta ao nosso arcabouço político-institucional ainda hoje, como reconhece FHC.

Getúlio Vargas, por sua vez, ouviu o canto da sereia positivista e se encantou com ele. Para Comte, assim como não havia liberdade em química e física, também não deveria haver em política, onde caberia implantar uma ditadura científica. Sem dúvida, música para os ouvidos de um futuro ditador. Tais acordes já haviam inebriado, em fins do século XIX, a juventude militar, doutrinada pelo "mestre" Benjamin Constant. Pior: o positivismo fez escola entre nossos militares durante décadas, alimentando a mentalidade de salvadores da pátria, que culminou com o golpe de 1964, ou seja, em 21 anos de ditadura militar. Boa parte da elite civil republicana também embarcou nessa canoa furada. O pilar central dessa visão autoritária é a desconfiança, marca de nascença de ditaduras e ditadores, civis e militares. Impossível construir uma grande nação assentada numa moldura institucional desse quilate. Não surpreende que o povo (tutelado) tenha ficado de fora.

Os avanços da moderna teoria econômica quanto ao cerne explicativo do desenvolvimento sustentado nos ajudam a entender o que se passou. Originalmente, o processo de crescimento estava ancorado no conceito de função de produção. Capital e trabalho eram as duas forças básicas por trás do crescimento do PIB. Seu poder explanatório era, entretanto, restrito. Por isso lhe foram acrescentadas depois a qualidade da mão de obra e a inovação tecnológica.

Mas ainda assim o desempenho do PIB ficava mal explicado. Só se desvendou o quebra-cabeças quando se descobriu que o fator básico era a qualidade das instituições, ou seja, um sistema de incentivos consequentes, em especial o compromisso de um País com a formação de seu capital humano. Exatamente o que Pedro II tinha a oferecer e Vargas, não. Afinal, autoritarismo, intervencionismo na economia e paternalismo, inclusive trabalhista, não são os alicerces que fundamentam o desenvolvimento em sentido amplo.

Receituário comtiano, ausência de Poder Moderador e imprensa com frequência amordaçada deixaram a Nação sem os instrumentos legais para manter os políticos sob rédeas curtas. E coibir os abusos nada republicanos de ontem e de hoje, como o polpudo aumento que senadores e deputados acabaram de se dar. A alternância dos partidos no Poder, provocada por Pedro II via Poder Moderador, estava na direção correta. E tanto estava que foi confirmada por pesquisa do professor William Summerhill sobre os Partidos Liberal e Conservador na última década do Império. Tinham programas e votavam de acordo com eles em plenário. Esse duplo teste, que os aprovou, reprovaria quase todos os atuais partidos políticos. A crise é, como sempre, de confiança.

A resposta quanto a quem era mais *res publicano* me parece óbvia. Os princípios e o exemplo de vida de Pedro II não encontraram solo fértil após 1889. E, de certa forma, até hoje. Não obstante, são valores permanentes cuja perda nos levou ao desvio (secular) de rota em que nos metemos. Onde ficou a *res publica*? Estamos todos à procura. E pode ser reencontrada.

ISABEL, PRINCESA INESQUECÍVEL
Diário de Petrópolis – 22 Agosto 2015
Tribuna de Petrópolis – 23 Agosto 2015
A voz do cidadão – 26 Agosto 2015

O imaginário popular brasileiro guarda, ainda hoje, um lugar muito especial para a princesa Isabel. Pesquisa pela internet comprovou que ela é a segunda figura de nossa História mais viva em nossa memória. A razão é simples: ela mora no coração das brasileiras e dos brasileiros. Esta é a melhor homenagem que o Povo Brasileiro pode prestar-lhe lá nas alturas em que está. E que sempre esteve entre nós em sua passagem pelo planeta Terra. As alturas a que nos referimos aqui é a dos bons exemplos por que pautou sua vida em que nobreza de Espírito e a determinação de servir e amar o Brasil e cada um dos seus filhos e filhas. Essas preocupações sempre estiveram no centro de suas atenções.

Como restabelecer fatos históricos que tentaram apagar da memória nacional

Infelizmente, uma obra "bem" acabada da república no Brasil foi o apagão da memória nacional, em especial do século XIX. Os preconceitos que acabaram impedindo o Terceiro Reinado sob a batuta de Isabel moldaram a visão muito distorcida que a versão oficial tentou impingir ao Povo Brasileiro, que soube resistir lá no fundo de sua alma. Seu pecado maior foi ter sido mulher, coisa que o machismo de então não lhe perdoou. O rótulo de carola e a fama de pau mandado de seu marido, o conde d'Eu, completaram o quadro, como se fosse alguém incapaz de desempenhar os deveres do Trono. Livros recentes, baseados em pesquisa histórica de quinta categoria, vão nessa direção.

Felizmente, e para lhe fazer justiça, a jornalista Regina Echeverria não caiu nessa armadilha. Em seu livro *A História da princesa Isabel – amor, liberdade e exílio*, ela foi, com auxílio de três pesquisadores e uma coordenadora, às fontes originais para restaurar a verdade. E aí se revela o respeito aos leitores ao fazer um retrato de corpo inteiro da princesa. O que salta aos olhos é que a coluna de suas ações, filhas da virtude, ganha de lavada daqueloutra oriunda dos escorregões da soberba humana. Poucos exemplos são suficientes para dar forma e substância a quem realmente foi Isabel.

Antes de mais nada, coloquemos na lata do lixo aquela história de mulher ingênua, despreparada para sua posição de monarca constitucional. Educada por seu pai, Pedro II, e pela Condessa de Barral, mulher culta e inteligente, familiarizada com as artimanhas do mundo, jamais poderia ser a bobinha carola e despreparada para sua futura posição de monarca constitucional. Tinha personalidade forte e sabia se impor, sendo um tanto mandona mesmo. Nas reuniões do Conselho de Estado, não se vexava em discordar de seu marido, como ocorreu em sua decisão de assinar a Lei Áurea, que ele teria preferido deixar para mais adiante. Não que fosse contra a abolição, pois foi ele quem libertou os escravos que ainda existiam no Paraguai como comandante-chefe das forças brasileiras.

Seu senso de humor se revela plenamente no seguinte episódio. Ela e seu pai evitavam sempre apor a sanção imperial no caso de condenados à morte. Seu ministro da Justiça, num caso de assassinato, vinha insistindo para que o fizesse, sem sucesso. Um belo dia, lembrou-lhe o exemplo de sua avó, a rainha Dona Maria I que, ouvindo as súplicas da mãe de um condenado à pena máxima, lhe disse: "Como mãe, entendo seu drama pessoal, mas como rainha não tenho outra alternativa a não ser fazer cumprir a lei". Ao que respondeu a princesa, rápida no gatilho: "Mas, ministro, minha avó era maluca!..." Sua capacidade de rir de si e dos seus atesta sua saúde mental.

Ela tinha ainda planos de assentar ex-escravos ao longo das vias férreas. Quanto ao voto feminino, numa recepção no Paço Isabel, atual Palácio Guanabara, deu a seguinte resposta a um grupo de senadores do Império que queria saber sua posição: "Se podem reinar, por que não, votar?" Foi essa mulher culta (falava vários idiomas), inteligente e senhora de si que nos foi passada como fraca, carola e dominada pelo marido. Mas se quiser conhecê-la a fundo, caro leitor, compareça ao lançamento do livro citado no Salão Nobre da UCP no dia 26 de agosto corrente, às 19 horas. A princesa agradece de antemão.

PIXULECO E PINÓQUIA
Diário de Petrópolis – 12 Setembro 2015
Tribuna de Petrópolis – 13 Setembro 2015

O boneco Pixuleco (Lula com roupa de presidiário), que traz no peito os números 13 e 171, incomoda particularmente o PT e seus dirigentes. A palavra pixuleco virou sinônimo de (grossa) propina. O número 13 refere-se obviamente ao PT e o 171 é o artigo do Código Penal que tipifica como crime "Obter, para si ou para outrem, vantagem ilícita, em prejuízo alheio, induzindo ou mantendo alguém em erro, mediante artifício, ardil, ou qualquer outro meio fraudulento". O artigo 177, com um pequeno acréscimo, se aplicaria também como uma luva: "Promover a fundação de sociedade por ações (entre amigos, aqui o acréscimo), fazendo, em prospecto ou em comunicação ao público ou à assembleia, afirmação falsa sobre a constituição da sociedade, ou ocultando fraudulentamente fato a ela relativo". A pena imposta aos dirigentes vai de reclusão de um a quatro (ou cinco) anos, dependendo do artigo, e pode ser agravada se o fato (malfeito, como diria a Dilma) constituir crime contra a economia popular, que, como todos sabemos, é evidentemente o caso.

O apelido com que Dilma não foi devidamente brindada

Estes artigos, 171 e 177, do Código Penal descrevem bastante bem o que foi a obra do PT. O partido nasceu assumindo um (suposto) compromisso com a defesa dos interesses dos trabalhadores. Na verdade, ao assumir o Poder, os quadros mais importantes do PT se transformaram naquilo que na ex-URSS era conhecido como a figura do *apparatchick*. Trata-se de membro de um aparato, aqui, do projeto de poder do PT, que é designado para ocupar cargos importantes com base em sua lealdade política ou ideológica e não por sua competência. Aquela turma que se dedica cegamente a uma causa, ou melhor, ao próprio bolso. Importante fazer a ressalva que muitos filiados de boa-fé foram vergonhosamente enganados e compõem hoje as legiões que vêm se desfiliando do PT. A coisa ficou tão séria que o Conselho Político do PT deixou de ser montado por não ter quem se dispusesse a fazer parte dele.

A novidade em Brasília, neste 7 de setembro, foi a presença de uma boneca representando a Dilma. A primeira reação nossa seria chamá-la de Pixuleca. Mas, pensando bem, dadas as preferências de gênero da própria e sua ampla, geral e irrestrita capacidade de mentir, o nome mais apropriado é, sem dúvida, Pinóquia. Ela não só mentiu despudoradamente na campanha presidencial, consequência direta de quem disse que faria qualquer coisa para se reeleger, como continuou a mentir neste segundo mandato, haja vista o prometido ajuste fiscal que virou desajuste. Ou seja, enviou ao congresso um orçamento deficitário em 0,5% do PIB!

Talvez a melhor sacada sobre o que vem ocorrendo foi a de Cristiano Romero, editor-chefe do jornal *Valor Econômico*, na abertura de seu artigo "A ressurreição da 'nova matriz'", na edição de 09/09/2015: "O cadáver da malfadada Nova Matriz Econômica (NME) ainda nem esfriou e o governo Dilma já planeja a sua ressurreição". O argumento do ministro (com letra minúscula, ele merece...) Nelson Barbosa para defender o Lázaro fajuto é na linha de que o ajuste fiscal, que não houve, estaria tendo um custo social muito elevado. É preciso fazer o País crescer, investindo, para então acertar as contas fora de controle do setor público. Ou seja, fazer exatamente o que a NME se propunha com os resultados desastrosos que, hoje, todos estamos sentindo na pele.

Trata-se de mentira em dose dupla, com a garantia de que deixar o ajuste para depois vai torná-lo muito pior quando tiver que ser feito. A essa altura, a Pinóquia deveria ser colocada nas ruas tendo à sua frente um pau comprido e fino com uma forquilha na ponta para apoiar o nariz dela em permanente processo de crescimento. Estamos fazendo papel de bobos diante do mundo. Mas o mundo não se deixa enganar: a perda do grau de investimento pela agência *Standard & Poor's* deixou isto claríssimo. Para o *Financial Times*, conceituado jornal inglês, o governo Dilma é "deplorável, corrupto e incompetente". Será que ainda é preciso mais alguma coisa para mandá-la para casa?

PEDRO II E O TESTE DO TEMPO
Diário de Petrópolis - 31 Outubro 2015
Tribuna de Petrópolis – 1 Novembro 2015

Em seu exílio, em Paris (1890-1891), Pedro II deixou-nos dois versos que, ainda hoje, mexem com nossa emoção: "*Sereno aguardarei no meu jazigo /A Justiça de Deus na voz da História*". Mas não apenas com nossa emoção, mexem também (ou deveriam) com nossa razão. Em especial na esfera político-institucional. Já é tardia a hora de lhe fazer Justiça na voz da História. E desnudar o desvio de conduta que tanto nos afastou da preservação do bem comum, zelo constante dele. Quem escrevia Brasileiro com B maiúsculo e imperador com i minúsculo nos *Conselhos à Regente* (Isabel), em missiva particular, dava prova cabal do que lhe ia n'alma: seus súditos eram, a rigor, seus senhores. Os valores que pautaram a vida e a conduta de Pedro II tinham caráter permanente, e por isso são atuais ainda hoje, e explicam boa parte de nossos infortúnios por não os levarmos a sério.

> *A atual cegueira político--institucional que não turvou a visão esclarecida de Pedro II*

FHC afirmou há pouco que nosso sistema político está falido. Antes, já havia dito que faltava alma ao nosso arcabouço político-institucional. Cabe então perguntar onde está essa alma perdida? Aqui o elo com a figura de Pedro II. Na área institucional, sua obra foi de tal ordem que o Brasileiro, segundo o Prof. Carlos Lessa, não teve na época um problema de baixa autoestima tamanha era a credibilidade, interna e externa, do Estado imperial brasileiro.

A modernidade de Pedro II se evidencia na atenção dada à construção de nossas instituições. Seus sólidos pilares, válidos ontem e hoje, são os seguintes: liberdade de imprensa, de expressão e de pensamento; respeito à iniciativa privada; defesa intransigente do interesse público; atenção à qualidade da educação; alternância dos partidos no Poder; primado do poder civil; controle externo do judiciário; estabilidade da moeda; e cobrança sistemática de responsabilidade às classes dirigentes. Examinemos cada um deles.

Seu compromisso com a liberdade de imprensa, pedra angular das práticas democráticas de exercício da cidadania, se revela plenamente na resposta que dava àqueles que reclamavam ser ela excessiva, já que naqueles tempos ela claudicava até em países europeus: "A imprensa se combate com a própria imprensa". Ou seja, com a livre troca de informações de onde a verdade acabará por emergir. Hoje, ainda temos de ouvir propostas indecorosas de Lula e sua trupe com a conversa autoritária do controle social dos meios de comunicação. A visão esclarecida de Pedro II passou-lhes ao largo.

Depois do que ocorreu na antiga URSS e na própria China, e do cavalo de pau que deram em suas economias em direção à livre iniciativa (mercado), não é necessário dizer mais nada sobre quem estava certo nessa área. Nossa obsessão com as supostas falhas de mercado, inclusive onde ele funciona melhor, mal escondem nossas escandalosas (e corruptas) falhas de governo.

A defesa intransigente do interesse público pode ser comprovada em diversas situações concretas ao longo de sua vida. A mais evidente foi jamais ter aceitado reajustar, em seu reinado, a despeito da insistência dos parlamentares, a dotação da Coroa, que caiu de cerca de 5% do orçamento do País para 0,5%. E isto diante da verdadeira obsessão que o Parlamento do Império tinha com as questões orçamentárias, pois elas, historicamente, permitiam o controle dos desmandos dos reis e da gastança irresponsável. Quem pensou na leviandade de Lula, Dilma e dos atuais deputados acertou na mosca.

Quanto à qualidade da educação sob sua supervisão direta, metade da população da cidade do Rio de Janeiro já era bem alfabetizada em 1889. Mais ainda: Pedro II frequentava salas de aula no Rio, em Petrópolis e alhures, interagindo com os alunos. Exatamente como os presidentes Obama e Bush fazem ainda hoje. Este último lia para os alunos quando as torres gêmeas de Nova York foram atacadas. Não se tem registro de prática semelhante regular entre os presidentes brasileiros após a "proclamação" da república.

A alternância dos partidos no Poder, provocada por Pedro II via Poder Moderador ao indicar o chefe da Oposição para organizar as eleições, era a garantia da preparação da Nação para o pleno exercício da democracia. Se tivéssemos o parlamentarismo clássico, o primeiro-ministro convocaria eleições e teria perpetuado seu partido no Poder, com as sequelas já tão comuns nos países de língua espanhola no século XIX. A reação da esquerda hoje contra a plataforma de direita inteligente de que o País tanto precisa para pôr a casa em ordem dá bem a medida de sua dificuldade em aceitar o revezamento no Poder.

O primado do Poder Civil se manifestava no fato de as pastas militares serem normalmente ocupadas por civis. Na república, foram precisos 100 anos para criarmos um Ministério da Defesa comandado por civis. O controle externo do Judiciário, sempre ouvido o Conselho de Estado, era feito pelo imperador, que podia suspender um juiz de função enquanto ele aguardava o devido processo legal. A estabilidade da moeda pode ser comprovada por uma inflação média anual de 1,5% entre 1840 e 1889. A obra da república em matéria de descontrole inflacionário, gerador de perda do poder aquisitivo dos salários e desestímulo ao investimento produtivo, dispensa comentários.

Finalmente – e fundamental – era a prestação regular de contas ao Parlamento e ao imperador dos atos de governo pelos políticos no comando do Poder Executivo. O regime, de cunho parlamentarista, se assentava na confiança dos governados em seus governantes. Sem a necessidade dos infindáveis processos de hoje, o governo podia ser destituído com a dissolução legal do Parlamento seguida de convocação imediata de eleições gerais. Deixo ao leitor o penoso exame entre o que já tivemos e o que temos hoje. E constatar a total perda de tempo por termos instituições incapazes de pôr fim rápido a maus governos como o da sra. Dilma. Deixo ainda para o leitor que queira se aprofundar a sugestão de minha entrevista sobre a questão institucional brasileira. Basta digitar no Google: "Quando o Brasil perdeu o rumo da História?"

ROBERTO CAMPOS SABIA DAS COISAS
Diário de Petrópolis – 14 Novembro 2015
Tribuna de Petrópolis – 15 Novembro 2015

Roberto Campos foi, sem dúvida, uma figura controversa em sua época. Teria sido menos controverso se seus adversários intelectuais fossem mais preparados, com equivalente conhecimento de causa. Em especial, se cultivassem a virtude de São Tomé, aquele que foi capaz de crer após ver as cinco chagas de Cristo. O drama nacional tem sido justamente este: ver e não crer.

Foi esta constatação por parte dele em tantas ocasiões e com diferentes personalidades da vida nacional que o levou a vaticinar: "A burrice no Brasil tem um passado glorioso e um futuro promissor". Outras frases suas continuam atualíssimas. Exemplos: "Estatização no Brasil é como mamilo de homem: não é útil nem ornamental"; "O ideal das estatais brasileiras [e de Lula e Dilma, caberia acrescentar] é reformular a doutrina de Abraham Lincoln: não "o governo do povo, pelo povo, para o povo", e sim dos funcionários, pelos funcionários e para os funcionários"; "A universidade brasileira apresenta um superávit ideológico e um déficit pragmático"; "Sobre a Petrobrás e os contratos de risco, posso dizer que houve um erro fundamental: entregou-se a administração do banco de sangue ao Conde Drácula" [atualizando, ao PT & Cia.] e, ainda, pela premonição reiterada, "A inflação brasileira é hoje mais que um fenômeno monetário: é uma deformação institucional, cuja cura exige o abandono do dogma dirigista e a ministração de um choque de liberdade". Ou seja, tudo aquilo que o lulopetismo abomina, mas que funciona.

A lucidez e a visão de longo prazo que o País não soube aproveitar

Algumas dessas afirmações são evidentes por si mesmas para quem vive no Patropi e outras merecem comentários. Tomemos a primeira referente à burrice. O Plano Real foi um daqueles momentos em que dissemos não ao futuro promissor da burrice. É fato que com Dilma tivemos uma recaída, mas a diferença agora é que a população tomou gosto pela estabilidade e reage com vigor ao ensaio geral da elevação dos preços, que já sente na pele e no bolso. Para combater a onda de pessimismo, é bom lembrar que, em 1993, ninguém acreditava que seria possível controlar a inflação, como ocorreu a partir de 1994. Claro que vamos pagar o elevadíssimo preço do despreparo e da burrice lulopetista, mas cabe a nós não darmos corda ao triunfo da burrice. A ida da população às ruas e o repúdio ao atual governicho é mais que positivo.

Preocupa, e muito, aquela legião de Sãos Tomés às avessas incrustada na universidade e mesmo no ensino fundamental e médio brasileiros. Com o devido respeito aos muitos professores e professoras competentes, não há como negar a doutrinação de cunho marxista que se espraiou nas salas de aula. Ideologia que vem desfigurando fatos de nossa História, privilegiando uma narrativa em favor da luta de classes, aquele motor (enguiçado) da História, que paralisou Cuba por meio século. Certamente, como diria Roberto Campos, o bloqueio interno (e ideológico) à inteligência e ao bom senso cubanos, a velha burrice aguda, fez um estrago muito maior do que o bloqueio americano.

A essa altura, começa a ficar evidente a saudável visão de longo prazo de Roberto Campos. Para ele, o motor da História que funciona é a cooperação inteligente entre as pessoas e classes sociais baseada em política econômica capaz de fazer o País avançar em bases permanentes. Exatamente o oposto do que fez o PT na lenga-lenga da luta de classes, do trabalhador contra o patrão.

As políticas lulopetistas são do tipo bumerangue: aquelas que, após lançadas, voltam ao ponto inicial estacionário. Os 35 milhões das classes D e E alçados à classe C estão no caminho de volta para tristeza deles e de todos nós. É desalentador que um partido supostamente comprometido com a defesa do trabalhador tenha feito justo o contrário: gerado desemprego e queda de salário. Imagine, leitor, se estivesse boicotando! Mais que hora de exterminar o futuro promissor da burrice nacional e fazer as pazes com a inteligência.

O APAGÃO DO MULATO
Diário de Petrópolis – 12 Dezembro 2015
Tribuna de Petrópolis – 13 Dezembro 2015

Pertenço a uma geração que, em sua maioria, celebrava a miscigenação, em especial o mulato e a mulata. E, com razão, quando nos reportamos à nossa formação histórico-cultural. O negro e o português, com todos os problemas decorrentes da escravidão, foram a matéria-prima com que foi moldado o mulato. Esse entrelaçamento íntimo de duas raças é responsável pelo pilar mestre de nossa cultura. Personalidades como José do Patrocínio, Luiz Gama e Machado de Assis, entre várias outras, deixaram um legado em nossa História. Basta lembrar que Machado de Assis não é apenas o maior escritor brasileiro. Desde que o mundo de língua inglesa o descobriu, ele ascendeu ao panteão dos maiores escritores da humanidade.

A celebração da miscigenação posta em xeque

A atual presidente da Academia Brasileira de Letras afirma que uma civilização que produziu um Machado de Assis está redimida e tem futuro. Valorizar o mulato não significa diminuir o negro ou o português. Prefiro ver nisso uma potencialização de ambos. Zumbi enterrou de vez a suposta passividade do negro ainda no início do Brasil colônia. O português nos legou, com a constituição de 1824, uma moldura político-institucional de qualidade com seus mecanismos para pôr fim rápido a maus governos até 1889, coisa que a republiquinha que temos hoje é incapaz de fazer com a devida agilidade.

Cabe ainda relembrar a sobrevivência no Brasil, a despeito das perseguições, dos cultos de origem africana, que hoje são livremente praticados. Quando nos reportamos à situação dos negros americanos nessa área, descobrimos que eles se tornaram protestantes, não tendo havido lá um mínimo de tolerância quanto à sua religiosidade. O universo espiritual negro foi podado numa dimensão que lhe é fundamental, coisa que não ocorreu no Brasil. Pior: a legislação americana, federal e nos estados do Sul, tratava o negro como criatura sub-humana, coisa que jamais ocorreu no Brasil. Houve lá uma longa guerra jurídica para reduzir a pó a autoestima dos negros. Após a Guerra da Secessão, a opressão legal do negro ainda perdurou até a década de 1960 quando foi deslanchado o movimento exitoso pelos direitos civis dos negros.

Entretanto, entre nós, é cada vez mais comum afirmar que mais de 50% de nossa população é negra. Os 40% de mulatos e pardos sumiram do mapa. É como se não existissem pelos novos critérios. Merece registro, nesse aspecto, a declaração verbal do presidente Obama, sempre apresentado como o primeiro negro a assumir a presidência dos EUA. Ele não se considera nem branco nem preto, mas sim mulato. Recusou-se a perder sua identidade pessoal e reconheceu o papel de sua mãe branca em sua formação e educação. Convive, com sucesso, muito bem com suas duas metades étnicas.

A injustiça em nosso caso é maior ainda quando levamos em conta o papel da miscigenação não apenas entre brancos e negros, mas entre as diversas etnias que se somaram para moldar a nação brasileira. Como ignorar a contribuição de descendentes de italianos, japoneses, espanhóis, alemães e tantos outros no chamado *melting pot* brasileiro, em que diferentes raças se misturaram? Bom lembrar que o perfil clássico grego (e o florescimento e feitos espetaculares de sua cultura) resultou de um longo processo de miscigenação entre diferentes etnias que confluíram para aquela região pontilhada de ilhas.

A miscigenação, ainda que não seja física, mas só de ordem cultural, comprova seus efeitos positivos. Quem já teve a oportunidade de passear pelos *campi* das universidades americanas se surpreendeu com a diversidade étnica dos estudantes. Os EUA perceberam que essa mistura é um fator de intensificação da criatividade e do desenvolvimento do País a ser cultivado a todo vapor. No nosso caso, a constituição de 1988 chegou mesmo a impedir que professores estrangeiros lecionassem em nossas universidades(!). Que tal revogar também o apagão do mulato? Ou será que preferimos dar um não à diversidade e à criatividade?

O JARARACA, SUA CRIA E FREI MOSER
Diário de Petrópolis - 12 Março 2016
Tribuna de Petrópolis – 13 Março 2016

As cenas de violência nas ruas do País, poucas horas após a intimação coercitiva de Lula pelo juiz Sergio Moro, mostraram em cores explícitas quem é quem. De um lado, aqueles que carregavam a bandeira nacional; do outro, os portadores da bandeira do PT. Esta última é o retrato perfeito de quem se acha no direito de se apropriar do País em benefício próprio. Essa confusão fatal dá bem a medida de um partido que se acha o dono da verdade e das virtudes cívicas, com pretensões a ser o único representante dos interesses dos trabalhadores. Nunca antes nesse País se retirou tanto com u'a mão o que alegam ter dado com a outra naqueles tempos tão favoráveis da primeira década deste século. Lula imaginou ser obra sua a herança bendita (e não maldita) de FHC e os preços nas nuvens, durante anos seguidos, das *commodities* no mercado internacional. Má-fé e desinformação.

A pior definição que alguém pode dar de si mesmo

Saindo do lado colorido e indo para o preto e branco, para dar nitidez, cabe registrar que estamos longe do saudável embate entre forças políticas democráticas. Estamos diante de um pernicioso projeto político que atua como organização criminosa, segundo a constatação do Ministro Gilmar Mendes, do STF. Caso óbvio de cassação de registro do partido, providência que já deveria ter sido tomada face às evidências escancaradas na delação de Delcídio do Amaral dentre outras anteriores tão graves, ou mais, do que a dele e as que virão.

Entender o que houve requer sair em busca do ninho em que foi chocado o ovo da serpente. Para tanto, nada melhor que Lênin em seu livreto *Que fazer?* Lá, ele afirma, com todas as letras: "Usaremos o idiota útil na linha de frente. Incitaremos o ódio de classes. Destruiremos sua base moral, a família e a espiritualidade. Comerão as migalhas que cairão de nossas mesas. O Estado será Deus. A minoria organizada irá derrotar a maioria desorganizada todas as vezes". Pelo jeito e pelas provas já arroladas, o PT e seus dirigentes seguiram à risca as ordens de Lenin. Como a coisa já havia dado errado na ex-URSS e na China, leram-no cientes do desastre mais à frente, e, ainda assim, seguiram seus ditames, o que revela incompetência e vocação para o fracasso.

No final de sua fala raivosa, na sede do PT, Lula se autodefiniu: "Se quiseram matar a jararaca, não bateram na cabeça, bateram no rabo. A jararaca está viva como sempre esteve". A jararaca é uma cobra venenosa e traiçoeira. Não reconhece nem mesmo seu tratador. Como metáfora do comportamento nada ético e político de Lula é perfeita. Ao abandonar os companheiros sem nunca assumir responsabilidade alguma, ele se revela um ser traiçoeiro. O lado venenoso foi aquele que inoculou nos que diz defender, os trabalhadores, hoje decepcionados, e que querem vê-lo pagar por seus crimes de comandante do maior assalto aos cofres públicos da História republicana deste País.

Merece registro, nessa linha, a homilia dominical, de 06.03.2016, de Dom Darci José Nicioli, bispo auxiliar de Aparecida, em boa hora padroeira do Brasil, quando faz o seguinte chamamento: "Peço, meu irmão e minha irmã, a graça de pisar na cabeça da serpente. De todas as víboras que insistem e persistem em nossas vidas. Especificamente, daqueles que se autodenominam jararacas". É preciso dizer mais?

Nesse momento tão difícil para o País, me vem à mente a figura de Frei Antonio Moser*, dileto e querido amigo, agora na Casa do Pai. Certa feita, comentando meus artigos, dos quais era leitor habitual, me disse que expressavam aquilo que ele, nas funções que exercia, não podia dizer com todas as letras. Eu respondi que me sentia honrado com sua avaliação e que continuaria batendo na mesma tecla de defesa da ética e do interesse público. Tenho certeza, entretanto, que ele subscreveria cada palavra de Dom Darci e que estará conosco em espírito, no domingo, dia 13/03/2016, para pisar na cabeça da jararaca e de sua cria. Todos lá!

....

* Franciscano, diretor-presidente da Editora Vozes, reerguida por ele. Foi vítima de um assalto fatal na baixada fluminense em 9/mar/2016, região à qual dedicou muitos anos de sua profícua vida pastoral e de homem de ação. (N. do A.)

ENÉAS E A FARSA LULESCA
Diário de Petrópolis e Tribuna de Petrópolis – 16 Abril 2016

Quem não se lembra do bordão: "Meu nome é Enéas"? O presidente do PRONA – Partido da Reedificação da Ordem Nacional, em sua primeira candidatura à presidência da república, tinha 17 segundos de tempo de TV para expor suas ideias e propostas. Ele foi considerado na época uma figura exótica. Tinha, sem dúvida, uma formação profissional como médico de primeira linha. Foi professor de matemática, português, física e química em seu curso preparatório para vestibulares. Nacionalista extremado, propunha um Estado forte e intervencionista para colocar a casa em ordem. Atirava em várias direções. Denunciava com vigor as mazelas da política nacional, o viés lascivo das novelas, e, a despeito de defender a liberdade de imprensa, acusava jornalistas de distorcerem os fatos. Em sua visão, o regime militar cometeu dois grandes erros: investiu pouco na educação, em especial na formação do cidadão, e asfixiou a imprensa, cuja liberdade é fundamental para bem informar a população num País de dimensões continentais como o Brasil.

A antevisão da farsa que nos custou os olhos da cara

Essa minha súbita lembrança dele resultou de um vídeo que um amigo me enviou em que o Enéas fazia uma crítica virulenta ao Lula. Na época, soava muito exagerado, pois, afinal, Lula ainda era visto como um líder sindical diferente, que não se enquadrava no triste modelito dos pelegos. O sindicalismo velho de guerra de Getúlio Vargas, que inventou o prodígio do sindicato sem sindicalizados. O aparente milagre provinha das contribuições compulsórias dos trabalhadores recolhidas pelo governo e repassadas aos diretores dos sindicatos desde que seguissem à risca os ditames do governo. O que faziam com essas polpudas verbas, ainda hoje, ninguém sabe muito bem. Já pensou, caro leitor, quando o Ministério Público e a Polícia Federal tomarem a iniciativa de passar um pente fino nos recursos recebidos pela CUT, MST e assemelhados? Pode preparar os cabelos, pois vão ficar em posição de sentido.

Enéas, no vídeo que se espalhou como vírus na internet, afirmava que não reconhecia em Lula um mínimo de preparo para dirigir o País. Ia mais fundo: nunca tinha tido a oportunidade de ouvir dele alguma proposta bem articulada de governo. O tempo, mestre da vida, acabou por lhe dar razão.

Como se pode constatar hoje, Lula chegou aonde nunca deveria ter chegado. Bom lembrar que acabou adotando a política econômica de FHC enquanto teve lucidez para tanto. Beneficiou-se de um período da economia internacional que lhe foi extremamente favorável, pensando que era obra sua, como disse Delfim Netto, em 2006, numa palestra em SP. Em 2008, com a crise internacional, começou o desvio de rota com uma política contracíclica keynesiana, que teve seus benefícios de curto prazo, mas que não podia ser permanente, como acabou sendo. A proposta, óbvia e necessária, de encolher o setor público do ministro Palocci foi rotulada de rudimentar por Dilma, então ministra-chefe da Casa Civil, termo bem mais apropriado para definir seu intelecto.

George Orwell, escritor inglês, afirmou que "aquele que tem o controle do passado, tem o do futuro". A formação intelectual deficiente de Lula pode ser facilmente constatada pelo número de vezes que repetiu aquele introito do "nunca na História desse País" e lá vinha, frequentemente, alguma asneira de quem nunca estudou com afinco a História de sua própria terra. Pensou que o Brasil havia começado com ele, em 2003, quando tomou posse como presidente pela primeira vez. Desconhecendo o passado, perdeu o futuro.

A despeito de sua habilidade de negociador, faltou-lhe conhecimento para dar a volta por cima quando os tempos mudaram. A unção de Dilma para sucedê-lo deixou clara a peça que pregou em si mesmo: ela não lhe passou o bastão na eleição 2014. As 23 tresloucadas propostas do PT, o caminho mais curto para nos tornarmos uma Venezuela, foram apoiadas por Lula, uma prova cabal de seu despreparo. A farsa foi desmascarada e a conta (pesadíssima) foi mandada para todos nós.

Cienījamie
SALDAS DZĪVES
Krustceles

DIVERSOS

O CACOETE GRAMATICAL
Jornal do Brasil – 17 Setembro 2007

Dispomos, no Brasil, do Índice Nacional de Alfabetização Funcional (INAF). Ele nos informa que apenas 27% da população brasileira podem ser considerados funcionalmente alfabetizados. Aquele tipo de individuo capaz de ler e entender, por exemplo, um manual de instruções. Levando-se em conta que, no final do Império, tínhamos 20% de alfabetizados, pessoas que recebiam uma educação dita elitizada e, portanto, de boa qualidade, é razoável supor que elas fossem funcionalmente alfabetizadas.

O conteúdo apanhando da forma gongórica sem substância

Pergunta incômoda: por que esse avanço tão medíocre de apenas sete pontos percentuais na alfabetização funcional em mais de um século republicano? Convido o leitor a me acompanhar no esclarecimento desse mistério. Em especial nesta era de trabalhador do conhecimento, em que 77% da riqueza produzida são explicados pelo capital intangível (capital humano e qualidade das instituições formais e informais) contra apenas 5% dos capitais naturais (recursos naturais) e 17% dos chamados capitais produtivos (bens de capital: máquinas e equipamentos).

Na época em que estudei na Universidade da Pensilvânia (1977-1981), certa feita fui convidado por um judeu americano a comemorar o Dia de Ação de Graças em sua casa. Segundo ele, a língua explicaria boa parte dos avanços de um povo face aos demais. Sua explicação da riqueza e pobreza das nações não me convenceu. Anos depois, em me dei conta de que não é propriamente a língua de cada povo que faz a diferença, mas o modo como é ensinada.

Tomemos uma aula de inglês num filme inglês ou americano. Os professores estão sempre debatendo um texto com os alunos, focados na análise e interpretação dos mesmos. Ou estão discutindo as redações feitas pelos alunos. Eu não me lembro de uma cena nesses filmes dedicada ao estudo da gramática inglesa. Isto se explica pelo fato de o inglês ser uma língua quase simplória em matéria de gramática quando comparada, por exemplo, à sofisticação e complexidade gramatical do português. O fato de a melhor gramática em língua inglesa ter sido escrita por um holandês dá bem a medida do *apreço* de americanos e ingleses por sua gramática.

Recentemente, uma sobrinha e seu marido, que viveram quatro anos na Inglaterra, manifestaram-me sua surpresa com a ignorância dos ingleses em matéria de sua própria gramática. Essa suposta falha jamais os impediu de formar pessoas intelectualmente articuladas e bem-sucedidas economicamente no País e no exterior.

Quem está certo em matéria de gramática, nós ou eles? Já foi dito que, se os analfabetos legionários romanos, que recebiam um treinamento militar de quatorze anos antes de entrarem em combate, tivessem de aprender as sutilezas gramaticais do latim, Roma não teria tido tempo de conquistar o mundo. A grande diferença a favor de quem dedica a maior parte do tempo a ler e a interpretar textos é que está fazendo um exercício fundamental na nobre arte de aprender a pensar ao acompanhar o raciocínio dos autores. Por outro lado, a ênfase, muito comum nos povos de língua inglesa, no desenvolvimento da expressão escrita dos alunos, os obriga a pensar a partir deles mesmos. Este enfoque está em linha com a sociedade do conhecimento, tornando essas pessoas aptas a tirar pleno proveito de seus frutos. Não é esse, entretanto, o dever de casa que vem sendo feito por nossas escolas públicas.

Se, para Simone de Beauvoir, "escrever é um ofício que se aprende escrevendo", podemos afirmar que pensar é um ofício que se aprende exercitando o pensamento. O caso de Machado de Assis ilustra bem esse ponto crucial. Ele não caiu na armadilha gramatical que o ensino tradicional da língua portuguesa nos arma. Autodidata, leu muito, escreveu muito, pensou muito e nunca deu muita atenção à gramática em si. Ela veio como consequência natural de quem se tornou um mestre do pensamento sutil. Essa opção não o impediu de ser nosso maior escritor e de produzir literatura de primeira.

Dentre as muitas loucuras que temos cometido em nosso sistema educacional, como a aprovação automática dos alunos, ainda dedicamos tempo demasiado à gramática em detrimento da arte e ciência de aprender a pensar, ou seja, de ler e escrever bem. Muita atenção dada à forma e pouca à substância.

Para terminar, uma história ilustrativa dessa incapacidade de produzir gente equipada para a sociedade do conhecimento: o caso real de uma amiga empresária que resolveu implantar em sua indústria a ISO 9000, um conjunto de normas que formam um modelo de gestão de qualidade em todo o processo produtivo e administrativo. Pois bem, em determinado momento, a implantação da ISO 9000 em sua empresa empacou. Somente bom tempo depois é que ela se deu conta de que a grande maioria de suas funcionárias era funcionalmente analfabeta, apesar de terem pelo menos oito anos de escolaridade. Teve de parar a implantação da ISO por quase um ano para alfabetizá-las funcionalmente e só então concluí-la com êxito.

Conclusão: uma tristeza e uma alegria. A tristeza é constatar o grau de desperdício e incompetência do sistema educacional público que, após oito anos, não consegue fazer com que seus alunos sejam capazes de ler e entender um manual de instruções. A alegria é ver que pessoas já adultas, quando submetidas a um ensino de qualidade, respondem à altura, desautorizando qualquer explicação idiota de incapacidade congênita de aprender. Lição final: é urgente elevar substancialmente nosso Inaf. E há como.

A RENÚNCIA DO PAPA E O FUTURO
Diário de Petrópolis – 23 Fevereiro 2013
Tribuna de Petrópolis – 24 Fevereiro 2013

O imobilismo da mulher de Ló, transformada numa estátua de sal ao olhar para trás, me veio à mente quando comecei a pensar sobre o muito que já se escreveu a respeito da renúncia do papa Bento XVI. Nossa primeira reação é buscar os porquês desse ato surpreendente na tradição da Igreja Católica. As respostas são muitas: o peso da idade sobre o desempenho de suas funções pastorais e administrativas, segundo o próprio papa; a dor causada pelas questões de pedofilia no clero nas dioceses dos EUA e nas de outros países; a corrupção nas atividades bancárias do Vaticano; as intrigas reinantes na Cúria Romana; o peso da rígida hierarquia da Igreja, causando surdez involuntária de quem está no topo da pirâmide ao dificultar a comunicação em mão dupla com os leigos; o vazamento de informações confidenciais no episódio do Vatileaks; a dificuldade de levar adiante e a bom termo o espírito de renovação do Concílio Vaticano II dentre outras de menor relevância.

As turbulências na Igreja Católica e a confiança no timoneiro que é Cristo

Sou católico apostólico romano e minha mulher é luterana. Essa convivência incomum e respeitosa, já de 40 anos, me permitiu entender melhor as diferenças entre católicos e luteranos, cujo diálogo ecumênico tem sido proveitoso ao longo dos últimos anos. A cisão luterana nasceu num outro momento histórico, igualmente grave para a Igreja, que pode ser resumido com a venda das indulgências que, no limite da irresponsabilidade pastoral, garantia a compra do céu a quem pudesse pagar. A expulsão dos vendilhões do templo por Cristo dá bem a medida do tamanho do desvio que estava em curso. A bem da verdade, é importante lembrar que a igreja na época concordou com 54 das 95 teses de Lutero. Aos católicos, estes números nos permitiriam ser aproximadamente 54% luteranos quanto às teses sem deixarmos de ser 100% católicos. Não há como negar que o que foi aceito se inseria no Espírito de renovação eclesial demandado por Lutero.

Em conversa com um dileto amigo, também católico, sobre a Reforma, ele afirmou de chofre, para minha surpresa, que a Reforma teria salvado a Igreja de um descaminho fatal. Repensando melhor depois, me dei conta que a Reforma abriu espaço, não obstante as guerras religiosas, para uma convivência democrática ulterior entre visões diferentes, coisa que nunca aconteceu em outras religiões onde ainda impera o fundamentalismo da visão única.

No passado, foi possível levar cerca de cinco séculos para a Igreja pedir perdão formal no caso do julgamento de Galileu e para aceitar a tese luterana de que somos salvos pela Graça de Deus e não pelas obras. No mundo atual, talvez excessivamente veloz, há que se andar mais depressa e reformular e repensar as posições da Igreja quanto ao celibato adotado no século XII, o papel dos leigos nos destinos da Igreja, o uso de contraceptivos, o papel da mulher e outros temas bem mais delicados como o divórcio e o aborto*, embora seja difícil antever alguma mudança radical em relação a estes dois últimos pontos.

Como fica, então, a visão de futuro da Igreja? Explicar a renúncia é menos importante do que buscar os caminhos a seguir para uma instituição criada por Cristo e iluminada pelo Espírito Santo. É fundamental relembrar a resposta de João XXIII aos que lhe indagaram dos riscos das águas revoltas para a nau de Pedro ao convocar o Concílio Vaticano II: o timoneiro é Cristo.

O teólogo Hans Küng continua a questionar a infalibilidade do Papa num sentido, parece-me, um tanto pessoal. A posição da Igreja em relação à infalibilidade é a do Papa em Concílio e seus dogmas. Ou seja, da Igreja como corpo místico de Cristo. Cabeça, tronco e membros. Nessas circunstâncias é que foram tomadas as decisões do Concílio Vaticano I, devidamente iluminadas pelo Espírito Santo. Não foi uma decisão puramente pessoal do Papa. Pois bem, foi justamente por não ter tido o empenho de se renovar com a profundidade exigida pela letra e pelo Espírito do Concílio Vaticano II que a Igreja acumulou os problemas que hoje lhe são tão dolorosos e desgastantes. Sintomaticamente,

----

* O autor se refere apenas ao previsto na legislação atual, do Código Penal de 1946, no que diz respeito ao aborto decorrente de gravidez por estupro ou que ameace a vida da gestante. (N. do E.)

as palavras recentes de Bento XVI, com sua parcela de responsabilidade na lentidão desse processo, não deixam dúvidas quanto a este ponto ao afirmar ser fundamental "a realização verdadeira do Concílio Vaticano II" e "a verdadeira renovação da Igreja" no sentido de retorno às origens e à prática da experiência comunitária capaz de contrabalançar a rigidez hierárquica. Foi assim, diagnostica ele, que se abriu espaço para "os golpes dados contra a unidade da Igreja" e "as divisões no corpo eclesial". Afirma ainda que: "O verdadeiro discípulo não serve a si mesmo e ao público, mas a seu Senhor, na simplicidade e na generosidade".

É mister que a visão de futuro da Igreja incorpore aquele espírito de *aggiornamento* de que nos falavam João XXIII e o documento conciliar *Sacrosanctum Concilium*, ou seja, *"fomentar a vida cristã entre os fiéis, adaptar melhor às necessidades do nosso tempo as instituições susceptíveis de mudança, promover tudo o que pode ajudar à união de todos os crentes em Cristo, e fortalecer o que pode contribuir para chamar a todos ao seio da Igreja"*. Nada disso, entretanto, recomenda misturar a água viva do amor ao próximo com a química explosiva do óleo da luta de classes. São elementos incompatíveis. As teses marxistas não deram certo nem mesmo em assuntos terrenos...

A Igreja precisa se livrar do imobilismo da estátua de sal e aprofundar o diálogo com outras denominações evangélicas e com os leigos nessa caminhada em direção à renovação e à maior participação destes últimos em suas decisões. Confesso que não sei se a Igreja Católica incorporou à sua doutrina as 54 teses luteranas aceitas quase 500 anos atrás. Caso não o tenha feito, este poderia ser um bom recomeço, bem como o reestudo de questões levantadas por outras denominações evangélicas abertas à busca da unidade cristã. Que o Espírito Santo nos ilumine a todos.

RELER PARA ENTENDER
Diário de Petrópolis – 7 Agosto 2013
Tribuna de Petrópolis – 8 Agosto 2013

Aluno de mestrado em economia, em 1972, na Fundação Getúlio Vargas – FGV, no Rio de Janeiro, vivenciei um episódio com a minha turma que virou lição de vida. Um professor recém-chegado, que havia terminado seu doutorado no Departamento de Economia da Universidade de Chicago, assumiu a cadeira de Teoria Microeconômica e veio com novidades. Lá, era comum mandar os alunos lerem, antes das aulas, artigos clássicos ("*papers*") sobre os temas em pauta para debate em classe. Naquela época, esse método de aprendizagem não era usual na EPGE – Escola de Pós-Graduação em Economia da FGV, com a dificuldade adicional de serem os textos em inglês, língua que apenas metade da turma de 20 alunos dominava. Entretanto, não foi fácil para todos entender os textos nada corriqueiros, mas importantes para a formação de um bom economista. Bateu aquele complexo de burrice geral e fomos conversar com o novo professor, que matou a charada de cara: "Aconteceu exatamente a mesma coisa comigo em Chicago", afirmou ele. Meu professor americano disse que isso era comum dada a dificuldade técnica dos "*papers*" e que o segredo era reler uma, duas, ou mais vezes, até entender.

O papel da releitura como mecanismo de entendimento em profundidade de um texto

A dica da releitura operou em nós um pequeno milagre. Após a primeira, o complexo de burrice já tinha recuado significativamente. Depois da terceira e uma eventual quarta leitura, a depender da dificuldade intrínseca do assunto em tela, já estávamos nos sentindo quase que gênios em matéria de entendimento do que seria debatido na aula seguinte. Estranho era que já não fosse comum para nós esse hábito da releitura para digerir temas mais complexos. Muitos anos depois, me dei conta do modo como é ensinada a língua materna nos países cujo idioma é o inglês. É sempre na base da leitura e interpretação de textos, incluídas nestes as redações escritas pelos alunos, dedicando pouco tempo à gramática tanto pela simplicidade formal do inglês quanto pela preferência correta de aprender a gramática no contexto do texto.

Mas esse método de ler e reler também nos ajuda a evitar armadilhas que se revelaram terríveis descaminhos, como se deu com Marx e Auguste Comte, cujos equívocos fatais tiveram custos astronômicos para os países que se deixaram encantar pelo canto da sereia de suas visões de mundo. Literalmente, meio mundo, no caso de Marx; e nós, com o positivismo fazendo a cabeça, por décadas, de nossos militares. Cícero, grande orador e pensador romano, já nos alertava sobre "as lições do tempo e da experiência". A república romana, para ele, "não foi constituída por um gênio só, mas pelo concurso de muitos; nem se consolidou durante uma geração, senão no transcurso de muitas épocas e séculos". Via na razão a pedra fundamental das instituições.

Este alerta de Cícero, de mais de dois mil anos atrás, foi simplesmente ignorado pelos revolucionários modernos, que resolveram criar novos mundos com base em elucubrações cerebrinas. Sem apelar para receitas esdrúxulas, Cícero fez uma defesa apaixonada da igualdade entre os homens, rompendo com a crença generalizada de então, oriunda de Aristóteles, que baseara toda sua teoria política na desigualdade entre os homens. Curiosamente, a luta pela igualdade assumiu, ao longo do século XX, na prática da doutrina comunista, uma dupla face em que existiam os iguais e os "mais" iguais, ou seja, aquele grupelho que se apoderava do governo sem admitir que pudesse ser apeado dele democraticamente, pois tais movimentos seriam contra-revolucionários.

O que fica claro nesse exercício de reler para entender é que tanto se aplica ao caso específico de um texto difícil de assimilar como para perceber a sabedoria de pensadores que se anteciparam no tempo alertando para desvios de rota como aqueles em que o século XX foi pródigo. Os estragos causados pelo comunismo, pelo nazismo e pelo positivismo se deram, em boa medida, pela quebra da tradição milenar de que nos falam Hannah Arendt e a própria Rosa Luxemburgo de que liberdade é, fundamentalmente, a liberdade de quem discorda de nós. Foi justamente por ignorarem essa máxima que as doutrinas salvadoras, tão populares no século XX, deram com os burros n'água. Não basta reler para entender, mas também para não fazer besteira no atacado.

PETER DRUCKER, UM ESCRITOR MUITO ESPECIAL
Diário de Petrópolis – 28 Setembro 2013
Tribuna de Petrópolis – 29 Setembro 2013

Imagine uma pessoa que é uma espécie de oráculo a quem homens de ação recorrem para saber como tocar melhor seus empreendimentos sem que ele fosse, rigorosamente, um deles. Alguém que é considerado o guru dos gurus em matéria de gestão empresarial e pública, e que nunca foi, de fato, um executivo de uma empresa de porte bem-sucedida. Ou que tenha exercido algum cargo de administrador público. E, ainda assim, é reverenciado por sua sabedoria e bom senso no mundo dos negócios com fins lucrativos. E também nos sem fins lucrativos. Tudo leva a crer que estamos diante de uma legítima contradição em termos. No entanto, ele existe e se chama Peter Drucker. Que tal me acompanhar no desvendar dessa lenda, que já se foi, mas que está entre nós nos muitos livros que deixou escritos? E na sua paixão pelo ser humano?

A insolência educada de Peter Drucker é a inteligência posta em prática como a definiu Aristóteles

Ele nasceu na Áustria, em 1909, numa família judia bem situada. Sua casa era um ponto de encontro de pessoas do mais alto calibre intelectual em Viena, que se tornaram depois mundialmente famosas. Aos 25 anos, em 1934, numa palestra assistida na Universidade de Cambridge, na Inglaterra, teve um estalo: "Eu repentinamente me dei conta de que Keynes e todos os brilhantes estudantes de economia presentes na sala estavam interessados no comportamento de mercadorias enquanto eu estava interessado no comportamento das pessoas". Nos EUA, se encantou com a visão voltada para o futuro da sociedade americana de então em contraposição a seus conterrâneos que se tornaram saudosistas do mundo que se foi anterior à guerra mundial de 1914.

Em sua visão, administrar era mais uma arte do que uma ciência. Ele sempre instilava em seus conselhos a gestores privados e públicos um enfoque interdisciplinar com lições oriundas de seus vastos conhecimentos de história, sociologia, psicologia, filosofia, culturas e religião. Parece tipicamente um homem da Renascença, que tudo sabe e tudo mais quer saber. Na verdade, ele tinha um pé atrás com nossa capacidade de dominar, individualmente, tantos campos do conhecimento. Para chegar a tal ponto, segundo ele, só mesmo um muito bem orquestrado trabalho em equipe. Pessoas comuns podem, a seu ver, realizar coisas extraordinárias se conjugarem seus esforços, cada uma dando o melhor de si. Percebeu logo que o operador de uma máquina a conhecia muito melhor que seu patrão e que sua inteligência tinha que ser aproveitada.

Ele acreditava que só somos bons, mesmo, em uma ou duas coisas na vida. E que devemos investir em nossos pontos fortes ao invés de perder tempo com aquilo em que nunca seremos realmente bons. Dá como exemplo clássico o diretor de escola que chama os pais para dizer que seu filho vai mal em matemática sem dizer-lhes uma só palavra sobre ser ele excepcionalmente bom em português (redação). Ou que sabe se expressar com muita desenvoltura.

Na área empresarial propriamente dita, ele afirmava, com razão, que resultados surgem do aproveitamento das oportunidades, e não da solução de problemas. Olhar para fora é o caminho para crescer; dentro da empresa reinam os custos. Outras ideias dele podem ser úteis para tocar nossas vidas de modo muito mais gratificante e produtivo. Exemplos: (1) Não comece pela pergunta "O que queremos fazer?", e sim "O que precisa ser feito, gostemos ou não?"; (2) Dentre as tarefas prioritárias, quais devo assumir eu mesmo e quais devo delegar a outrem que a fará melhor do que eu?; (3) Na tomada de decisão, ela só deverá ser levada adiante se houver acordo sobre quem ficará responsável pela tarefa e em que prazo. Só assim é que se faz acontecer.

Por fim, o fato de ele se definir, basicamente, como um escritor. Pode parecer estranho, mas quando nos lembramos de sua técnica de observador, como os dois anos que passou dentro da GM, acompanhando reuniões internas e procedimentos adotados, relatando-os posteriormente em livro, ele estava seguindo o manual dos melhores escritores que retratam a vida como ela é. O tipo de conhecimento que criou nasceu validado pela prática. Ainda assim, não deixa de ser curioso o fato de ele não ser a rigor alguém do ramo empresarial ou do setor público, que, não obstante, sabia mais e aconselhava a muitos que eram legitimamente de cada ramo. Aristóteles dizia que "a inteligência é a insolência educada", uma ótima definição do jeito de ser de Peter Drucker.

A ARGENTINA, O TANGO E O BRASIL
Diário de Petrópolis - 23 Janeiro 2016
Tribuna de Petrópolis – 24 Janeiro 2016

É famosa a rivalidade entre nós e os *hermanos* argentinos. O próprio uso da palavra *hermanos* traduz boa dose de dubiedade em relação a eles. Ou seja, dúvida e hesitação em relação a essa irmandade. Mas, felizmente, desde o início da década de 1990, prevaleceu o lado prático nas relações bilaterais que permitiu um salto espetacular no comércio entre os dois países de menos de US$ 1 bilhão em 1990 para mais de US$ 20 bilhões no início da década de 2010. Vários acordos bilaterais foram assinados em áreas de interesse mútuo.

Fora de ritmo, do tempo e do espaço econômico mundial

As vantagens de parte a parte poderiam ter sido maiores ainda não fosse a visão estrábica do kirscherismo: a dupla, marido e mulher, Néstor e Cristina Kirchner, que governou a Argentina de 2003 a 2015. Ambos acumularam uma coleção de erros crassos na condução da política econômica, em especial na área externa, que levou o País, após um pequeno sucesso inicial, a colher fracasso após fracasso, vendo seu crédito zerado junto à banca internacional por não honrar os pagamentos de sua dívida externa ano após ano. Uma mistura esdrúxula de tango com chá-chá-chá e *voodoo economics* (magia econômica) que não deu em nada. Ou melhor, deu no que deu...

Após mais de meio século de peronismo fora do tempo e do espaço, a Argentina conseguiu eleger Mauricio Macri presidente da república. Depois de Perón, que chegou ao Poder em 1946, foi o primeiro empresário a assumir o posto. Claro que o simples fato de ser empresário não lhe garante sucesso futuro. Mas certamente ajuda, e muito, ter uma visão prática na condução do governo, livrando a Argentina de um pesado passado em que a plataforma de muitos governos continha uma carga ideológica explosiva que deixou a Nação em frangalhos por décadas seguidas.

Para nós, no Brasil, é muito instrutiva a entrevista publicada em *O Globo*, de 17/01/2016, de Marcos Peña, chefe de gabinete do novo governo argentino. A primeira resposta dele à jornalista Janaína Figueiredo sobre o que mais o surpreendeu no primeiro mês de governo foi direto no fígado: "A constatação de que temos um Estado muito mais deteriorado do que se percebia fora dele". Se você pensou, caro leitor, que esta resposta bem poderia ser a do sucessor de Dilma, acertou na mosca. Não é preciso muita imaginação para ter a certeza das mazelas bem escondidas nas atuais gavetas presidenciais e ministeriais de Brasília. A operação Lava-Jato deixa isso muito claro a cada dia que passa, chegando cada vez mais perto do chefão oculto (apenas para quem se recusa a ver como parece ser o caso do STF) e da própria Dilma.

Merece registro o choque de credibilidade que Macri conseguiu junto ao povo argentino, permitindo que se estreitasse a distância entre o dólar oficial e o paralelo. A despeito da abertura econômica iniciada por ele, não houve mais uma daquelas típicas corridas da população em direção à moeda americana. Em relação ao Brasil, Macri quer estabelecer uma aliança estratégica, que sempre deveria ter sido preservada em benefício mútuo. De nossa parte, sob um governo de credibilidade praticamente zerada, vai ser difícil encontrar chão comum, levando em conta a mediocridade, que vem desde o primeiro mandato de Dilma, de seus ministros cuja operacionalidade é praticamente nula.

O caso argentino sob o novo governo Macri confirma o estudo do economista Reinaldo Gonçalves sobre os benefícios de um impedimento da Sra. Dilma. Ele pesquisou casos semelhantes em 15 países latino-americanos cujos presidentes sofreram *impeachment*. A posse de um novo governo reforça o fator confiança, gerando o que o chamou de "bônus macroeconômico". Ou seja, uma nova situação que se manifesta sob a forma do crescimento da renda, queda do desemprego, finanças públicas reordenadas e ajuste das contas externas. O processo de desequilíbrio político-institucional se interrompe. Cabe a nós todos, cidadãos e cidadãs, empunhar essa bandeira e mandar para casa Dilma, PT & Cia. para que o País possa retomar a vida e a esperança de dias melhores.

O *IMPEACHMENT* E OS ARTISTAS
Diário de Petrópolis e Tribuna de Petrópolis – 9 Abril 2016

O posicionamento de artistas de renome contra o *impeachment* da presidente Dilma merece uma reflexão crítica. Seria ingenuidade ou desinformação? Certamente uma mistura das duas, com pitadas de teorias da conspiração, um esporte nacional que nem mesmo Maquiavel ousaria praticar com tamanha desenvoltura. No caso específico, não há como deixar de dar nomes aos principais atores (literalmente) envolvidos: Chico Buarque, Caetano, Gilberto Gil e Letícia Sabatella. Recapitulemos as declarações de cada um.

Uma visão muito equivocada do rumo dos acontecimentos

Chico, alguns anos atrás, foi solicitado por um jornalista a dar uma opinião sobre uma candente questão de política econômica da época. Ele teve então o bom senso de responder que preferia não emiti-la por desconhecer o assunto. Concordei e apreciei a honestidade de sua posição. O reiterado apoio dele ao governicho Dilma tem sido sistemático. Na campanha pela reeleição, ele afirmou que havia votado nela na eleição anterior por influência do Lula, mas que, desta vez, o fazia por acreditar na dita cuja. Aqui já fica no ar o que parece ser postura de inocente útil, coisa fácil de aceitar se estivéssemos diante de pessoa desinformada, e não do filho do renomado historiador Sérgio Buarque de Hollanda. Para piorar tudo, se deu ao trabalho de ir ao Largo da Carioca, no coração do Rio de Janeiro, em mirrado comício do PT, para dizer, em alto e bom som, que a proposta de *impeachment* é golpe. Conseguiu a proeza de comparar a atual conjuntura com aquele que levou ao golpe militar de 1964 como se fossem a mesma coisa. O músico Guarabyra não se conteve: "Trata-se de uma boçalidade do mesmo tamanho de seu imenso talento".

Caetano e Gil se celebrizaram, já faz tempo, por apoiar Roberto Carlos na estapafúrdia defesa de autorização prévia de biografados, que o STF descartou por ser óbvia interferência na liberdade de expressão. Afinal, o biografado pode processar o autor de sua biografia por difamação, se for o caso, e exigir indenização por danos morais. Pois bem, em programa recente do Serginho Groisman, na TV Globo, Caetano, com aceno concordante de cabeça de Gil, conseguiu dizer que as maciças manifestações nas ruas do País a favor do *impeachment* (apoio de 68% da população pela última pesquisa do DataFolha) lhe relembravam as Marchas da Família com Deus pela Liberdade, que levaram ao Golpe de 1964. Se você, caro leitor, estiver boquiaberto, continue assim por algum tempo. E depois se pergunte de onde saiu comparação tão sem pé nem cabeça. Sem dúvida, das cacholas de Caetano e Gil. Mas é coisa de chorar lágrimas de esguicho pelos dois por tamanha viagem na maionese.

Por último, merece menção especial as declarações confusas de Letícia Sabatella no Palácio do Planalto, em que lé não bate com cré. Ela afirmou, diante de Dilma, que era contra o governo dela, mas que não apoiava o *impeachment*. Seria golpe contra quem foi legitimamente (a rigor, mentirosamente) eleita. Pelo jeito, não importa que seja apoiado por mais de 2/3 da população respaldado por provas contundentes de falcatruas de toda sorte que se acumulam dia a dia. Entendeu? Nem eu.

Esses episódios ignoram, de um lado, que o impedimento de um presidente consta da constituição de 1988, sendo, portanto, legalíssimo; de outro, o terrível vício de origem do regime presidencialista em que inexiste o instituto do voto de desconfiança no primeiro mandatário. Aquele tipo de raciocínio canhestro de que se o eleitor se arrependeu depois de ter votado, terá que aguardar mais quatro anos até a próxima eleição para corrigir seu erro.

Artistas que admiramos pelo talento expõem ao público, perigosamente, a força de uma visão ideológica do pior tipo do processo político ao mandarem às favas fatos (e delitos) comprovados. Se eles dependessem financeiramente do PT, ainda que deplorável, daria para entender. É este o caso de boa parte de quem comparece às convocações do PT e assemelhados contra o *impeachment*. Mas eles, certamente, não precisam disso. O pior cego é o que não quer ver.

POSFÁCIO
As lições de The Crown e do Marquês de Itanhaém

Este livro já estava pronto quando tomei conhecimento da série *The Crown*, A Coroa, que cobre os primeiros anos de vida e do reinado da rainha Elizabeth II, um sucesso de público e de crítica. O episódio 7, *Saber é poder*, resume, de modo didático, as virtudes das instituições inglesas. E nos permite fazer um cotejo com as *Instruções* do Marquês de Itanhaém aos preceptores de D. Pedro II, pondo à mostra o que tivemos e nunca deveríamos ter perdido. Nossas sequelas já se estendem por mais de um século, desde o desastroso 15 de novembro de 1889. Cabe explicar por que não há exagero nesta afirmativa.

Muito jovem ainda, a rainha tinha aulas particulares com o vice-reitor do Eton College, uma tradicional instituição de ensino inglesa, por onde passam, com frequência, futuros homens públicos do Reino Unido. O foco das aulas era o estudo detalhado da Constituição Inglesa, inclusive suas sutilezas. Citando Walter Bagehot, famoso ensaísta, autor de *A Constituição Inglesa* e fundador da revista *The Economist*, ele põe em destaque dois elementos fundamentais do texto constitucional: o eficiente e o dignificante. O primeiro é o poder de fazer e executar a política, respondendo ao eleitorado. O que diz respeito a todos tem que ser aprovado pelos interessados. O dignificante dá significado e legitimidade ao eficiente. Esta função é exclusiva do monarca.

O vice-reitor prossegue: as duas instituições, a Coroa e o governo, o dignificante e o eficiente, só funcionam com apoio mútuo, ou seja, com estrita confiança entre ambos. Nesse ponto, a futura rainha pergunta ao professor se ele ensinava essas coisas aos demais alunos. Ele responde que não, basicamente a ela. Como exemplo do outro lado, ele lhe traz um calhamaço de exercícios de matemática a que os demais alunos são expostos. Ela quer saber se não deveria saber também aquelas coisas. E ele responde que não. Para ele, nada daquilo era dignificante. E, pelo que se deduz, continuou a esmiuçar com ela a Constituição Inglesa, dando extrema atenção aos riscos de interpretações equivocadas sem preocupações exageradas com a parte formal (ou gramatical), como ocorre, até hoje, nas aulas de inglês de filmes ingleses e americanos. Sua preocupação maior era evitar que sua pupila cometesse erros crassos em seu sentido original, como aqueles – estratégicos – do general romano Crassus.

Muitos anos depois, já rainha, ela cobra de sua mãe suas lacunas em literatura, filosofia e ciências. Ao lidar com pessoas de vasto saber em diversas áreas, ela dizia se sentir insegura. Falar sempre de cavalos e cachorros era pobre e cansativo. Saber bordar, costurar e recitar poesia não era lá de grande ajuda para desempenhar suas funções de monarca. Sua mãe lhe diz que aprendeu o essencial: manter a boca fechada. E ainda que seu pai se ressentia do mesmo tipo de insegurança. E, visivelmente chateada com as cobranças da filha, completa: "Afinal, querida, você passou anos estudando a Constituição com o vice-reitor". De mais a mais, arremata: "Ninguém quer uma intelectual como soberana!" A rainha-mãe ainda a aconselha a não se cobrar em excesso e a aceitar suas limitações como os demais mortais.

Quem assiste a essas cenas certamente se surpreende com a formação dos reis e rainhas ingleses. Num primeiro momento, parecem deficiências sérias. A atual Elizabeth II chegou mesmo a pedir ao seu secretário particular que lhe contratasse um professor erudito para completar sua formação intelectual nas áreas em que não se sentia à vontade. Como boa inglesa, pediu alguém que tivesse senso de humor. Foi contratado o prof. Hogg que, no primeiro encontro, reforça ainda mais o desconforto da rainha e nosso ao lhe perguntar se tinha diploma de curso superior, de curso médio ou outros tutores em outras áreas. A mudez da rainha deixava claro que não. A foto até aqui nos transmite uma pessoa cuja formação estaria abaixo da do inglês médio, se esquecermos sua *expertise* apurada em matérias constitucionais.

Mas isso seria ver a foto fora de contexto. Membros de famílias reais recebem um tipo de educação que engloba outros princípios e fatores ausentes da vida das pessoas em geral. O mais difícil deles é colocar as preferências pessoais em segundo plano, em benefício dos interesses maiores de seu próprio País. Ainda me lembro bem de um amigo meu, de esquerda, defensor do parlamentarismo monárquico, afirmar numa palestra, em 1993: "Esse negócio de ser rei é uma chateação!" Ele se referia às limitações impostas a um monarca em sua vida pessoal. Um exemplo que reflete bem a consciência dessa exigência é que, ainda hoje, independentemente do ramo a que pertençam, os membros da Família Imperial Brasileira se preocupam em despertar em seus filhos e filhas o sentimento de amor ao Brasil, que está esquecido, em especial quando pensamos no baixo padrão de homem público que marcou a desalentadora experiência republicana brasileira.

Cabe agora um contraponto com a educação recebida por Pedro II. Este jamais poderia apresentar queixas semelhantes às de Elizabeth II. As *Instruções* de seu segundo tutor, o Marquês de Itanhém, aos preceptores de Pedro II eram bem mais amplas, sem se descuidar de familiarizá-lo com a Constituição Imperial de 1824, a melhor que o Brasil já teve, segundo o constitucionalista Affonso Arinos. Para ter uma ideia do grau de exigência quanto à formação intelectual do futuro monarca, basta citar um trecho do Artigo 10º dos 12 que compõem o documento: "Eu quero que o meu Augusto Pupilo seja um sábio consumado e profundamente versado em todas as ciências e artes e até mesmo nos ofícios mecânicos, para que ele saiba amar o trabalho como o princípio de todas as virtudes, e saiba igualmente honrar os homens laboriosos e úteis ao Estado".

A bem da verdade, existem, entretanto, pontos de convergência na educação recebida por esses dois monarcas. Uma delas está no Artigo 1º das referidas *Instruções*, onde é enfatizada a importância de distinguir o falso do verdadeiro de modo a compreender "bem o que é a dignidade da espécie humana, ante a qual o Monarca é sempre homem, sem diferença natural de qualquer outro indivíduo humano". Nessa linha convergente, no Artigo 2º, o Marquês menciona "as relações que existem entre a humanidade e a natureza em geral para que o Imperador, conhecendo perfeitamente a força da natureza social, venha a sentir, sem o querer mesmo, aquela necessidade absoluta de ser um Monarca bom, sábio e justo". E aqui merece registro o fato de Elizabeth II, no início de seu reinado, ainda imperando sobre aquela vastidão de 33 milhões de km2, ter mencionado em sua coroação o respeito às tradições, crenças e culturas dos diferentes povos de que era Chefe de Estado. Preocupação essa idêntica ao final do Artigo 4º das *Instruções*, que fala "nas relações de civilidade entre todos os povos, seja qual for sua religião e a forma de seu governo".

Cabe ainda mencionar o Artigo 6º, que combate a decoreba, e deixa claro que "a educação literária não consiste decerto nas regras da gramática nem na arte de saber por meio das letras; em consequência os Mestres devem limitar-se a fazer com que o Imperador conheça perfeitamente cada objeto de qualquer ideia enunciada na pronunciação de cada vocábulo". Este trecho torna cristalina a precedência do conteúdo sobre a forma, as gramatiquices, que nos levaram, ainda hoje, a tantos desvios jurídico-institucionais. Algumas decisões absurdas do STF são mais que ilustrativas dessa falta de sintonia com o real interesse público. Os povos de língua inglesa estão vacinados sobre esses desvios de rota pelo modo de aprender o próprio idioma, onde prevalece o velho utilitarismo inglês. A língua é o veículo para aprender a pensar. Ler e entender o mundo e saber escrever indo ao cerne das questões individuais e coletivas.

Ainda nesse cotejo entre os princípios que fundamentaram a educação dos dois monarcas, cabe registrar o Artigo 12 em que o marquês enfatiza a importância de alertar o imperial pupilo para cuidar seriamente dos deveres do trono. Elizabeth II e Pedro II, além das reuniões semanais com seus primeiros--ministros, recebiam relatórios semanais sobre as ações de governo. Pedro II ia a ponto de receber quem quer que fosse, sem marcar audiência, aos sábados à tardinha, na Quinta da Boa Vista, ouvindo até queixas contra seus ministros.

A série *The Crown* tem ainda o mérito de desmistificar o papel da rainha como um mero penduricalho institucional que não serve para nada. E nos permitir entender o quanto perdemos com a queda da monarquia em 1889.

Num dos episódios, George VI, pai de Elizabeth, lhe mostra a caixa que recebe semanalmente com os assuntos de Estado e de governo. E lhe diz que seus ministros colocam os assuntos da preferência deles no topo e os problemáticos no fim da pilha, apostando que ele se canse antes de os ler. Aconselhou--a a virar a pilha ao contrário e despachar primeiro os últimos documentos, hábito que Elizabeth incorporou à sua rotina de Chefe de Estado. Além disso, a tradição inglesa, que impede o rei de governar, não o impede de ter três direitos religiosamente respeitados: o direito de ser consultado, de encorajar e de advertir. Não pense, caro leitor, que isso é pouca coisa. O simples fato de um primeiro-ministro ter que prestar contas semanais dos atos de governo ao soberano, como acontecia também sob Pedro II, ou seja, a uma pessoa com quem não pode barganhar favores contrários ao interesse público impõe ao político um comportamento radicalmente diferente. Indo direto ao ponto: sobra pouco espaço, ou nenhum, para o pilantra.

Walter Bagehot prezava o "governo de gabinete" e criticava o sistema presidencialista americano por suas numerosas falhas e absurdidades, como ele as percebia. E por sua falta de flexibilidade e *accountability*, palavra que pode ser traduzida por "prestar contas com regularidade". Dizia mais: "Governos de gabinete educam a nação, o sistema presidencialista não a educa, e pode mesmo corrompê-la". Como diagnóstico do que aconteceu com a república no Brasil em matéria de costumes corrompidos, esta afirmação de Bagehot não poderia ser mais verdadeira. Vai ainda mais fundo: o efeito substantivo do debate no Parlamento é que pode derrubar um governo por voto de desconfiança, recurso que um congresso presidencialista não dispõe. Perdemos quase um ano e meio para defenestrar Dilma, em discussões bizantinas sobre a ocorrência ou não de crimes de responsabilidade, quando se tratava de simples quebra de confiança. Este fato deixa claro que a confiança entre representados e representantes não é a pedra angular do sistema político brasileiro.

E aqui é o momento de ver o monarca com outros olhos, como aquela figura que pode ter um compromisso radical com a defesa do interesse público até mesmo por razões pessoais. Justamente porque o pessoal e o público se confundem em sua pessoa. Isso não acontece com os demais mortais. Daí os imensos riscos a que fica sujeito o bem comum quando não se tem a Chefia de Estado separada da Chefia de Governo, em especial no Brasil. Por isso mesmo, podemos ainda consubstanciar no monarca a figura representativa dos interesses da população e de cada um. Mesmo levando em conta a fragilidade do ser humano, o monarca está blindado contra a corrupção pelo simples fato de que ninguém pode lhe oferecer uma situação na vida melhor do que ele já tem. Corrupção e ambição pelo vil metal são irmãs gêmeas.

Na tradição presidencialista, em especial a nossa, em que o presidente é simultaneamente chefe de governo e de Estado, o fiscal dos bons costumes, que é este último, acaba por não funcionar a contento. Deixar que a vigilância do governante sobre seus atos caiba ao próprio é desconhecer a metáfora do pecado original, que Bertrand Russell compreendia muito bem, face à precariedade intrínseca ao ser humano, mesmo sendo ateu.

Pode não parecer, mas a má gestão, típica do Patropi, tem, em boa parte, suas raízes no presidencialismo. O velho argumento de que de que este sistema funciona bem nos EUA esquece convenientemente o fato de que, neste caso específico, ele mantém características parlamentaristas herdadas da Inglaterra, ausentes nos países latino-americanos e mesmo no resto do mundo onde o sistema vige. Um exemplo: os 22 ministros do governo indicados por Trump têm que passar pelo crivo do Congresso americano, sob pena de não assumirem a pasta. No Brasil e na América do Sul, a nomeação de ministros de Estado é da competência exclusiva do presidente da república. Ou da incompetência deste, como foi o caso da sra. Dilma Rousseff.

Numa das aulas dadas pelo vice-reitor a Elizabeth II, ele mandou que ela sublinhasse a palavra *confiança*, que dá liga entre os elementos eficiente e dignificante, ou seja, entre o governo e a Coroa. Sem confiança mútua entre ambos o interesse público está em risco.

No mesmo episódio 7 já citado, tomamos conhecimento do derrame sofrido por Churchill, que mandou dizer ao palácio que iria faltar à reunião semanal com a rainha por estar gripado. Um funcionário que sabia do fato foi chamado à presença da rainha por outra razão e acabou dando com a língua nos dentes, pensando que fosse isso que a rainha quisesse saber. Ela relatou o caso ao prof. Hogg, dizendo que não faria nada. Ele discordou, afirmando que ela conhecia a Constituição melhor que ninguém, e que tinha todo o direito de dar um puxão de orelhas em Churchill. Nada mais, nada menos que aquele direito do soberano de advertir a quem conduz o governo de Sua Majestade ao dar um passo errado. Por via das dúvidas, para se certificar, mandou que procurassem um caderno de capa vermelha com suas anotações das aulas particulares com o vice-reitor sobre a Constituição Inglesa.

Assim que acabou de passar um pito em Churchill, ele reagiu afirmando que tinha cumprido a promessa que havia feito ao pai dela de ajudar a prepará--la para suas funções de Chefe de Estado. E que, agora, ela estava pronta para exercê-las em sua plenitude. Ele pede perdão à rainha pela quebra de confiança e a informa de que já tinha se restabelecido completamente. E ainda que o momento de seu afastamento iria chegar em breve. No mesmo dia, na audiência prévia que havia tido com *Lord* Salisbury, ela foi extremamente dura ao lhe dizer: "Não é meu trabalho governar. Mas é meu trabalho garantir que o País tenha um governo adequado". E lhe pergunta à queima roupa: "Como fazer isso se meus ministros mentem e escondem a verdade de mim?"

A melhor explicação para o que seja o chamado governo de Sua Majestade e a razão da reverência diante da rainha, como o ato de inclinar a cabeça levemente em sua presença, é que, entre os diversos símbolos que cercam a monarquia, está aquele, mais importante que os demais, que faz da pessoa do monarca o símbolo vivo do Interesse Público, a conjunção, de fato, do eficiente com o dignificante. Mais ainda, para lembrar aos políticos e ministros, toda semana, que estão ali para servi-lo. E não para se servir dele. Boa gestão governamental se faz no dia a dia, uma promessa jamais cumprida pelo presidencialismo disfuncional brasileiro.

Essa é, sem dúvida, a grande lição que *The Crown* e as Instruções do Marquês de Itanhaém têm a nos oferecer. O Brasil precisa, com urgência, tirar proveito de nossa herança parlamentarista monárquica, que continua à nossa disposição em nossa Família Imperial. Não podemos manter na prateleira instituições que continuam atuais e são capazes de pôr ordem na tumultuada Avenida Brasil. Ou será que vamos desperdiçar também nossa tradição institucional (que funciona) no que ela tem de melhor? Que Deus nos ilumine!

GASTÃO REIS RODRIGUES PEREIRA
Petrópolis, janeiro de 2017

Dedicatória

Este livro é dedicado a Sua Majestade o Interesse Público, diante do qual curvar a cabeça é sempre um ato de grandeza individual e coletiva capaz de tornar realidade o tão almejado potencial de nosso País.

Agradecimentos

O autor agradece, sensibilizado, pelo apoio dos amigos Ricardo Haddad, Dep. Antonio Henrique Bittencourt Cunha Bueno, Dr. Rubens Vuono de Brito Filho e Heitor Luiz Villela, sem o qual este livro não teria vindo a lume.

Petrópolis, março de 2017

ESTA OBRA FOI COMPOSTA PELA SPRESS EM ADOBE CASLON
E IMPRESSA SOBRE PAPEL POLEN SOFT 80 GR/M2 E CARTÃO
SUPREMO 250 GR/M2 NAS CAPAS PELA GEOGRÁFICA PARA A
LINOTIPO DIGITAL EM ABRIL DE 2017.